Kim Helbig

Was is die Frage?

2024

‚Was ist die Frage?' fragt man,
wenn man die Frage vergessen hat,
die zuvor gestellt wurde.
‚Was ist die Frage?' fragt man,
wenn man vergessen hat,
worüber man überhaupt spricht.
‚Was ist die Frage?' fragt man,
wenn man sich fragt,
weshalb man überhaupt denkt.
‚Was ist die Frage?' hinterfragt somit das
ganze Denken
und entlarvt Gedanken
als das Gegenteil des Denkens,
indem jeder Gedanke
auf vielfältige Weise dasjenige verfehlt,
was er behauptet zu erfassen.
Reines Denken hingegen zeigt sich im
Verlauf dieses Gedankengangs
als identisch mit Nichtdenken.
Gefunden wird die Frage
‚Was ist die Frage?'
als die Frage, die nach sich selbst fragt,
nachdem der Anfang dieses Buchs
ebenfalls sich selbst befragt.
Es beginnt mit der Frage
„Wie soll dieses Buch beginnen?"
und hofft daraufhin, dass
auf den überhaupt richtigen Beginn auch
das überhaupt Richtige folgt, dass
entdeckt wird, was überhaupt zu
entdecken ist.

‚Was ist die Frage? 2024' bedeutet dabei
nicht, dass hier besprochen wird, was im
Jahr 2024 im Besonderen die Frage sei,
sondern es handelt sich hierbei um die
2024 geschriebene Version des
Buchs ‚Was ist die Frage?', das wesentlich Versionen bildet, in jeder
Version aber einen notwendigen Ver-lauf
dieses Gedankengangs illustriert, der
eine zeitlose Glücksformel ver-folgt.

Was ist die Frage? 2024

kimhelbig.de
kimhelbig.com
wasistdiefrage.de

Kim-Tobias Helbig, 2024
Schönebürgstr. 42, 74564 Crailsheim

Verlag: BoD · Books on Demand GmbH, In de Tarpen 42,
22848 Norderstedt
Druck: Libri Plureos GmbH, Friedensallee 273,
22763 Hamburg
ISBN: 978-3-7597-6110-1

Vorwort, 28.7.2024:

Die erste Version von ‚Was ist die Frage?' gab es 2008. Damals noch unter anderem Titel, aber mit derselben Leitfrage. 2009 stand der Titel fest. Ich glaube, es war 2015, als der Anfang des Buchs mit der Frage „Wie soll dieses Buch beginnen?" hinzukam und dem Ganzen die Möglichkeit zu einer gewissen Rundheit und Geschlossenheit in einem Buch gegeben hat. 2017 wollte ich unbedingt endlich eine Version veröffentlichen und habe auch eine gedruckt. Von den Freunden, an die ich sie verteilt hatte, kam aber durchweg die Rückmeldung, dass sich das Buch wie etwas Unfertiges, eine Skizze für etwas Umfassenderes lese.

2012 habe ich ‚Was ist die Frage?' erstmals in einem Vorwort eines anderen Buchs angesprochen. Spätestens ab 2014 wurde aus dem zunächst heimlichen Projekt etwas Öffentliches, indem das Nachdenken über ‚Was ist die Frage?' im Zuge meine Kunststudiums auch in Video und Bild geschah. 2015 legte ich mein Staatsexamen an der Kunstakademie Karlsruhe mit einer Ausstellung unter dem Titel ‚Was ist die Frage?' ab. Seit ungefähr dieser Zeit gibt es im Internet alle bisher entstandenen Versionen und Versuche zu diesem Buch einzusehen.

Aus dem Buchprojekt eine Reihe von gescheiterten Versuchen zu machen, hat dem Projekt eine gewisse Ruhe gegeben. Der Unglaube an eine fertige Version dieses Buchs, Kommentare anderer, es handle sich dabei um ein endloses Lebensprojekt, hat in mir aber stets Widerspruch erzeugt. Spätestens 2014 (Und das ist 10 Jahre her) kam mir das Projekt schon ewig vor und die Kunst unter demselben Titel war für mich gleichzeitig die Kompensation, etwas fertigzustellen, während das eigentlich Dahinterstehende nicht fertig wird, und auch die Methode, den Druck, das Buch irgendwann fertig zu schreiben, immer mehr zu erhöhen. Die Kunst um ‚Was ist die Frage? soll immer ein Hinweis auf das Buch sein, das ‚Was ist die Frage?' eigentlich ist.

Nachdem das Veröffentlichungsziel 2017 gescheitert war, begann meine Schwester Janice zusammen mit mir am Buch weiter zu arbeiten. Dieses Arbeiten bestand einerseits darin, die Kapitel 1 bis 6 immer und immer wieder gemeinsam durchzusprechen, sodass sich die Notwendigkeit des Verlaufs der Gedanken immer mehr herauskristallisierte. Andererseits wurde immer klarer, dass das mysteriöse Kapitel 7 und das Ende des Buchs eine Nähe zu einer umfassenden Spiritualität zeigt, die uns Beiden sehr wichtig ist und die sich dann erst als das Wesen von ‚Was ist die Frage?' gezeigt hat.

2023, letztes Jahr, kam der Wunsch auf, dass das, was eigentlich ein Buch ist, wenngleich es nicht DIE eine Version dieses Buchs gibt, auch als Buch veröffentlich werden soll. Der wichtige Schritt war dabei die Einsicht, dass es kein einziges Buch mit dem Titel ‚Was ist die Frage?‘ geben kann, da es sich dabei um ein wesentlich Versionen bildendes, lebendiges Projekt handelt. Aber es kann sehr wohl Versionen geben, die alle auf eine dahinterstehende Gemeinsamkeit verweisen.

‚Was ist die Frage? 2023‘ ist nach 15 Jahren die erste in Buchform veröffentlichte Version. Sie ist noch eine Zusammenfassung der in diesem Jahr im Umkreis der Frage entstandenen Texte und unfertigen Versuche, Fragmente und Skizzen, eine Sammlung dessen in Buchform, was es sonst nur digital, im Internet gab.

Dass es nun aber ein Buch gibt und die Reihe begonnen worden ist, hat im Mai dieses Jahres 2024 dazu geführt, dass ich (früher als im Jahr 2023, in dem ‚Was ist die Frage? 2023‘ erst kurz vor Silvester fertiggestellt wurde) mit der diesjährigen Version erstmals einen WasistdieFrage-Text in dem Wissen begonnen habe, dass er mit großer Sicherheit in einem Buch veröffentlicht werden wird.

Ich wusste, dass das nur gelingen kann, wenn ich während des Schreibens nicht darüber nachdenke, ob es gerade gelingt oder misslingt. Also musste die Methode das Schreiben in einem möglichst freien Gedankenfluss sein. Darin unterscheidet sich dieser WasistdieFrage-Text deutlich von bisherigen Versionen, die meist stark strukturiert waren. Es gibt erstmals keine vorher oder im Nachhinein erdachten Überschriften oder Kapitel und die Sätze sind länger als sonst, sie gleichen ineinander verwobenen Gedanken. Um die Länge der Sätze auszugleichen und Übersicht- und Leserlichkeit zu schaffen, wurde für die Formatierung der Sätze ein lyrischer Stil mit vielen Zeilenumbrüchen gewählt, der nicht nachträglich so formatiert, sondern schon beim Schreiben so zu Papier gebracht wurde.

Weil das Buch ein einziger ununterbrochener Gedankenfluss sein sollte, wollte ich ‚Was ist die Frage? 2024‘ zunächst an einem einzigen Tag schreiben. Nach und nach hat sich aber herausgestellt, dass mit dieser ungezwungenen Methode nun die ausführlichste und zusammenhängendste Version von ‚Was ist die Frage?‘ entstanden ist, die es je gegeben hat, und damit auch erstmals eine wirklich umfassend fertige!

Das Schreiben dauerte somit von Mai bis Juli. An einigen Tagen in diesen drei Monaten habe ich bis zu zehn Stunden hieran geschrieben, dann wiederum gab es auch einige Wochen, in denen ich gar nicht zum Schreiben kam. Entgegen bisheriger Schreib-versuche war es mir diesmal auch eine Regel, dass ich im Text niemals zurückgehen durfte. Auch durfte ich, wenn ich nicht vor dem Text saß, nicht weiter über ihn nachdenken (was sich nicht immer verhindern ließ), da er nicht Stückwerk, sondern ein einziger gedanklicher Fluss werden sollte. Den Text zusammenzustückeln hat in den vorigen Jahren nie zusammenhängende Versionen hervorgebracht. Nach der Beendigung des Textes folgte dann aber doch eine zweite Phase, in der ich alles nochmals durchlas, ergänzte und wichtige, ihn strukturierende, übersichtgebende Stellen fett markierte.

Durch das nicht zurückblickende Weiterschreiben einerseits und durch das nachträgliche Einfügen dieser oder jener ergänzender Gedanken andererseits geht der Gedankengang nicht ausschließlich seinen strukturell notwendigen Gang, sondern er lässt einige Abschweifungen zu. Mögen die Versionen der kommenden Jahre das besser machen. In einem Inhaltsverzeichnis werde ich versuchen, die im Hintergrund und abgesehen von den Abschweifungen dennoch vorhandene Struktur deutlich zu machen. Dabei ist vor allem der Verlauf des ehemaligen Kapitels 7 (die ganze zweite Hälfte des Buchs nach dem Beweis der Unmöglichkeit unendlicher Angst) interessant, da dieses noch nie zuvor ganz geschrieben wurde. Janice hat schon vor einigen Tagen ein Inhaltsverzeichnis begonnen, das ich nun ergänzen werde.

Obgleich ich mir solch eine zusammenhängende ausführliche Version des Buchs schon lange gewünscht habe und Jahr für Jahr gedacht habe, dass es längst eine geben müsste, glaube ich nicht, dass sie früher hätte entstehen können. Dieses Buch scheitert nicht an Unfähigkeit oder aufgrund mangelnden Versuchens, sein Scheitern ist sein Gelingen, und das einzusehen, bedarf einer gewissen Vorerfahrung im Scheitern. Da das Scheitern dieses Buchs das Scheitern der Gedanken selbst ist und da dieses Buch in mir selbst, in dir, dem Leser endet, bin ich nicht sicher, ob es überhaupt ein Ende dieses Buchs gibt, das so notwendig ist wie sein Beginn. Auch in dieser Hinsicht werden frühere und kommende Versionen von ‚Was ist die Frage?' verglichen werden können.

Nachdem es nun also ‚Was ist die Frage? 2023' und ‚Was ist die Frage? 2024' gibt, werde ich auch rückblickend Bücher zu den Versionen früherer Jahre beginnend mit ‚Was ist die Frage? 2008' veröffentlichen. Diese werden vermutlich nicht ausschließlich aus Textsammlungen aus den jeweiligen Jahren bestehen, sondern es ist eine Geschichte von ‚Was ist die Frage?' zu zeichnen, die auch ihre Entstehung reflektiert. Dies zeigt dann auch, inwiefern sich die Notwendigkeit der

Struktur aus ihrer Rundheit heraus hin zu gewissen in einer Version möglicherweise überbetonten, weil in ihr neuen Begriffen verlagert, die diese Version dann jeweils prägen.

In ‚Was ist die Frage? 2024' ist es der Begriff des Sich-Entziehens oder des Entzugs, der mit den ebenfalls ziemlich neuen Begriffen der Auflösung und der ‚Unendlichkeit zwischen allem' diese Version von ‚Was ist die Frage?' prägt. Diese schließen an den Begriff der völligen Bewegtheit an, den es in ‚Was ist die Frage?' auch erst seit wenigen Jahren gibt. Möglicherweise könnten in kommenden Ausgaben in diesem Begriffsfeld noch die Begriffe der Variation, der Differenz und des Lebens, der Lebendigkeit Anschluss finden.

Ebenfalls neu in dieser Version ist der Begriff des Denkens mit Gedanken. In bisherigen Versionen wurden Denken und Gedanken nicht unterschieden. Unverändert zu bisherigen Versionen ist, dass Gedanken und Nichtdenken Gegenteile zueinander bilden. Das Denken aber, das bisher mit Gedanken identifiziert wurde, ist von der Seite der Gedanken auf die Seite des Nichtdenkens gerückt, sodass in dieser Version der Begriff des Denkens aufgewertet wurde und reines, wesentliches Denken dasjenige ist, worauf ‚Was ist die Fra-ge?' verweist, während in vorherigen Versionen ‚Was ist die Frage?' stets das Ende des Denkens gefordert hat. In dieser Version fordert ‚Was ist die Frage?' nun das Ende des Denkens mit Gedanken. In künftigen Versionen könnte darüber nachgedacht werden, ob der Begriff „Denken" nicht ganz aus der Kombination mit „Gedanken" herausgelöst wird, sodass ‚Was ist die Frage?' nur noch das Ende der Gedanken und reines Denken fordern würde und klar herausgestellt werden müsste, dass es ein Denken mit Gedanken gar nicht gibt. Gedanken behaupten nur, zu denken, tun das aber nicht.

Für diese Version funktioniert die Begrifflichkeit aber so, wie sie ist. Wem diese Andeutung gefällt, könnte „Denken mit Gedanken" beim Lesen schlichtweg zu „Gedanken" kürzen.

Es ist schön, dass ‚Was ist die Frage?' neuerdings überhaupt Vorworte zulässt. Das ist erst seit ‚Was ist die Frage? 2023', seit der Hinzufügung der die Version bezeichnenden Jahreszahl möglich. Wenn ein Buch nur ‚Was ist die Frage?' heißt, dann müsste nach dem Titel das Erste, was im Buch erscheint, direkt die Frage „Wie beginnen?" sein, sodass es weder Platz für Vorwort, Impressum, Inhaltsverzeichnis oder den Namen eines Autors gäbe. Diese Dinge könnten dem Text dann höchstens nachgestellt werden.

Möge die völlig notwendige, reine, perfekte, runde und makellose Form des Buchs hinter und zwischen den Worten hindurchscheinen.

Wie soll dieses Buch beginnen?
Ich weiß es nicht.
Wenn ich aber nicht weiß, wie dieses Buch beginnen soll, dann
muss ich mich fragen, wie dieses Buch beginnen soll.
Das tu ich aber ja schon,
bzw. das tat ich ja schon.
Also hat dieses Buch richtig begonnen, indem es damit begonnen
hat, sich zu fragen, wie es beginnen soll.

Somit liegt hier ein Buch vor, das richtig begonnen hat.
Das Buch, an dem hier geschrieben wird,
das Buch, das du gerade liest,
hat richtig begonnen.

Aber ist das so besonders?
Beginnt nicht jedes Buch richtig,
sodass sein Anfang zu seinem Inhalt passt?

Aber den Inhalt dieses Buchs kenne ich ja noch gar nicht.
Die Feststellung, dass es richtig begonnen hat,
ergab sich nicht aus einem Abgleich mit seinem Titel oder seinem
Inhalt.
Es hat nämlich nicht in spezifischer Weise richtig begonnen,
es hat nicht im Hinblick auf seinen oder irgendeinen Inhalt richtig
begonnen,
es hat überhaupt richtig begonnen.

Das gilt wohl auch außerhalb eines Buchs:
Die Frage „Wie soll ich beginnen?" ist der überhaupt richtige
Beginn,
weil er sich selbst bestätigt.
Allerdings nur dann, wenn ich nicht weiß, wie ich beginnen soll.
Wenn auf die Frage „Wie soll ich beginnen?" die Antwort folgt
„Ich weiß, dass ich auf die Weise xyz beginnen soll",
dann führt mich die Frage „Wie soll ich beginnen?" nicht zurück auf
sich selbst,
sondern auf den Beginn xyz hin.

Wenn ich mir ein Butterbrot schmiere
und mich frage, wo ich das Messer zuerst ansetzen soll,

mich also frage, „Wie soll ich (mit dem Schmieren) beginnen?",
dann kommt mir womöglich schnell eine Antwort,
weil es offenbar ist, oder weil es egal ist.
Dann müsste ich mir die Frage auch gar nicht stellen,
sondern direkt denken oder wissen, wie ich beginne
und also auch gar nicht denken, mich nichts fragen, nicht wissen,
wie,
sondern einfach beginnen.

Dass „Wie soll ich beginnen?" die überhaupt richtige Frage ist,
kann auch deshalb nicht immer gelten, weil ich sie mir sonst ständig
stellen müsste.
Aber ich beginne doch gar nicht ständig mit neuen Tätigkeiten.
Ich muss mich doch nicht ständig fragen,
beim Tennisspielen, beim Fußballspielen, beim Fernsehen,
„Wie hätte ich damit eigentlich beginnen sollen?".

In all diesen Fällen,
welche diese oder jene Fälle wären,
würde sich die Frage „Wie beginnen?" auf eine konkrete Sache
mit Anfang und Ende beziehen.
Aber am Anfang dieses Buchs hat sich die Frage auf überhaupt
nichts bezogen.
Sie war das Erste, was da stand,
in einem leeren Raum von Papier ohne umliegende Worte,
die die Frage „Wie beginnen?" von sich selbst hätten wegführen und
ablenken können.

Was ist dieser leere Raum, in dem ich fragen kann,
„Wie beginnen?", ohne dass ich etwas Bestimmtes meine,
von dem ich wissen möchte, wie es beginnen soll?

Das ist ja wie in einem Nichts,
bevor alles erschaffen wurde, was existiert.
Es funktioniert am Anfang eines Buchs,
denn bevor die Frage zu Ende formuliert ist
und bevor die Worte geschrieben, gelesen und gedacht werden,
ist da nur Leere, Papier, Buchstaben, Abstände, Leerstellen zwischen
Buchstaben, Worte,
dann ein Satz, die Frage.
Sie erscheint plötzlich

an diesem **künstlich geschaffenen Anfang,**
den ein Buch markiert
zwischen allem Anfangs- und Endlosen,
das es umgibt.

Da die Worte dieses Buchs Stellvertreter sind für Gedanken,
ist es das Denken, worin diese Frage erscheint.
Das Denken, das sich Fragen stellen kann,
kann sich auch diese Frage stellen: Was soll ich mich fragen?
Das Denken, das denkt,
kann sich auch diese Frage stellen: Was soll ich denken?
Im Denken finden sich diese beiden Fragen vielleicht noch
unmittelbarer auf
als die Frage „Wie beginnen?".

Aber auch im Denken kann die Frage „Wie beginnen?" gestellt
werden,
ohne dass sie sich auf etwas Bestimmtes bezieht.
Genau so wie in diesem Buch.

Es ist sogar umständlich, wenn sich die Frage „Wie beginnen?"
innerhalb des Denkens auf irgendetwas beziehen sollte.
Da müsste man schon eine Mathematik-Aufgabe oder ein
philosophisches Rätsel zu lösen haben,
um sich zu fragen,
„Wie soll dieser Gedankengang beginnen?".

Wenn ich das nicht habe,
wenn ich gerade an nichts Konkretes denke,
so wie am Beginn eines Buchs, das noch nicht begonnen hat,
kann ich mich ganz allgemein fragen,
während ich schon denke,
„Was soll ich eigentlich denken?".
Und ich könnte versuchen, zurückzusehen und mich fragen,
wie hat dieses Denken eigentlich begonnen?
Wann hat es begonnen, mit welchen Gedanken?
Welche waren die ersten Gedanken, die ich hatte,
auf die alle Gedanken gefolgt sind, die ich jemals hatte?
Und war es überhaupt richtig,
dass das Denken begonnen hat?
Dass ich angefangen habe, zu denken?

Ich habe ja vor dem Beginn des Denkens nicht die Möglichkeit gehabt,
mich zu fragen, ob es überhaupt beginnen soll,
da ich mich dann schon im Denken befunden hätte.

Aber jetzt könnte ich das **nachträglich** tun.
Es mag falsch sein, dass es überhaupt begonnen hat.
Vielleicht sollte ich auch gar nicht denken.
Vielleicht ist es aber auch sehr gut, dass ich denke, und es gibt bestimmte Gedanken,
die ich entdecken und denken soll,
weshalb es auch gut ist, mich zu fragen, was ich denken soll,
damit ich diese Gedanken finde.

Aber wenn ich jetzt herausfinde,
was ich wirklich denken soll,
dann könnte es auch sein,
dass ich herausfinde,
dass alles, was ich bisher gedacht habe,
chaotisch war oder unnötig oder ganz wirr und irre, irrtümlich und falsch.

Besser aber, ich überprüfe das und finde es heraus,
als dass ich es ungeprüft lasse,
denn es könnte der Fall sein.

Da im Denken,
soweit ich mich erinnere
(und ich erinnere mich überhaupt nicht),
der allererste Gedanke nicht die Frage war,
„Wie soll ich beginnen?",
hat das Denken nicht auf die sinnvollste, perfekte Weise begonnen.
Zumindest weiß ich das nicht mehr
und muss es annehmen.

Aber es bietet sich mir die Chance,
das Denken nachträglich richtig zu beginnen,
indem ich mich jetzt frage:
„Wenn dies mein allererster Gedanke wäre,
welcher sollte es sein?

10

Wie soll dieses Denken beginnen?
Wie soll es beginnen,
damit es im auf seinen Anfang folgenden Gedankengang
auf das führt, worin es enden soll,
wohin es also führen soll?"

Und es würde mich auf dieselbe **Selbstbestätigung** führen,
die am Anfang dieses Buchs stattgefunden hat:

Wie soll dieses Denken nachträglich richtig beginnen?
Ich weiß es nicht.
Wenn ich aber nicht weiß,
wie es beginnen soll,
dann muss ich mich fragen, wie es beginnen soll.

Das gilt am Anfang eines Buchs,
dessen Inhalt man nicht kennt,
das aber nach seinem eigenen Inhalt,
nach sich selbst, fragt,
und es gilt im Denken überhaupt:
Dass ich mich fragen muss,
was ich denken soll
und wie ich damit beginnen soll,
wenn ich es nicht weiß.

Denn sonst würde es ja enden.
Sonst würde das Buch enden, bevor es begonnen hätte,
ebenso das Denken.
Beim Denken bestünde dann **die Gefahr,**
dass nach kurzer Pause **irgendwelche anderen Gedankengänge**
beginnen würden,
die sich selbst nicht danach befragten,
ob sie überhaupt hätten beginnen sollen,
ob sie überhaupt gedacht werden sollen.

Im Hinblick aufs Lesen bestünde mit dem Nichtgeschriebenwerden
dieses Buchs die Gefahr, dass irgendein anderes Buch gelesen würde
und das Buch,
das überhaupt richtig begonnen hat,
in Vergessenheit geraten würde.

Wenn ich nicht weiß,
was ich denken soll,
während ich aber schon denke,
dann würde ich mich mit dem Bewusstwerden dieser Frage
in einen Selbstwiderspruch begeben,
wenn ich weiterdenke,
ohne zu wissen, was ich denken soll,
ohne diese Frage also zu verfolgen.

Und es ist auch so,
dass ich nicht weiß, was ich denken soll!

Denn die Selbstbestätigung der Frage folgt ja nur,
wenn ich es nicht weiß.
Nur wenn ich denke, aber nicht weiß, was ich denken soll,
muss ich mich fragen, was ich denken soll.
Heimlich wissen wir allerdings mittlerweile,
dass ich mich eigentlich auch fragen sollte,
ob ich überhaupt denken soll, was ich denke,
während ich vermeine zu wissen, **dass** es richtig ist, zu denken, was
ich denke.

Das tut ja jeder Gedanke.
Jeder Gedanke tut so,
als stehe nicht zur Frage, nicht im Zweifel,
dass er gedacht werden soll.

Auch die Frage „Soll ich überhaupt denken?" bildet hiervon keine
Ausnahme.
Wenn ich sie denke, dann denke ich sie sofort.
Und sie bildet doch eine Ausnahme,
weil sie das Denken ins Wackeln bringt.
Sie bezieht sich nicht nur auf sich selbst, sondern aufs Denken
überhaupt.
Hat dieses Denken überhaupt beginnen sollen?
Liegt der Fehler seines Beginns womöglich schon lange unbemerkt
zurück?
Und wird er deshalb nicht bemerkt, weil sich kein Gedanke fragt, ob
er gedacht werden soll?

Wenn die Antwort auf die meist nicht gestellte Frage

„Was soll ich denken?"
ein Ich-weiß ist,
dann ist dieses Wissen in jedem Moment falsch,
denn kein Gedanke weiß wirklich von sich,
ob er gedacht werden soll!

Das wissen wir deshalb,
weil wir wissen, welcher Gedanke es ist,
der gefunden wird, wenn ich mich wirklich und erstmalig frage,
was überhaupt gedacht werden soll.

Es ist dieselbe Selbstbestätigung wie bei der Frage „Wie
beginnen?":

Was soll ich denken?
Ich weiß es nicht.
Wenn ich aber nicht weiß,
was ich denken soll,
(während ich aber schon denke,)
dann muss ich mich fragen, was ich denken soll.

Wohin auch immer diese Frage führt,
sie ist zunächst richtig.
Das ist ein wesentlicher Unterschied zu überhaupt allen anderen
Gedanken,
die es gibt.

Dasselbe gilt für die Frage „Wie beginnen?".
Überhaupt sind die Fragen
„Wie soll ich beginnen?"
und
„Was soll ich denken?"
zwei unterschiedliche Formulierungen derselben Frage,
weil sich die Frage „Wie soll ich beginnen?",
da sie sich auf nichts Konkretes, auf nichts Bestimmtes bezieht,
aber im Denken stattfindet,
zunächst aufs Denken überhaupt beziehen muss.

Eine Ausnahme bildet dieses Buch,
das mit dieser Frage beginnt.
Hier bezieht sie sich sowohl auf dieses Buch,

das einen Ausschnitt aus dem Denken zeigt,
als auch aufs Denken überhaupt,
da die Worte dieses Buchs für Gedanken stehen.

Hätte dieses Buch also auch mit der Frage „Was soll ich denken?"
beginnen können?
Ja, aber dann fällt eben diese Verbindung zwischen Buch und Denken
weg.
Vielleicht könnte es einfach mit der Frage „Wie beginnen?"
oder „Wie soll ich beginnen?" beginnen,
ohne „dieses Buch" dabei zu erwähnen.
Dann kann sich das „Ich" in der Frage entweder auf dieses Buch oder
aufs Denken beziehen.
Also so:

Wie soll ich beginnen?
Ich weiß es nicht.
Wenn ich aber nicht weiß,
wie ich beginnen soll, dann muss ich mich das fragen,
da ich mir ja gerade eh schon Fragen stelle.
Dann kann ich mir auch die richtige stellen,
oder es versuchen,
also welche ist die richtige?
Welche ist die richtige Frage, die ich mir wirklich stellen soll?
Es ist diejenige, die diesen Gedankengang beginnt,
der wirklich beginnen soll.
Also wie soll es, wie soll ich, wie wirklich richtig beginnen?

Ich kann es nicht wissen,
da jeder Gedanke vereinzelt ist und nicht das ganze Denken auf
einmal überblickt.
Ich kann es im Bezug aufs Denken nicht wissen,
da ich nicht weiß, was die Alternative zum Denken wäre.
Ich kann es im Bezug auf dieses Buch nicht wissen,
da vor seinem Anfang da nichts ist,
womit abzugleichen wäre,
ob so oder anders zu beginnen wäre.

Wenn ich diese Frage,
„Wie soll ich wirklich beginnen?",
„Wie hätte ich mit allem eigentlich wirklich beginnen sollen,

auch wenn es anders begonnen hat und ich mir diese Frage jetzt erst stelle?",

wenn ich diese Frage ein Mal stelle
und ein Mal ehrlich antworte,
dass ich es nicht weiß,
und mich nicht von irgend einem anderen Gedanken verführen lasse,
der behauptet, es zu wissen,
dann finde ich heraus,
dass ich es hiermit richtig gemacht habe
und erstmalig wirklich richtig gemacht.

Denn ich finde zeitgleich heraus,
alle anderen Gedanken machen es unbemerkterweise falsch.
Sie fragen sich nie, ob sie gedacht werden sollen,
und **führen heimlich den jetzt offensichtlichen Fehler mit sich,**
eine Antwort auf die nicht gestellte Frage „Was soll ich eigentlich
wirklich denken?" zu geben,
die von sich selbst gar nicht weiß, ob sie richtig ist.
Aber wir wissen jetzt,
dass sie falsch ist,
dass jedes Sich-Behaupten, jedes Gedachtwerden eines anderen
Gedankens als „Wie beginnen?" oder „Was denken?" falsch ist,
weil gesehen wurde, was richtig ist:
Wenn ich nicht weiß, wie beginnen – Und ich weiß nicht und ich
weiß nie, wie beginnen! – dann muss ich mich fragen, wie
beginnen.
Wenn ich nicht weiß, was denken – Und ich weiß nicht und ich
weiß nie, was denken! – dann muss ich mich fragen, was denken.

Das tu ich gerade.
Aber warum all diese vielen erklärenden Gedanken?
Ging es dann nicht schon – auch wieder unbemerkterweise – weiter?
Es sind ja nicht alle Sätze, die hier stehen, die Frage „Wie beginnen?"
oder „Was denken?"!
Drei Sätze früher als dieser,
drei Gedanken vor diesem steht der Satz, der Gedanke:
„Das tu ich gerade".
Aber dieser ist ja ein anderer Gedanke als die Frage „Wie beginnen?"
oder die Frage „Was denken?", die sich als richtig bestätigt haben.
Der Feind ist dermaßen nah.
Auch dieser Satz ist ein weiterer Gedanke,

der sich einfach so behauptet,
ohne von sich zu wissen,
ob er überhaupt gedacht werden soll!
Er fühlt sich nur sicher,
aber alle Gedanken fühlen sich sicher …,
er fühlt sich besonders sicher, weil er im Umkreis des sich selbst
bestätigenden Gedankens „Wie wirklich beginnen?", „Was soll ich
wirklich denken?" gedacht wird.

Das Umkreisen dieser Frage muss wohl immer wieder dazu
zurückgeholt werden.
Es besteht die Gefahr, die richtige Richtung dieses
Gedankengangs zu verlieren.
Soll denn die Frage „Wie beginnen?" oder „Was denken?" immer
wieder gestellt werden,
um am Richtigen festzuhalten?
Bei der Frage „Wie beginnen?" macht das keinen Sinn.
Einmal richtig begonnen, ist der Beginn erledigt.
Danach kann höchstens,
und muss wohl, gefragt werden: **Wie weiter?**

Auch die Frage „Was soll ich denken?" mehr als ein Mal zu stellen,
führt in einen Kreisel der Selbstbestätigung,
der sich nicht sinnvoll anfühlt.
Es ist zwar richtig, zu fragen „Was denken?", da ich niemals weiß,
was ich wirklich denken soll,
aber das kann nur ein Anfang sein, der auf etwas anderes
hinweist,
denn welcher Wert bestünde darin,
auf ewig nur immer wieder die Frage „Was denken?" gedanklich
zu wiederholen?

Außerdem funktioniert die Selbstbestätigung nur ein einziges Mal!

Wenn ich ein zweites Mal frage,
„Was soll ich denken?",
dann muss ich doch zugeben,
dass „Ich weiß es nicht" jetzt nicht mehr die Antwort sein kann,
denn ich weiß jetzt ja,
dass ich die Frage „Was soll ich denken?" denken soll.

16

Die Begründung „Wenn ich nicht weiß, was ich denken soll, während ich aber schon denke, dann muss ich mich fragen, was ich denken soll"
funktioniert nur, wenn ich nicht weiß, was ich denken soll.

Wenn aufs zweite Stellen der Frage „Was soll ich denken?" aber statt dem „Ich weiß es nicht" ein „Ich weiß, dass ich die Frage ‚Was soll ich denken?' denken soll" folgte,
dann würde sich die erste Selbstbestätigung durch den Versuch, sich nochmals selbst zu bestätigen doch wieder zerstören,
denn wenn es jetzt nicht mehr gilt,
weil ich vermeine, es zu wissen,
dann hat es doch auch zuvor nicht gegolten.
Ist das so?

Wenn es aber dann nicht mehr gilt,
wenn ich also unsicher würde,
ob die Frage „Was soll ich denken?" wirklich diejenige ist, die zu stellen ist,
dann setzt diese Unsicherheit, dieses Unwissen die Selbstbestätigung wieder instand, sodass wieder gilt,
ich weiß es nicht,
also muss ich es mich wieder fragen.

Und wenn ich das „Ich weiß, dass .." wegließe
und die Antwort eine direkte Folge auf die Frage sein ließe,
weil ich ja heimlicherweise schon weiß, was die Antwort sein wird,
da ich weiß, dass ich nicht weiß, was ich denken soll,
dann ginge der Zirkel so:
Was soll ich denken? – Ich soll mich fragen, was ich denken soll.
oder
Was soll ich denken? – Ich soll denken: Was soll ich denken?
Oder noch kürzer und in Identität von Frage und Antwort, sodass der Zirkel unendlich wäre und Frage und Antwort schließlich in Eins schmelzen würden:
Was soll ich denken? – Was soll ich denken? – Was soll ich denken? - ... usw.
Kurz:
Was denken? – Was denken? – Was denken? – Was denken? – Was denken? - .. usw.

Aber worin besteht der Unterschied,
ob ich die Frage ein Mal, zwei Mal oder einhundert Mal stelle?
Geht denn ein einmaliges Erklingen der Worte,
die für den Gedanken der Frage „Was denken?" stehen,
mit einem einmaligen Denken der Frage einher?

Was denken? – Was denken? – Was denken? – Was denken? – Was
denken?
Habe ich die Frage jetzt 5 mal gedacht?
Habe ich mir die Frage jetzt wirklich 5 mal gestellt?
Worin besteht das wirkliche Stellen der Frage,
das wirkliche Denken der Frage,
das wirkliche Fragen der Frage?
Welcher Zusammenhang besteht überhaupt zwischen der
Formulierung der Worte und dem Gedanken, für den sie stehen?
Ist nicht möglicherweise das Formulieren eines Gedankens in Worten
ein konträres oder sogar das kontradiktorische Gegenteil zum Denken
dieses Gedankens?
Löst ein Satz oder ein Wort einen Gedanken (wenngleich nicht
notwendigerweise) nicht eher aus, sodass das Denken auf sein
Erklingen folgt?
Wodurch sollte ein zeitgleiches Erscheinen von Wort und Gedanke
überhaupt gemessen werden? Gibt es eine Überschneidung in der
Stofflichkeit des Klangs eines Wortes und des Aussehens seiner
Buchstaben mit seinem Gehalt (abgesehen von Onomatopoesie,
dem Aum-Zeichen usw.)?
Oder erscheinen Gedanken meist vor den Worten, die sie bedeuten
und bestätigend verpacken in den Wortfluss, der sie schon erahnen
ließ,
bevor ein Du als Gegenüber eben diese Erwartung bestätigte?

Was denken? – Was denken?
Wenn ich nicht unterscheiden kann,
ob ich den Gedanken jetzt ein oder zwei Mal gedacht habe
und wo der Grenzraum zwischen beiden die Abstände
(ungleich, n-dimensional ungenauer als das messbare Weiß
zwischen beiden Fragen)
definiert und eben nicht definiert,
ist dann nicht einerseits dieses Abschweifen im Umkreisen der Frage
doch keine so große Gefahr? – Denn
vielleicht ist das Stellen, das Denken, das Sich-Fragen der Frage

„Was denken?", „Wie beginnen?"
In keiner Weise kongruent mit den Worten „Wie beginnen?", „Was denken?"
als isolierte,
sondern eher mit dem ganzen (umgebenden) Text,
der auch keine definierbare Grenze zu seiner Umgebung hat?

**Dann wäre es nicht schlimm,
dass ich jetzt denke,
„Dann wäre es nicht schlimm",
obwohl dies ein anderer Gedanke ist als derjenige,
von dem ich weiß, dass er derjenige ist,
den ich denken soll,
nämlich die Frage „Was soll ich denken?".
Denn dieser und alle umgebenden Sätze gehörten wohl irgendwie zum Denken dieses Gedankens dazu.**
Das Umkreisen des Gedankens ist der Gedanke selbst, oder
das Umkreisen des Gedankens ist kein Umkreisen.

Und **dann wäre das zweite Stellen der Frage auch kein zweites Stellen der Frage,**
kein zweites Mal,
sondern es gehörte zum ersten
und einzigen
Stellen der Frage,
zum einzigen Mal,
von dem wiederum nicht klar ist,
wann es anfängt und aufhört
und ob es dasselbe Stellen der Frage ist,
wenn einige Jahre zwischen dem Erklingen ihrer expliziten Formulierung verstreichen,
wozwischen sich Fokus und Mühe unterscheiden.
Besteht dann noch ein Unterschied, ob du sie dir stellst oder ich?

Jedenfalls betrifft die Grenzenlosigkeit ihres Gedachtwerdens
(oder zumindest die nicht ausmachbare Grenze ihres Gedachtwerdens)
auch ihre Gültigkeit.
**Deshalb ist bei erneutem geschriebenem Erscheinen,
gesprochenem oder gedachtem Erklingen der Worte
„Wie beginnen?" oder „Was denken?"**

die Antwort auch niemals „Ich weiß, dass ich denken soll: Was soll ich denken?",
die Antwort ist auch nicht die Frage selbst,
sondern die Antwort ist immer „Ich weiß es nicht"
und bleibt „Ich weiß es nicht",
auch wenn ich weiß, dass ich diese Frage stellen soll!

Dass ich weiß,
dass ich sie stellen soll,
bedeutet nicht,
dass ich ihre Antwort kenne!

Und ihre Selbstbestätigung ist nicht dasselbe wie Wissen,
ihre Gewissheit ist nicht dasselbe wie ein Wissen.
Dass es richtig ist, die Frage zu stellen,
und dass ich weiß, dass es richtig ist, diese Frage zu stellen,
heißt nicht,
dass ich weiß, welche Frage überhaupt zu stellen ist
oder was überhaupt zu denken ist
oder wie überhaupt zu beginnen ist.
Die Selbstbestätigung ist eine Richtung, ein Zunächst.

Nochmals genau hingeschaut:
Was sagt die Selbstbestätigung wirklich aus?:
-- Da ich niemals weiß, was ich denken soll, muss ich mich, da ich gerade aber schon denke, fragen, was ich denken soll. --
Sie sagt:
Wenn ich denke, muss ich mich fragen, was ich denken soll.
Sie sagt nicht:
Ich weiß, dass ich mir diese Frage stellen soll.
Ich muss es nur tun.
Ich soll es nur tun.
Etwas tun sollen heißt nicht wissen sollen, dass man es tun soll.
Das wäre geradezu das Gegenteil.
Tun impliziert nicht Wissen.
Tun schickt dich in eine Richtung,
Wissen lässt dich verharren.
Die Selbstbestätigung schickt dich in eine Richtung.
Das ist das Gegenteil der chaotischen Richtungslosigkeit eines jeden Gedankens

und das Gegenteil der Ahnungslosigkeit eines jeden Gedankens über die Richtungen,
aus denen er folgt und in die er ziellos weist.
Jeder Gedanke vermeint ein Wissen über die Rechtmäßigkeit seiner Selbstbehauptung,
will also gedacht werden, das ist ein Verharren.
Die Selbstbestätigung, die auf die Fragen „Wie beginnen?" und „Was denken?" folgt,
verharrt aber nicht in einer Antwort, die etwas weiß
oder von sich denkt, sie sei zu denken.
Es gibt diesen Zirkel „Was denken? – Was denken? – Was denken? .." nicht.
Es gibt keine bestimmbare Grenze zwischen Gedanken, wie sie zwischen Worten erkennbar wird.
Aber die Fragen „Was denken?" und „Wie beginnen?" haben wirklich Richtung,
sie schicken unter den Gedanken als einzige wirklich in ein Tun,
denn andere Gedanken schicken nur zu anderen Gedanken hin
und führen nur indirekt zu einem Tun,
indem sie enden
und von einem Tun als Gegenteil zum Denken abgelöst werden.
„Was denken?" und „Wie beginnen?" verlangen aber wirkliches Denken,
indem sie auf keinen weiteren Gedanken verweisen,
sondern aufs Denken überhaupt
und hierin also wirklich eine Suche fordern,
die selbst nicht in Gedanken liegen kann,
da sie im Zwischenraum
nach dem nächsten richtigen Wechsel,
nach der Richtung selbst
und damit nach dem Denken selbst suchen muss
und danach, wie es sich zu einem Tun und zu was auch immer sonst noch abgrenzt,
was nicht bestimmt, weil nicht gedacht werden muss,
weil genau das nicht verlangt ist.

Die Unendlichkeit aller anderer Gedanken
liegt in einem chaotischen Geflecht unendlicher Verweise,
die nicht liegen, sondern flirren, schimmern, wirren.
In den kurvigen Zirkeln unendlicher Kurzrichtungen
gibt es keine Richtung

oder Möglichkeit einer Ausrichtung
hin auf etwas,
das nicht selbst wieder – ohne es zu wissen – verweist auf etwas,
von dem es nicht wissen kann, wo es (im Chaos) liegt.
Das Denken selbst hebt dieses Chaos allerdings in sich auf,
sodass der transzendente Verweis von einer gedanklichen
Richtungslosigkeit
im Verweis des Einzelnen aufs Eine,
des Teils auf Ganze
zu einer Richtung überhaupt wird:
Das Übermaß an Richtungen ist richtungslos, chaotisch.
Die Zusammenfassung der unendlichen Vielheit aller chaotischen
Kurzrichtungen ist Eins.
Völlige Richtungslosigkeit dessen, das alle Richtungen enthält,
ist das Einzige, worauf sich die kleine Richtung im flüchtigen All
ausrichten kann.
**Im Chaos n-dimensionaler Richtungen ist der richtungslose Blick
auf den dimensionslosen Punkt im Selbstverweis
eine Richtung und somit richtig.**

**Auch in diesem Sinne
sind die Fragen „Wie beginnen?" und „Wie enden?" die richtigen
Fragen.
Sie sind diejenigen,
in denen wirklich Richtung liegt
und die dich und mich in eine Richtung schicken**
und den Beginn markieren
eines Gedankens, der hiermit begonnen hat.

Wie soll dieser Gedanke weitergehen?
Wie soll dieses Buch weitergehen?
Wie weiter?
Wie soll es einst enden?
Wie soll das Denken einst enden, nachdem ich nicht mal weiß, wie es
begonnen hat?
Wird das Denken überhaupt jemals enden? Hat es je begonnen?

Muss ich die Frage „Wie weiter?"
vor der Frage „Wie enden?" beantworten,
sodass die Reihe
„Wie beginnen?",

„Wie weiter?",
„Wie enden?" ist?

Ist die Frage „Wie weiter?",
„Wie soll es (dieses Buch / das Denken überhaupt) weitergehen?"
nicht schon zusammen mit den Fragen „Wie beginnen?" und „Wie
enden?" besprochen worden?
Das Weitergehen dieser beiden Fragen
ist zumindest hinsichtlich ihrer Grenzen nicht klar,
es wird nicht gewusst,
aber es gibt überhaupt ein Gehen, denn es hat Richtung,
in die die Frage „Wie weiter?" noch deutlicher weist als die Frage
„Wie beginnen?",
auf die sie notwendig folgt.

Also: Wie weiter?
Ich weiß es nicht.
Wenn ich aber nicht weiß, wie es (hier in diesem Buch oder im
Denken überhaupt) weitergehen soll, während es aber (im Denken
und in diesem Buch) schon weitergeht,
dann muss ich mich fragen, wie es weitergehen soll.

Es ist also richtig, zu fragen, wie es weitergehen soll.
Die Frage bestätigt sich analog zu den Fragen „Wie beginnen?"
und „Was denken?".
Ebensowenig wie bei diesen beiden aber folgt nun daraus eine
Wiederholung der Frage in einem „Also: Wie weiter?".
Denn in einer ewigen Wiederholung der Frage mit sich selbst
geht es eben nicht weiter,
sondern es drehte sich im Kreis,
umkreiste einen einzigen richtungslosen Punkt,
in dem und um den es kein Weiter gibt.

Es geht aber weiter,
ohne dass ich weiß,
wie es weitergehen soll.

Die Frage ist,
wie ich sicherstelle,
dass es,

**nachdem es (das Denken nachträglich und dieses Buch)
überhaupt richtig begonnen hat
und überhaupt richtig weitergegangen ist,
auch weiterhin richtig weitergeht.**

Nun könnte ich nur beobachten,
wie es weitergeht,
und die Verantwortung der Prüfung dem Leser überlassen.
Im Denken der Worte dieses Texts sind Leser und Autor identisch.
Folgen die Sätze mit einer, wenngleich nicht eindeutigen,
Notwendigkeit aufeinander,
sodass nur geprüft werden muss, ob das Umkreisen
oder Davon-Ausgehen des richtigen Anfangs,
ob der Gedankengang, dessen anfängliche Richtigkeit sich selbst
bestätigt,
nicht verlassen wird?
Oder gibt es ein aktives Schreib-Moment seitens des Autoren,
das sich im Leser als Prüf-Moment spiegelt,
indem er mitdenkt und im Zweifelsfall korrigierend denkt,
es hätte anders weitergehen sollen?

Ist das „Soll" in den sich selbst bestätigenden Fragen
der Anstoß zur Prüfung?
Ist nicht das Sollen das normative Verb, das die Anweisung zum
Mitfühlen und Mit-Tun in die Selbstbestätigungen bringt,
und wäre das herauskürzbar,
ohne dass die Selbstbestätigungen ihre Gültigkeit verlören?

Mit dem „Soll":
Wenn oder da ich schon denke:
Wenn ich nicht weiß, wie ich/es beginnen soll, dann muss ich fragen,
wie es beginnen soll.
Wenn ich nicht weiß, was ich denken soll, dann muss ich fragen, was
ich denken soll.
Wenn ich nicht weiß, wie es weitergehen soll, dann muss ich fragen,
wie es weitergehen soll.

Ohne das „Soll":
Wenn oder da ich schon denke:
Wenn ich nicht weiß, wie beginnen, dann ist die Frage, wie beginnen?
Wenn ich nicht weiß, was denken, dann ist die Frage, was denken?

Wenn ich nicht weiß, wie weiter, dann ist die Frage, wie weiter?

Aber trägt nicht das „ist" jetzt die Bewertung in sich, die in die Richtung schubst,
in der der Gedankengang dieses Buchs sich entfalten soll?
Heißt nicht das „ist" hier „soll"?
Ich glaube schon. Das Sollen und Müssen sind nur Explizierungen eines Moments, das in der Beweisstruktur notwendig ist,
da aus dem Dasein eines Gedankens die Forderung gefolgert wird,
dass ein bestimmter nächster zu folgen habe, der diesem ersten Gedanken gleicht.
Vielleicht ist es auch nur ein Festhalten,
vielleicht ist die Richtung des Gedankengangs, der hier initiiert wurde, gar keine Richtung
und so sehr keine Richtung, dass sie im richtungslosen Chaos aller Scheinrichtungen die einzige Richtung ist, indem sie die Ausrichtung auf sich selbst ist!

Man stolpert wie zufällig über die Frage
„Wie beginnen?",
„Was eigentlich denken?"
wie über einen Diamanten im Dreck.

Und statt weiterzugehen und weiteren Dreck aufzuheben,
hebt man diesen Gedanken auf
und hält ihn fest in der Hand
und versucht ihn nicht zu verlieren,
während man – aus Gewohnheit –
weiteren Dreck aufhebt.
Und wenn die Hand überquillt mit gesammeltem Dreck
und während man mit der Hand, die den Diamanten noch hält,
im Dreck wühlt,
begleitet die Angst, ihn zu verlieren,
und ruft auf zur Prüfung: Schau nach,
ob er noch da ist!

So groß ist das Wunder
unter allem Unrichtigen etwas Richtiges zu finden,
dass nun nichts anderes mehr zählt als es zu behalten und zu pflegen.
Denn der Diamant muss verkauft werden, ins Museum gestellt

und zum Lebensunterhalt dienen.
Er darf nicht in der eigenen Hosentasche vergessen werden,
wie wenn dies Buch ungeschrieben an seinem Anfang verharren
würde,
zufrieden mit einem bloß richtigen Beginn,
ohne zu Ende geführt worden zu sein,
ohne dass sich der richtige Gedankengang entfaltet hätte,
sofern es ihn gibt.

Es ist ein Festhalten,
deshalb auch ein Umkreisen der Einsicht, dass
wenn alle Richtungen nur scheinbare sind,
da kein Gedanke weiß,
welche Folgegedanken in der Richtung liegen, in die er verweist,
da kein Gedanke überhaupt bewusst verweist,
da sich jeder Gedanke nur blind selbst behaupten will,
so wie dieser Satz nicht gefragt hat,
ob er hier stehen darf,
ob er sich behaupten darf,
ob er von dir gedacht werden soll.
Du denkst ihn einfach,
er ist einfach da,
er hat keine Grenze im gedanklichen Schlamm,
aber „Wie beginnen?",
„Was denken?" markiert eine Grenze gleich einem Auftauchen
aus dem Schlamm,
ein erster Atemzug.

Der Gedanke „Was denken?" hat auch nicht gefragt,
ob er gedacht werden soll,
bevor er aufkam,
denn es ist das Wesen aller Gedanken,
nicht zu fragen und nicht zu hinterfragen, ob sie gedacht werden
sollen,
aber dieser tut es dann
und dieses paradoxe Moment bildet die Ausnahme.

Wenn alle Gedanken keine Richtung haben, da ihre Richtungen
verworren, chaotisch sind,

dann ist trotzdem und erst recht der Ausstieg aus der Richtungslosigkeit unklarer unendlicher Richtungen die einzige Richtung,
und an ihr ist festzuhalten.
Und dieses Auftauchen, das Aufhören der richtungslosen Richtungen ist zunächst statt dem Wegweisen ins Chaos aller Gedanken der **Rückverweis eines Gedankens auf sich und das Denken selbst, der die Eigenbewegung des Denkens kurz zum scheinbaren Stillstand bringt**, ein unendlicher Zoom an einen Punkt hinein und ein Hinausplatzen.

Das Weitergehen dieses Buchs ist also ein Immer-wieder-Zurückkehren zu dieser einzigen Richtung des Auftauchens, der Selbstbezüglichkeit der Frage nach sich selbst:
Am Anfang: Wie anfangen?
Im Denken: Was denken?
Im Weiterdenken: Wie weiter?

Wie ist aber nun sicherzustellen, dass es richtig weitergeht?
Ist das regelmäßige Auftauchen der Wortlaute „Was denken?" und ähnlicher Formulierungen Prüfstein genug?
Wann wird dieser Gedanke, der weitergeht, indem er nicht von sich selbst abweicht, der also nur scheitert, wenn er sich in anderen Gedanken verliert, die nicht nach dem Denken selbst fragen, wann wird dieser Gedanke wirklich gedacht und weitergedacht?
Ja, der Leser muss es prüfen.
Ja, diese Formulierungen, die sich bereits selbst als richtig bestätigt haben, sind der Anker.
Aber das Schiff muss seinen sicheren Hafen verlassen.
Nach welchem Kriterium verläuft die Prüfung, ob es nicht sinkt oder sinken wird?
Ich weiß es nicht.

Und „Ich weiß es nicht" ist auch allen bisherigen Selbstbestätigungen gemein.
Könnte „Ich weiß es nicht" mehr sein als eine bloße Brücke im Ablauf der Selbstbestätigungen?
Ist nicht „Ich weiß es nicht" das Wesen der jeweils gewonnenen Einsichten?

Dieses „Ich weiß es nicht" richtet sich gegen das vermeintliche Wissen jedes Gedankens,
er behaupte sich mit Recht.
Die Fragen „Wie beginnen?" und „Was denken?" enthalten auch nach ihrer Selbstbestätigung kein Wissen.
Es gilt zwar innerhalb des Denkens, dass sie zu stellen sind,
aber das vermeintliche Wissen „Dies ist zu denken" oder
„Ich weiß, dass ich
(mindestens zunächst, vor der weiteren Entfaltung des durch sie initiierten Gedankengangs)
die Frage ‚Was denken?' denken soll"
ist genau das, wogegen sich die Fragen „Wie wirklich richtig beginnen?" und „Was denken?" richten!
Diese sind nur irgendwelche Gedanken,
die nicht wissen, mit welchem Recht sie sich behaupten,
die aber so tun, als wüssten sie es.
Die Fragen „Wie beginnen?" und „Was denken?" hingegen tun nicht so,
als wüssten sie, dass sie gestellt werden sollen,
weil sie Fragen sind, weil sie als solche flüchtig sind,
weil sie auf das Denken selbst verweisen,
was die Begrenztheit all dieser unendlichen und unendlich ahnungslosen Gedanken übersteigt,
sodass sie gewissermaßen keinen Inhalt
und also auch keine Behauptungskraft haben.

Dieses Kriterium zu kennen,
ist wichtig.
Es ist zwar keine Vorhersage des Verlaufs des weiteren Gedankengangs
(außer hinsichtlich der Einhaltung dieses Kriteriums),
aber eine solche könnte auch nicht getroffen werden,
ohne dass mit der Einsicht in die Vorhersage
die Vorhersage selbst gedacht würde,
und das Denken der Vorhersage würde sich vom Weitergehen des Gedankengangs gar nicht,
höchstens in Ausführlichkeit,
unterscheiden.

„Ich weiß es nicht" ist also gleichsam die Form dieses Gedankengangs,

die sich nicht ändern kann oder darf,
was beim weiteren Lesen stets zu überprüfen ist.
„Ich weiß es nicht" ist das Kriterium,
anhand dessen zu prüfen ist, ob der Gedankengang in diesem
Buch richtig weitergeht.
Auch liefert dieses Kriterium dem Leser die Prüfmöglichkeit
gegenüber sich selbst,
ob er,
ob ich,
ob du die Gedanken, die hier durch Worte vertreten stehen,
wirklich denkst, oder nur den Klang der Worte hörst.

Wenn du glaubst, etwas zu verstehen, irrst du dich,
verfehlst du die Intention dieses Buchs,
verlässt du den Gedankengang dieses Buchs,
den eigentlich richtigen Gedankengang.
Ich kann auch „Ich weiß es nicht" falsch verstehen,
indem ich es denke, als würde ich es verstehen,
als läge Verständnis im „Ich weiß es nicht",
ein „Ich weiß" im „Ich weiß es nicht",
eine Traurigkeit oder Resignation als Färbung dieser Einsicht,
als wäre „Ich weiß es nicht" ein einziger sich behauptender
Gedanke
statt dem fokuslosen Verweis aufs Denken selbst, worin
Gedanken erscheinen, oder nicht.
Dann,
oder wenn „Was denken?" oder „Wie beginnen?" mit dieser Färbung
eines Wissens gedacht würde, würde der Gedankengang dieses
Buchs verfehlt werden
und es würde nicht richtig weitergehen.

Denn dann wäre die Richtung verloren.
Ein vermeintliches Wissen über das „Ich weiß es nicht"
führte zu weiteren Erklärungen oder Philosophien
über dessen Wesen.
Das wäre die Verfehlung der eigentlichen Philosophie.
Weisheit kann nur darin liegen,
worauf das Denken aus sich selbst heraus hinweist,
indem es selbst,
unabhängig von jeglichem Begründungszusammenhang mit diesen
oder jenen Gedanken

aus sich selbst den Weg weist:
**Was denken? Wenn ich denke und es nicht weiß, dann muss ich
mich's fragen.**

Wie geht es also weiter?
Nach „Wie beginnen?"
und „Wie weiter?"
steht die Frage „Wie enden?".
Wie soll dieses Buch enden?
Wie kann und soll dieser Gedankengang bald oder einst enden?

Ich weiß es nicht.

Aber die Frage **„Wie enden?"**
**kann entweder auf ein Ende innerhalb des Denkens zielen
oder es könnte ein Ende außerhalb des Denkens
und damit ein Ende des Denkens überhaupt gemeint sein.**

Ein **Ende innerhalb des Denkens** könnte dabei bedeuten,
dass im Verlauf dieses Gedankengangs
ein Gedanke gefunden werden müsste,
der unbedingt gedacht werden soll,
der gewissermaßen das Dasein des Denkens, sein Wesen und seinen Zweck
völlig erfüllt,
sodass das ganze Denken überhaupt nur da wäre,
um diesen einen Gedanken zu beherbergen,
der in ihm sein König wäre.
Vor dem Auffinden dieses Gedankens wäre
das ganze Denken zunächst eine blinde, dann eine zielgerichtete Suche
nach diesem Einen Gedanken,
nach seinem Auffinden könnte es schließlich zur Ruhe kommen
und so würde das Ende des Denkens innerhalb des Denkens bedeuten,
dass das Denken als Suche endete.

Oder würde dieses Ende der Suche
ein Ende des Denkens im Sinne des Aufhörens
des sich Abwechselns von Gedanken,
oder des Aufhörens des Erscheinens anderer Gedanken

als dieses Einen Gedankens
bedeuten, sodass dieser Eine Gedanke
nach seinem Auffinden gleichsam einrasten würde
und die eine Stelle, die für Gedanken zu einer Zeit da ist,
nie wieder verlassen,
sodass nie wieder ein anderer Gedanke erscheinen könnte,
weil derjenige, dem dieser Platz gebührt, ihn eingenommen hätte?

Und würde in vergleichbarer Weise
ein **Ende des Denkens außerhalb des Denkens**
bedeuten, dass es diesen Einen Gedanken,
auf den das Denken als Ganzes zielen könnte,
nicht gibt
und diese **eine Stelle,**
die für Gedanken zu einer Zeit da ist,
also irgendwann **leer bleiben** würde,
sodass nie wieder ein Gedanke dort erscheinen würde
und das Sich-Abwechseln der Gedanken ebenfalls aufgehört hätte?

Gibt es aber noch eine dritte Möglichkeit,
wie nach dem Ende dieses Gedankengangs zu fragen möglich wäre?
Könnten der Gedankengang und dieses Buch auch enden,
nachdem alle Gedanken, die zu ihm gehören,
gedacht oder ausreichend umkreist wurden,
ohne dass es darin ein bestimmter oder die vollständige Abwesenheit
von Gedanken wäre,
die zu finden wäre,
worin angekommen werden müsste?
Dann würde es nur um das Abschreiten dieses Gedankengangs
gehen,
der Weg wäre gleichsam das Ziel,
es gäbe kein Ziel
und somit auch keinen Griff, woran sich die Frage nach dem Ende
dieses Buchs oder Gedankengangs festhalten könnte.

Das mag sein.
Ich weiß es nicht.
In diesem dritten Fall
würden also nach dem Durchdenken der Gedanken dieses Buchs
die Gedanken einfach weitergehen.
Ob und inwiefern es nachher eine andere Art des Denkens wäre,

wäre noch zu sehen.

Diese dritte Option erscheint aber die glaubhafteste,
denn **ein Ende des Denkens in einem Zustand des Nichtdenkens
lässt sich nicht denken, glauben, vorstellen
und es scheint auch nicht wahrscheinlich,
dass das Denken einst darin enden wird,
einen einzigen ultimativen Gedanken für alle verbleibende Zeit
ausschließlich nur noch zu denken.**

Dennoch ist die dritte Möglichkeit keine,
auf die die Frage „Wie enden?" eine Antwort finden könnte,
sondern sie entspräche hinsichtlich dieser Frage
der Antwort des „Ich weiß es nicht",
was uns, da das „Ich weiß es nicht" das bereits erkannte Kriterium
des richtigen Weitergehens dieses Buchs ist,
den Hinweis gibt,
dass die dritte Möglichkeit die richtige sein könnte,
zumal die ersten beiden Möglichkeiten jeweils
eine Behauptungskraft im Sinne eines „Ich weiß .." in sich tragen,
denn der Eine Gedanke,
in dem das Denken enden würde,
müsste sich ja für alle Zeit behaupten
und also von sich wissen,
dass er für alle Zeit gedacht werden soll,
und auch ein eventuelles Nichtdenken
müsste die Gewissheit in sich tragen,
dass es weiß,
dass überhaupt kein Gedanke erscheinen soll,
dass überhaupt nicht gedacht werden soll.

Allerdings wäre die Gewissheit eines Nichtdenkens
vielleicht von einer anderen Art
als die Behauptungskraft des „Ich weiß .." eines einzelnen
Gedankens.
**Vielleicht kann man bei einem Zustand des Nichtdenkens
nicht von einem sich Behaupten sprechen,**
sodass das Kriterium des „Ich weiß es nicht",
das zeigt, ob etwas zum hier begonnenen, einzig richtigen,
Gedankengang gehört,
im Nichtdenken erfüllt wäre.

Ein letztgültiges Einrasten eines Gedankens,
der sich als der Eine gegen alle anderen behaupten würde,
ist aber vor dem Hintergrund unseres Kriteriums „Ich weiß es nicht"
kaum wahrscheinlich.
Es sei denn, es handelte sich bei diesem Gedanken um einen, der
ähnlich wie die Frage „Was denken?"
gemäß einer Selbstbestätigung absolut gilt,
nach seinem Erscheinen aber immer sogleich wieder verschwinden
würde.
Dann wäre sein Besetzen der einen Stelle, die für Gedanken zu einer
Zeit da ist,
kein permanentes, sondern ein Sich-Abwechseln mit dem
Leerbleiben dieser Stelle.

Oder dieser Eine Gedanke markierte bloß das Ende dieses
Gedankengangs
und nach seinem Auffinden kehrte eine gewisse Zufriedenheit ins
Denken ein,
wonach dennoch andere Gedanken wieder erscheinen dürften,
was unserer dritten Möglichkeit entspräche
(dass das Sich-Abwechseln von Gedanken nach dem Ende dieses
Buchs weitergeht),
die dann auch durch „Wie enden?" erfragbar wäre,
da dieser Gedankengang mit einem bestimmten erfragbaren
Gedanken enden würde.

Und nur so ist das Ende dieses Buchs erfragbar und überhaupt
bestimmbar,
wenn es einen Gedanken gibt, der den Gedankengang dieses Buchs
schließt.
Sei es, dass dieser dieses Buch beendende Gedanke
1. dann auf ewig im Denken einrastete
2. das Sich-Abwechseln von Gedanken völlig beendete, oder
3. ‚nur' das Ende dieses Gedankengangs markierte.
Wenn es einen solchen Gedanken nicht gibt,
dann gibt es auch dieses Buch nicht als abgeschlossene Einheit oder
als ein einziges,
sondern höchstens dann als **eine Menge von Büchern
mit einheitlichem Anfang,**
der sich gleich einem Prisma
oder aus der Spitze eines Kegels

ins Bodenlose
und somit wieder in die chaotische Beliebigkeit aller Gedanken
hinaussprengte,
gegen die dieses Buch sich wendet.
Nein also! – **Diese Menge von Büchern gibt es nicht.**
Es gibt dieses Buch entweder mit einem ebenso bestimmt
zu diesem Gedankengang gehörigen Ende
(denn sein Wesen ist durchs „Ich weiß es nicht" des Aufs-Denken-
überhaupt-Verweisens eindeutig bestimmt),
oder es ist als Ganzes gescheitert.
Sein richtiger Anfang wäre gescheitert,
wenn er, obwohl er behauptet, einzig wirklich richtig zu sein
und in die richtige Richtung zu verweisen,
nirgendwohin weisen würde
und auch dort nicht hin!

Die Frage „Wie enden?"
ist also, da wir uns hier im Denken befinden,
die Frage „Welcher Gedanke beendet diesen Gedankengang?",
was auch immer danach kommt.

Und da über diesen gesuchten Gedanken,
auf den dieser Gedankengang ausgerichtet ist,
nichts bekannt ist,
als dass er zum Anfang („Wie beginnen?")
und zur Form dieses Gedankengangs („Ich weiß es nicht")
passen muss,
könnte versucht werden,
ob er sich ebenso selbst bestätigt.
Aber das tut er nicht:

Wie enden?
Ich weiß es nicht.

Daraus folgt nicht der Satz:
Wenn ich nicht weiß, wie enden, dann muss ich mich fragen, wie
enden.

Die Frage „Wie enden?" bestätigt sich nicht in der Weise selbst,
wie sich „Wie beginnen?", „Wie weiter?" und „Was denken?"
selbst bestätigt haben.

Während „Wie beginnen?" der Gedanke ist,
mit dem dieses Buch beginnt,
ist „Wie enden?" also nicht der Gedanke, mit dem es endet.

Die Frage nach dem Ende dieses Buchs ist also auch nicht „Wie enden?",
sondern immer noch die Frage
„Was denken, außer der Frage ‚Was denken?' selbst,
die nur zunächst zu denken ist?".
Weist diese Frage noch auf einen oder mehrere weitere Gedanken hin?

Welche wären die Gedanken oder der eine Gedanke,
auf den dieses Buch noch hinweist?

Da dieses Buch auf die überhaupt richtige Weise begonnen hat,
ist es, sofern seine Fertigstellung gelingt, **das überhaupt richtige Buch.**
Das überhaupt richtige Buch muss aber aufs überhaupt Richtige verweisen.
Die Frage nach dem Ende dieses Buchs
ist also die Frage nach dem überhaupt Richtigen:
Was ist das überhaupt Richtige,
was ist überhaupt richtig?

Es ist aber schon geklärt,
dass alle unendlich vielen Gedanken
unendlich viele Richtungen haben,
und **da in jedem Ausschnitt aus diesen unendlich chaotischen Reihen**
jeder erste Gedanke nicht weiß,
auf welchen dritten der zweite verweist,
auf den aber der erste verweist,
weiß letztlich kein Gedanke wirklich,
in welche Richtung er verweist.
Kein Gedanke kennt das Ende der gedanklichen Reihe,
das Ende des Gedankengangs,
in dem er steht.
Jeder Gedanke behauptet sich also zu Unrecht,
weil kein Gedanke weiß, ob er richtig ist,
weil kein Gedanke weiß,

was in der Richtung liegt, in die er weist.

Kannst du deinen nächsten Gedanken vorhersagen?
Deine Vorhersage wäre schon der nächste Gedanke
und der dann nächste ein anderer,
von dem du wieder nicht wüsstest.

**Die einzige Ausnahme zu dieser Regel
ist aber der Gedanke,
der aufs Denken selbst verweist,**
da dieser Verweis gleichsam orthogonal zu allen Verweisen auf
andere Gedanken innerhalb des Denkens steht,
da er nicht auf einen anderen Gedanken verweist
und somit aus dem Wechsel aller Gedanken herausweist.
Das Denken selbst ist jedem Gedanken gemeinsam,
sodass es bezüglich des nächsten Gedankens vorhergesagt werden
kann.
Hierin liegt die schon festgestellte Richtung,
die dem Anfang dieses Buchs seine Richtigkeit gibt.

Diese Richtung ist die der Allgemeinheit.

Da es weniger allgemeine als spezielle Gedanken gibt,
da jeder allgemeinere Gedanke mehrere speziellere Gedanken in sich
zusammenfasst,
ist das Denken in sich selbst aufs Allgemeine hin ausgerichtet.
Denn es gibt unendlich viele beliebig spezielle Gedanken
und es gibt weniger allgemeinere Gedanken.

**Aufs Spezielle hin
kann das Denken also nicht ausgerichtet sein,
weil dort unendlich viel ist und in unendlich Vielem liegt keine
Richtung.**
zum Allgemeinen hin
könnte das Denken aber sehr wohl ausgerichtet sein,
1. Entweder, wenn es nur endlich wenige Gedanken gäbe,
die alle spezielleren in sich zusammenfassen,
die am Ende einer Analyse der Sprache
oder einer philosophischen Letztbegründung aufgefunden werden
könnten
(In diesem Sinne sind die allgemeinsten Gedanken diejenigen,

die in allen speziellen Gedanken als ihre Bausteine enthalten sind.
Im entgegengesetzten Sinn von ‚Enthalten' enthalten die allgemeinsten Gedanken
alle spezielleren Gedanken, indem sie sie als ihre Details mitdenken.)
2. Oder wenn es einen einzigen völlig allgemeinen Gedanken gäbe.

Wenn es in der unendlichen Menge aller Gedanken
eine Menge weniger Gedanken gäbe
oder den wenigsten, den Einen Gedanken gäbe,
dann wäre diese Menge aller Gedanken
auf diese Wenigen oder auf diesen Einen ausgerichtet.
Dann würde das Denken insgesamt einem bodenlosen Kegel gleichen,
dessen Boden sich unendlich entziehend stets größere Spezialisierung erlaubte
und dessen Spitze wenige allgemeine Gedanken beherbergte
oder ganz an der Spitze, sofern es ihn gibt,
nur diesen einen allgemeinsten Gedanken.

Diese Wenigen oder dieser Eine, sofern es sie gibt,
wären auch das Richtige,
sodass in unserer Suche nach dem,
was wirklich gedacht werden soll,
die Frage nach
dem Einen,
dem (überhaupt) Richtigen
und dem Allgemeinen
in Eins fallen.

Bevor nun gefragt werden muss,
was also dieses überhaupt Richtige, das Eine und Allgemeinste, ist,
kann festgestellt
und damit der Status des Allgemeinen als das Richtige bestätigt werden,
dass nur das Allgemeine wirklich denkt,
denn
1. durch spezielle Gedanken kann nicht alles gedacht werden und
2. durch spezielle Gedanken kann überhaupt nicht gedacht werden.

Während die Frage noch offen ist,
ob das Denken überhaupt denken will,

oder ob es nach diesem Gedankengang, der auf es selbst verweist,
nicht vielleicht sogar gänzlich enden will,
ist klar,
dass Gedanken denken wollen,
dass Gedanken gedacht werden wollen,
denn sie behaupten sich
und wofür sonst wären sie da?

Wenn Gedanken aber denken wollen,
dann wäre es **besser,**
wenn sie alles,
oder zumindest umfassender denken würden
als nur einen beschränkten Ausschnitt,
der vieles vergisst und also einiges nicht denkt.
Das ist das quantitative Argument.
Je spezieller die Gedanken sind,
desto mehr Gedanken brauche ich,
um alles zu denken.
Mittels spezieller Gedanken
ist es also in der Zeit eines Lebens tendenziell nicht möglich, alles zu
denken,
sodass die Unternehmung des Denkens scheiterte,
und es wäre auch im Raum dieses Buchs nicht möglich, alles zu
denken,
da es nicht unendlich viele Seiten haben kann,
da man es sonst nicht mehr zuklappen
und also auch gar nicht erst aufklappen könnte.

Aber mehr noch:
Im Vergleich zum qualitativen Argument ist dieses quantitative
Argument noch harmlos.
Das quantitative Argument kann relativiert werden:
Da Allgemeinheit und Spezialität von Gedanken auf einer Skala zu
verorten sind,
ist jeder noch so spezielle Gedanke auch mindestens ein bisschen
allgemein.
Wenn nun mittels nur wenig spezieller und ziemlich allgemeiner
Gedanken gedacht würde,
dann könnte behauptet werden,
durch sie die Gesamtheit des Denkbaren doch ziemlich gedacht zu
haben.

Das qualitative Argument aber ist verheerend:

**Je spezieller der Gedanke, desto weniger denkt er überhaupt
und jedes bisschen Allgemeinheit, das ein Gedanke einbüßt,
mindert sein Denken
und nur das Allgemeinste (oder der allgemeinste Gedanke, sofern
es ihn gibt)
denkt überhaupt!**

Denn nicht nur fassen allgemeinere Gedanken speziellere in sich
zusammen,
sondern Gedanken fassen Wahrgenommenes/Phänomene in sich
zusammen.
Das heißt,
**das Verhältnis zwischen Denken und Wahrnehmen ist so,
dass dem Denken die Rolle der Allgemeinheit zukommt,
während das Wahrnehmen das Spezielle liefert,**
Gedanken liefern Formen,
die durch Phänomene gefüllt, angereichert, bestätigt, umspielt und
lebendig sind.

**Je spezieller also ein Gedanke ist,
desto weiter entfernt er sich vom Wesen des Denkens überhaupt
und damit von seinem eigenen Wesen.
Je spezieller ein Gedanke ist,
desto eher versucht er, die Rolle der Wahrnehmung zu
übernehmen,
die ihm nicht zukommt.**

Wenn nämlich ein bestimmter Gegenstand
durch Gedanken erschöpfend beschrieben werden soll,
dann dauert dies umso länger,
je spezieller der Gegenstand ist,
da unendlich viele spezifische Eigenschaften und Details
beschrieben werden müssen,
während mithilfe der Wahrnehmung nur gesagt werden müsste
„Sieh hin!"
und der Gegenstand zeigte sich auf einen Schlag in seiner
Gesamtheit.
(Dass hierin nun innerhalb der Wahrnehmung auch wieder
differenziert werden kann,

dass der Gegenstand gedreht und von nah oder fern betrachtet,
dass er angefasst und befühlt werden könnte
oder gar mit dem Mikroskop untersucht,
dass also möglicherweise auch die Wahrnehmungsarten
nach verschiedenen Graden der Tauglichkeit zur Feststellung von
Allgemeinheit oder Spezialität untersucht werden könnten,
ändert nichts an der für diesen Gedankengang einzig relevanten
Tatsache,
dass im Verhältnis zu allen möglichen Wahrnehmungsarten und
durch sie vermittelten Phänomenen
das Denken das Allgemeinste und überhaupt Allgemeinheit gebende
ist.
Dies findet seinen Beweis auch darin,
dass das Denken Phänomene beliebig kombiniert in sich fassen kann
und darin, dass der Gedanke ans Allgemeinste existiert,
das alles in sich fasst.)

**Auch zeigt sich das Denken als wesentlich in einem
Nacheinander geordnet:**
**So wie in diesem und jedem Text ein Wort nach dem anderen
steht,**
folgt im Denken ein Gedanke auf den anderen.
Wahrnehmung aber ist durch Gleichzeitigkeit geprägt,
sie zeigt eine Vielheit an Phänomenen nebeneinander.

Je spezieller ein Gedanke ist,
desto mehr spezielle andere Gedanken bleiben übrig,
**zu denen er sich abgrenzt und die zu seiner Ergänzung nötig
wären,**
wenn alles insgesamt gedacht werden sollte.
**Die Wahrnehmung zeigt dieses Viele gleichzeitig und
nebeneinander.**
Wenn aber im Denken alles als Vieles gedacht werden soll,
**dann muss sich der Wechsel der speziellen Gedanken
beschleunigen,**
das Denken gerät in eine Hast,
da das Manko des vielen nicht Gedachten aufgeholt werden muss.

Allgemeine Gedanken erfüllen das Wesen des Denkens,
**indem das Allgemeine, das fasst, an seiner Stelle ist, nämlich im
Denken,**

und das Viele an seiner Stelle gelassen werden kann, nämlich in der Wahrnehmung,
indem allgemeine Gedanken die Wahrnehmung zeitgleich geschehen lassen,
sie fassen und durch das Viele, das sie zeigt, erfüllt werden.

Spezielle Gedanken verfehlen das Wesen des Denkens,
indem das Allgemeine nirgendwo ist, da es nicht da ist, wo es sein soll,
nämlich im Denken.
Es ist verkürzt,
und in der Verknappung und Spezialisierung
des fürs Allgemeine Geschaffenen, nämlich Gedanken,
mangelt es diesen an Fassungsvermögen,
sodass die begleitend erscheinenden Wahrnehmungen
von den engen, speziellen Gedanken nicht zugelassen werden können
und diese sich **umso schneller abwechseln,**
weil sie versuchen**, einander zu korrigieren und zu ergänzen,**
vorher Gesagtes zu entschuldigen und im unaufholbaren Nachhinein
richtig zu machen, was schon der Form nach falsch ist.

Dass nur jeweils ein einziger Gedanke gleichzeitig erscheinen kann,
zeigt, dass das Wesen des Denkens darin liegt,
in ihm das Wenige zu beherbergen.
Gäbe es einen einzigen allgemeinsten Gedanken,
dann könnte dieser diese eine Stelle, die für Gedanken zu einer Zeit da ist,
für alle Zeit einnehmen
und egal, welche Wahrnehmungen zeitgleich mit ihm erscheinen würden,
alle wären durch ihn verstanden, akzeptiert und gefasst, erfasst und zusammengefasst,
und es gäbe keine Notwendigkeit zur Korrektur,
die einen Wechsel zu einem anderen Gedanken nötig machen würde.

Hierin läge die Erfüllung des Denkens als Tätigkeit, als das,
was Denken wirklich ist und tut: Denken.
Phänomene, die zeitgleich mit einem Gedanken erscheinen können,
ohne dass dieser Gedanke die Stelle für Gedanken verlassen müsste,

weil er nicht zuträfe,
werden durch diesen Gedanken, der bleibt, gedacht.
An der einen Stelle, die für Gedanken zu einer Zeit da ist,
bleiben zu können,
ist die Erfüllung des Behauptungswillens, den jeder Gedanke hat.

Die eine Stelle, die für Gedanken zu einer Zeit da ist, verlassen
und einen nächsten dort erscheinen lassen,
von dem der vorige nicht weiß, welcher er ist,
folgt dem Manko,
dass er nicht fassen, nicht erfassen und also nicht denken konnte,
was zeitgleich der Fall war,
was sich durch die Wahrnehmungen gezeigt hat.

Ein Gedanke, der tendenziell nichts erfasst, denkt auch tendenziell
nicht.
**Deshalb verfehlen spezielle Gedanken das Wesen des Denkens
desto mehr,
je spezieller sie sind,
denn je spezieller sie sind,
desto weniger fassen und erfassen sie,
desto weniger denken sie überhaupt.**

**Da aber bis auf den allgemeinsten Gedanken,
sofern es ihn gibt,
alle Gedanken mindestens ein bisschen speziell sind
und die Unendlichkeit aller Gedanken tendenziell wesentlich
speziell ist,
kann die Selbstbestätigung der Fragen
„Wie beginnen?" und „Was denken?"
nun noch strenger formuliert werden:
Es ist nicht nur deshalb nicht richtig,
die vielen richtungslosen speziellen Gedanken zu denken,
weil diese,
obwohl sie sich behaupten,
nicht wissen, ob sie gedacht werden sollen
und in welche Richtung sie weisen,
sondern diese Gedanken denken gar nicht wirklich
und sie versuchen es auch nicht,
denn sie suchen nicht nach ihrer eigenen Erfüllung,
sie versuchen nicht, das Wesen des Denkens,**

ihr eigenes Wesen zu erfüllen,
sie suchen nicht nach dem Allgemeinen oder Allgemeinsten,
obwohl es ihr eigenes Wesen ist,
sondern sie nehmen ihre eigene Perversion in Kauf.

Die Fragen „Wie beginnen?" und „Was denken?"
fragen aber explizit nach ihrem eigenen Wesen!
Sie versuchen im von ihnen initiierten Gedankengang
ihr eigenes Wesen zu erfüllen!
Einzig ihnen
und dem mit ihnen begonnenen Gedankengang
und allen Gedanken, die noch zu diesem gehören werden,
gebührt unter allen Gedanken Lob!

Und es ist nun deutlich geworden,
dass die Frage „Was denken?"
die Frage nach der Erfüllung des Wesens des Denkens,
die Frage nach dem Allgemeinen,
nach den allgemeinsten Gedanken
und möglicherweise nach dem einen allgemeinsten Gedanken ist.

Und da diese Frage auch die Frage nach dem Weitergehen dieses
Gedankengangs ist,
ist hier also die Frage:
Welche sind die allgemeinsten Gedanken?
oder
Welcher ist der allgemeinste Gedanke?

Da der allgemeinste Gedanke, sofern es ihn gibt, einer der
allgemeinsten Gedanken ist,
kann sich ihm (dieser Spitze des Kegels) angenähert werden,
indem zunächst nach den wenigen allgemeinsten Gedanken gefragt
wird.
Vergangene Philosophen und Wissenschaftler
haben hierfür schon viele Vorschläge gemacht:
Zeit, Raum, Tun, Sein, Ich, Welt, Universum, Freiheit, Liebe, Gut,
Böse, Gott, Natur sind ungeordnete Beispiele für ziemlich allgemeine
Begriffe.
Sie grenzen sich deutlich ab von sehr speziellen Begriffen,
die auch so speziell sein können, dass es gar kein einzelnes Wort für
sie gibt,

zum Beispiel „dieser blaue Kugelschreiber".

Könnte nicht einer dieser ziemlich allgemeinen Gedanken genommen werden
und ausgehend von ihm andere allgemeine Gedanken gesucht werden?
Aber mit welcher Methode könnte festgestellt werden,
welcher von ihnen der allgemeinste ist?
Wenn einer von ihnen die anderen in sich fassen würde,
würde er dann alle anderen erübrigen?

Kann es versucht werden?
Müsste nicht der Gedanke „alles" alles denken?
Aber er vergisst das Nichts, oder das, was nicht ist.
Ist dann „alles und nichts" der allgemeinste Gedanke?
Was aber, wenn es einen Übergang zwischen allem und nichts gibt,
sodass beide gar nicht so scharf voneinander getrennt wären,
wie es dieses „und" suggeriert?
Was, wenn es eine Weise von allem gäbe, wie manches in ihm
etwas gleichen würde, was nichts ist,
und andersherum,
und werden durch dieses Zusammennehmen der beiden sich ergänzenden Begriffe
nicht alle Zusammenhänge zwischen ihnen vergessen?
Könnte behauptet werden, dass sie mitgedacht werden?

Ebenso erginge es mir, wenn ich versuchte,
den Begriff „Gott" als allgemeinsten zu überprüfen.
Ist es nicht dennoch nötig,
andere allgemeine Begriffe mit ihm abzugleichen und in Verbindung zu bringen,
sodass zumindest nicht ersichtlich wäre,
dass hiermit ein Ende dieses Gedankengangs gefunden wäre?

Es könnte auch versucht werden,
nach der **Form** der Zusammenhänge allgemeiner und spezieller Gedanken untereinander zu fragen,
statt von ihrem Inhalt auszugehen.

Dann zeigt sich,

dass sich je spezieller der Gedanke ist,
er sich zu desto mehr anderen in gleicher Weise speziellen Gedanken
abgrenzt,
sodass, je spezieller der Gedanke ist,
die Restmenge dessen, was er nicht denkt, größer ist.

Um zuerst die allgemeineren und letztlich möglicherweise den
allgemeinsten Gedanken zu finden,
müsste diese Grenze also immer weiter zugunsten des gedachten
Gedankens verschoben werden,
sodass die Restmenge des nicht Gedachten immer kleiner würde.

Dies wurde durch den inhaltlichen Ansatz schon versucht,
indem der Gedanke „alles" gedacht wurde.
Der Versuch scheitert aber an der Unmöglichkeit,
die Größe des Nichts mit der des Alls zu vergleichen.

Auf dasselbe Problem stößt der Gedanke „Gott",
denn bleibt nicht ein möglicherweise unermessliches Reich des
Ungöttlichen, Weltlichen übrig, zu dem er sich abgrenzt, selbst wenn
er es in sich fasst?
Ich weiß es nicht.

Große Allgemeinheit eines Gedankens scheint nicht zu genügen,
wenn er sich nicht in sich ausreichend differenziert.
Deshalb geben Theologen, Philosophen und Wissenschaftler auch
keine Ruhe.
Sie denken in allgemeinen Begriffen,
müssen diese aber stets wieder differenzieren
und am Speziellen erklären.

Und diese noch so allgemeinen Begriffe
scheinen sich zu gleichermaßen allgemeinen Begriffen abzugrenzen,
sodass sich Verneinungen und Gegenteile
zumindest formal immer bilden zu lassen scheinen.

Diesen Gegenteilen könnte wiederum unterstellt werden,
dass sie gar nichts bezeichnen,
sodass mit „alles" oder „Sein" oder „Gott"
sehr wohl ohne Restmenge alles bezeichnet wäre,
was es überhaupt gibt,

weil das Nichts nicht denkbar ist
und der Teufel bloß erfunden.
Dann wäre es aber mindestens die Aufgabe dieses Gedankengangs,
diese Hypothese zu plausibilisieren.
Und ist das nicht die endlose Unternehmung aller bisherigen
Philosophie und Theologie,
von der nicht angenommen werden kann,
dass sie hier ein Ende nehmen sollte,
sodass dieses Buch fertig geschrieben werden könnte,
wenn sich die Methode nicht grundlegend unterscheiden würde?

Dass sich aber Gedanken überhaupt notwendigerweise zu anderen
Gedanken abgrenzen,
was sich darin zeigt, dass jeder Gedanke verneint werden kann,
gibt den Hinweis,
dass über dieses **Sich-Abgrenzen und über die Grenze,
die Gedanken im Denkraum ziehen**, nachgedacht werden könnte.

**Es scheint,
dass diese Grenze nicht über die Mitte alles Denkbaren
hinauskommt,
da der Gedanke „alles",
von dem erwartet würde, dass er alles denkt
und höchstens eine kleine Restmenge zuließe,
die dem Nichts zugestanden werden könnte,
„nichts" als sein Gegenteil zulässt,
mit dem er ein auf eine Meta-Ebene integriertes,
gleichsam begrifflich neu erschaffenes „alles" teilt,
das in „alles" und „nichts" mit unbestimmbarer
und also behelfsweise in der Mitte zu verortender Grenze
unterteilt ist.**

**Wo liegt das Ende dieses Regresses?
Enthält „Alles" also das „Nichts"?
Wie ist zu begründen, dass es nicht ebenso andersherum sein
könnte?**
Es stellt sich wieder die Frage nach dem Zusammenhang zwischen
beiden Begriffen.

Auffällig ist aber,

dass es so etwas wie **Gegenteile, die sich eine Gesamtheit auf gleichmäßige Weise teilen,**
überhaupt gibt.

So wie es für sehr spezielle Gedanken
oft gar keine Wörter gibt,
auch wenn welche erfunden werden könnten,
sodass mehrere ziemlich spezielle Gedanken und Wörter
in dann noch schnellerem Wechsel
herangezogen werden müssen,
um diese spezielle Sache zu denken und zu beschreiben,
so gibt es für viele mittelmäßig allgemeine oder spezielle Gegenstände
zwar ein eigenes Wort,
aber ihre Verneinung hat nicht nur kein eigenes Wort,
sondern ist auch kein eigener Gedanke:
Es gibt kein unmittelbar ersichtliches Gegenteil zum Gedanken „Haus".
Was ist ein „Nicht-Haus"?
Oder was wäre ein „Nicht-Brot"?

Es gibt aber durchaus sehr allgemeine Gedanken,
deren Verneinung ein eigener Gedanke ist:
„nicht-schnell" ist „langsam",
„nicht-nah" ist fern usw.
Dies gilt dann immer auch andersherum,
sodass „nicht-langsam" auch „schnell" bedeutet
und „nicht-fern" „nah".

Weiterhin sind diese Gegenteilspaare nicht scharf voneinander getrennt,
sondern sie sind durch eine Skala miteinander verbunden,
sodass zwischen „nah" und „fern" beliebig fein abgestuft werden kann.
Dies ist bei der vollständigen Beschreibung von allem durch das Gedankenpaar aus speziellem Gedanken und seinem Rest,
„Alles ist entweder diese von mir gerade mit Butter beschmierte Scheibe Brot oder nicht",
oder ein bisschen allgemeiner, „Alles ist entweder Brot oder nicht Brot",
nicht der Fall.

Hier wird durch den speziellen Gedanken eine scharfe Grenze in der Welt gezogen,
durch die alles nicht seinem Wesen nach erfasst wird,
sondern die Bedeutung des speziellen Gedankens wird allem gleich einem Stempel aufgedrückt, alles wird durch ihn gefärbt.

Das graduell abstufende Denken der Welt durch Gegenteilspaare hingegen
erübrigt möglicherweise alles Differenzieren und Erklären dieser allgemeinen Gedanken durch andere.
Womöglich könnte man sagen,
dass durch solche graduell unterschiedenen Gegenteilspaare
alles wirklich gedacht wird,
weil ihre unendliche Feinheit
sie völlig ausfüllt und
sie beliebig genau erfassen lässt,
was auch immer zeitgleich mit ihr erscheint.
Das Raster ist so fein, dass nichts hindurchfällt.

Hinzu kommt,
dass diese Gegenteilspaare,
da sie zwei Enden derselben Skala benennen,
zu einem einzigen Begriff integriert werden können,
sodass mit nur einem einzigen Gedanken beide Gegenteile gedacht werden können.
So ist der Gedanke „mehr oder weniger hell"
derselbe wie der Gedanke „mehr oder weniger dunkel"
und relative Dunkelheit oder relative Helligkeit bedeuten
dasselbe.

Wenn also graduell unterschiedene Gegenteilsbegriffspaare
die Grenze, die jeder Gedanke zu seiner Verneinung zieht,
auflösen, indem sie sich mit ihrem Gegenteil verbinden,
ist mit ihnen also die Denkform gefunden,
die alles so denkt,
dass kein Rest bleibt,
der vergessen wird
und das Gedachte wieder relativ speziell erscheinen lässt?

Welcher Zusammenhang besteht aber wiederum zwischen
ihnen?

Welcher Zusammenhang besteht zwischen Lautstärke (laut-leise) und Geschwindigkeit (langsam-schnell) und Güte (gut-schlecht) und Güte (gut-böse) und Nähe (nah-fern) und Höhe (hoch-tief) und Weite (weit-eng) und Helligkeit (hell-dunkel) und so weiter?
Entwickelt sich nicht wieder eine endlose Philosophie zwischen diesen Begriffen,
sodass mit ihnen also durchaus **kein Ende und keine völlige Allgemeinheit** erreicht ist,
da auch sie sich wieder zu einander als ebenso allgemeinen Partnern abgrenzen,
sodass die Ebenen der Allgemeinheit kein Ende zu haben scheinen?
Und selbst wenn man sich mit ihnen auf der allgemeinsten Ebene befände,
sodass ausgesagt werden könnte,
dass alles Denken fortan nur noch in dieser allgemeinsten Form zu geschehen habe,
nach welchem Kriterium wüsste ich dann,
ob ich nicht eines oder möglicherweise sogar das wesentlichste dieser Gedankenpaare vergesse?

**Immerhin ist hiermit aber eine allgemeine,
wenn nicht sogar die allgemeinste Form gefunden,
in der zu denken ist.**

Wenn also über die allgemeinsten Gedanken gesagt werden könnte,
dass sie in der Form graduell unterschiedener Gegenteilspaare auftreten,
könnte dann,
auch trotz der Unmöglichkeit hier eine vollständige Liste aufzustellen
und trotz der Möglichkeit, dass es sich bei den allgemeinsten und also tendenziell wenigen Gedanken immer noch um unendlich viele (von geringerer Mächtigkeit) handeln könnte,
unter ihnen nach dem Einen gefragt werden?

Hätte nicht, sofern es ihn gibt,
der eine allgemeinste Gedanke
diese soeben erkannte Form der allgemeinsten Gedanken?

Müsste dem inhaltlichen Ansatz,
der zuvor versucht wurde,
also noch die Kenntnis der Form hinzugefügt werden,

sodass nun nach einem graduellen Verlauf zwischen allem und nichts,
zwischen Sein und dem Nichts,
zwischen Gott und seinem Gegenteil
gesucht werden könnte?

Das klingt vielversprechend,
führte aber auch wieder zu einer Philosophie
dieser graduellen Gegensatzpaare,
da auch unter ihnen wieder Zusammenhänge erklärt werden müssten,
da keines von ihnen den Anspruch erheben kann,
unter ihnen das Eine zu sein.
Was ist allgemeiner: Gott oder das Sein?

Kann noch einmal gefragt werden:
Gibt es unter diesen allgemeinsten Gedanken einen,
der sich als der allgemeinste herausstellen könnte,
sodass dieser das Wesen des Denkens völlig erfüllt?

Immerhin hat dieses Buch auf die Eine Weise begonnen,
wie überhaupt zu beginnen ist.
Wenn im Verlauf dieses Gedankengangs nun Der Eine Gedanke gefunden würde,
der überhaupt zu denken ist,
weil er das Wesen des Denkens völlig erfüllt,
dann wäre dieses Buch auch das Eine Buch,
das einzig überhaupt zu lesen, zu schreiben und zu denken wäre.

Und was wäre der Inhalt des Einen Buchs?:
Die Einen Worte?
Die aber gibt es nicht, denn es gibt beliebig viele Sprachen, Dialekte und Ausdrucksweisen
und somit auch viele verschiedene mögliche Niederschriften dieses Buchs.
Die Einen Gedanken, also **die allgemeinsten Gedanken?**
In diesen ist aber kein Kriterium zur Vollständigkeit oder abschließenden Systematik zu finden.
Der Eine Gedankengang?
Von ihm ist wenigstens der Anfang bekannt, sodass die Einen Gedanken die Gedanken dieses Buchs sein könnten,

das noch immer nach seinem Ende sucht.
Der Eine Gedanke?
Von ihm ist aber höchstens die Form bekannt,
dass es sich bei ihm möglicherweise um ein Gegenteilspaar handeln
könnte.

Wenn wir es einmal wörtlich nehmen:
Woran denkt der Eine Gedanke?
An das Eine.

Das Eine bedeutet dasjenige,
das Eins ist,
ohne dass es ein Zweites dazu gäbe,
das also die Grenze,
die Gedanken notwendig in sich tragen,
indem sie sich zu anderen Gedanken abgrenzen,
auflöst.

‚Das' Eine ist sprachlich formal (in Abgrenzung zu irgendeinem Einen)
dasjenige,
das bestimmt ist,
ohne durch irgend einen anderen Gedanken bestimmt zu sein.
Das Eine ist dasjenige,
das nur überhaupt bestimmt ist,
das dadurch bestimmt ist, dass es einzig durch seine
Unbestimmtheit bestimmt ist.
(Es trägt den bestimmten Artikel, ohne dass die Bestimmung
gedanklich wäre.
Ebenso ist Das Eine Buch oder Der Eine Gedanke nicht etwas,
das aus der Menge aller Bücher, die jeweils vor ihrer Bestimmung „ein
Buch", „irgendein Buch" sind, durch ihre Bestimmtheit
herausgehoben wird, sodass es ein Nachhinein der Bestimmung
geben würde, nach der es zu dem (nun mit dem bestimmten Artikel
„dem") durch x bestimmten Buch geworden wäre,
sondern das Führen des bestimmten Artikels ohne gedankliche
Bestimmung
zeigt Bestimmtheit durch Unbestimmtheit an,
die nur bedeuten kann,
dass die Bestimmtheit nicht in irgendeinem Attribut,
einem hinzukommenden Gedanken,
sondern in der völligen Erfüllung des Wesens dessen liegt,

was diese oder jene Bücher oder Gedanken nur tangieren,
während dieses ihm völlig gerecht wird.)

Diese einzigartige Bestimmtheit durch Unbestimmtheit,
die auf die Erfüllung des Wesens einer Sache hindeutet,
hat diesem Gedankengang Richtung gegeben, denn sie
ist die eine Richtung im Denken,
die, weil es im Denken nur das Chaos vieler unrichtiger, weil wirr
kreiselnder Richtungen, gibt,
d.h. weil es im Denken keine Richtung gibt,
dadurch dass sie selbst einzig explizit keine Richtung ist,
sondern Stehenbleiben, Denkstopp, Selbstverweis,
die einzige Richtung ist.

„Das Eine" ist noch zu „Das" verkürzbar.
Der Gedanke „Das" verweist auf etwas Bestimmtes,
von dem klar wird, dass es nicht weiter bestimmt werden kann,
weil es einzig durch seine Unbestimmtheit bestimmt ist,
wenn auf die Nachfrage „Was?" nochmals nichts anderes als „Das"
geantwortet wird
und kein weiteres Wort hinzugefügt wird.
Hier liegt im Sprechakt der Wiederholung
die Verdeutlichung,
dass die Bestimmung hier nicht nur vergessen wurde.

Das, Das Eine ist das Allgemeinste,
das sich zu nichts anderem abgrenzt
und es ist auch das „Ich weiß es nicht",
denn „Ich weiß es nicht" ist das Wesen des sich Erwehrens gegen
Gedanken,
die ein „Ich weiß" behaupten,
obwohl sie nicht wissen.

Die Gedanken
„Das",
„Das Eine",
„Ich weiß es nicht",
„Sich nicht abgrenzen",
„Unbestimmtheit",
„Allgemeinheit",
womöglich auch

„Gott",
„Universum",
„All",
„Sein"
deuten möglicherweise alle auf dasselbe hin.

Aber was nützen diese Gedanken?
Wenn ein Gedanke wesentlich das ist,
was in der Welt Grenzen zieht,
dann ist der Gedanke ans Grenzenlose ein Widerspruch in sich.
Indem ans Grenzenlose gedacht wird, wird es verfehlt,
indem an das Eine gedacht wird, wird es verfehlt,
indem an Gott gedacht wird, wird er verfehlt,
indem ans Sein gedacht wird, wird es verfehlt,
indem ans Denken selbst gedacht wird, wird es verfehlt.

Aber wie dann diese völlige Allgemeinheit,
die das Wesen des Denkens ist, erreichen?
Wie diese Einheit erreichen?
Kann das Wesen des Denkens gar nicht durch Gedanken erfüllt
werden?
Dieser Verdacht
kam ja zu Beginn dieses Buches schon einmal in ähnlicher Weise auf,
als gefunden wurde,
dass zunächst kein anderer Gedanke als die Fragen „Wie beginnen?"
und „Was denken?" gedacht werden sollen,
da alle anderen Gedanken nicht von sich wissen, ob sie gedacht
werden sollen,
und sich trotzdem behaupten.

Wenn die Allgemeinheit,
die das Wesen des Denkens ausmacht,
innerhalb des Denkens nicht erfüllt werden kann,
weil es keinen Gedanken gibt, der sich nicht notwendigerweise
und seinem Wesen gemäß zu anderen Gedanken abgrenzt,
kann sie dann außerhalb des Denkens erfüllt werden
und wie?
Und was bedeutet es für diesen sich innerhalb des Denkens
befindlichen Gedankengang,
dass ein Außerhalb des Denkens erreicht werden soll?

Wenn es unmöglich ist,
ans Undenkbare zu denken,
ohne es zu verfehlen,
da man es dann denkt,

wenn es unmöglich ist,
ans Grenzenlose zu denken,
weil sich Gedanken zueinander abgrenzen,

wenn es unmöglich ist,
das Richtige zu denken,
weil das Denken chaotisch ist,

wenn es unmöglich ist,
ans Allgemeine zu denken,
weil alle Gedanken unterschiedlich speziell sind,

wenn es unmöglich ist,
überhaupt zu denken,
weil kein Gedanke völlig allgemein ist
und also jeder Gedanke sein eigenes Wesen mindestens ein
bisschen verfehlt,

muss dann das Denken als Ganzes enden?
Zielt dieses Buch dann doch auf ein Ende des Denkens insgesamt?
Und was ist dann dieses Nichtdenken, worauf dieses Buch zielt?

Ist „Nichtdenken" nicht wieder nur ein neues Wort fürs
„Undenkbare", für „Das", für „Das Eine",
dessen Gedachtwerden das Gegenteil seiner Erfüllung ist?
Der Gedanke ans Nichtdenken ist ein Widerspruch in sich.

Muss dieser Gedankengang hier also einfach enden?
Ist das Ende dieses Buchs hiermit gefunden,
oder kann das Denken noch etwas dafür tun,
dass es selbst endet?
Was garantiert denn schließlich,
dass das Denken auch wirklich endet
und in einen Zustand des Nichtdenkens übergeht,
wenn dieser Text,
wenn dieser Gedankengang einfach endet?

Gibt es im Denken noch etwas zu erledigen,
ein Ende zu finden, das das Gelingen des Verlaufs zu seinem eigenen
Wesen garantiert?
Steht es denn überhaupt fest,
dass das Wesen des Denkens im Nichtdenken erfüllt wird?
Ist das nicht eine widersprüchliche Annahme,
die nur aus der Einsicht in die Untauglichkeit aller Gedanken folgt?

Soll das Denken enden?
Hat es überhaupt beginnen sollen?
Soll ich überhaupt denken?
Ich weiß es nicht.

Wenn das „Ich weiß es nicht" ein Zurücktreten
von unhinterfragt angenommenem Wissen ist,
hätte ich nicht schon direkt nach der Frage „Was denken?"
die Frage „Überhaupt denken?" stellen müssen?

Die Frage „Was soll ich denken?"
nimmt ja unhinterfragterweise an,
dass ich überhaupt denken soll.
Sie behauptet sich wie alle anderen Gedanken auch
und behauptet versteckterweise mit,
dass überhaupt gedacht werden soll.

Ebenso behauptet die Frage
„Wie soll dieses Buch beginnen?"
oder
„Wie kann dieses Denken nachträglich richtig beginnen?"
kurz „Wie beginnen?",
dass mit diesem Buch oder dem Denken überhaupt begonnen
werden sollte.

Ich weiß das aber gar nicht.
Also:
Hat das Denken überhaupt beginnen sollen?
Liegt der möglicherweise unentdeckte Fehler noch weiter hinter uns,
als wir angenommen hatten, weil das Denken gar nicht erst hätte
beginnen sollen?
Soll ich überhaupt denken?

Ich weiß es nicht.
Aber wenn keine Gedanken da wären,
außerhalb des Denkens
könnte ich mich nicht fragen,
ob ich überhaupt denken soll.

Kann ich, ohne zu denken, wissen,
ob ich denken soll?
Ich weiß es nicht.

Da ich mit diesen Worten
in diesem Gedankengang
hier aber im Denken bin,
kann ich auch noch versuchen,
innerhalb des Denkens herauszufinden,
ob ich damit aufhören soll,
ob es gar nicht erst hätte beginnen sollen,
oder ob es in irgend einer Weise weitergehen soll.

Also frage ich aus dem Denken heraus:
Was ist da, wenn das Denken aufgehört hätte?
Ist da dann „nicht denken"
oder ist das „Nichtdenken"?
Ist das Leerbleiben des Denkens
etwas anderes, wenn zuvor schon einmal gedacht wurde?
Ist nach einem Ende des Denkens
nur ein Zustand der Abwesenheit von Gedanken
oder auch der Abwesenheit des Denkens?
Ist Nichtdenken etwas oder nichts,
gibt es Nichtdenken, ist das von Gedanken leer bleibende Denken
etwas,
oder ist es nur „nicht denken"?
Und selbst wenn es etwas gibt, was Nichtdenken heißen kann,
wie kann ich mich im Denken befindend
in diesen Zustand hinüberwechseln,
da das Denken selbst sagt,
dass es hierin seine Erfüllung findet?

Wenn dieser Zustand des Nichtdenkens
die unendlich ausgedehnte Pause wäre,
die wie die Leerstelle zwischen allen Worten

zwischen allen Gedanken steht,
dann bestünde ja ein gewisser Kontakt
zwischen dem Denken und Nichtdenken.

Wenn dieser Zustand des Nichtdenkens
gleich dem Weiß des Papiers
zwischen den Worten,
in und zwischen den Buchstaben
und hinter den Buchstaben wäre,
dann wäre das Denken nicht fern dieses Nichtdenkens,
sondern das Denken läge eingebettet in diesem leeren Raum des
Nichtdenkens,
das Nichtdenken bildete den **Hintergrund** des Sich-Abwechselns
der im Nichtdenken erscheinenden Gedanken,
was wir Denken nennen.

Könnte dann,
so wie die graduell unterschiedenen Gegensatzbegriffspaare Kontakt
miteinander herstellen,
sich nahtlos verbinden,
mit diesem Gedankengang
Kontakt zwischen Denken und Nichtdenken in einer Weise hergestellt
werden,
dass dieser Gedankengang im Denken beginnt
und weiß, dass einzig er aufs Richtige hinweist,
und im Nichtdenken als Leerbleiben des Hintergrunds,
als ewige Ausdehnung der Pause,
als Leerbleiben der einen Stelle, die für Gedanken zu einer Zeit da ist,
ankommt,
ohne dass dort der Gedanke ans Nichtdenken verbliebe,
der Gedanke „Nichtdenken",
der, was er bezeichnet, notwendig verfehlt?

Könnte der Gedankengang dieses Buchs
einen Übergang vom Denken zum Nichtdenken herstellen?

Und wäre es nicht in Deckung mit den bisherigen Beobachtungen,
wenn es das Nichtdenken,
der leerbleibende Hintergrund des Denkens wäre,
der das Wesen des Denkens völlig erfüllte?

Ist es nicht der Hintergrund des Denkens,
der allen Gedanken gemein ist
und der also im Denken das einzig Allgemeine ist?
Ist es nicht der Hintergrund des Denkens,
der in jeder Pause zwischen Gedanken durchscheint,
und ist nicht der Hintergrund des Denkens
nicht nur nicht Denken,
sondern Nichtdenken?
Ist nicht die Abwesenheit von Gedanken
dennoch die Anwesenheit eines Erfassens
und sogar völliges Erfassen,
weil ohne Einschränkung gesehen und gedacht wird,
was erscheint, wenn nicht gedacht wird,
sondern nur gedacht wird?
Wenn nicht durch Gedanken gedacht wird,
die Grenzen ziehen,
sondern Gedanken sich zurückziehen,
um den Wahrnehmungen ihren Ort zu lassen?
Verfälschen Gedanken Wahrgenommenes?

Nichtdenken, der Hintergrund des Denkens,
der Hintergrund der Gedanken
ist das Allgemeine des Denkens,
es ist das „Ich weiß es nicht"
hinter dem „Ich weiß" eines jeden Gedankens.
Es ist das, worauf „Ich weiß es nicht"
aus dem Denken heraus hinweist.
Es ist das Allgemeine,
das Wesen des Denkens selbst,
worauf die Fragen „Wie beginnen?",
„Was denken?",
„Überhaupt denken?"
aus dem Denken heraus hinweisen.

Nichtdenken ist also auch
das Richtige,
denn es liegt in jeder Richtung.
Auf welchen nächsten Gedanken ein voriger auch hinweist,
im Chaos aller wirren Richtungen zwischen den Gedanken
eint derselbe Hintergrund aller Gedanken alle Gedanken,
er liegt für alle in einer einzigen selben Richtung

der Allgemeinheit.

Nichtdenken ist also auch das Eine, Das.
Es ist das ohne weitere Bestimmung Bestimmte.
Es ist das einzige und einzig durch Unbestimmbarkeit Bestimmte.
Der Eine Gedanke ist kein Gedanke,
er ist der Hintergrund des Denkens.
Nichtdenken ist all das, wonach dieses Buch sucht,
wonach dieser Gedankengang sucht,
wonach das Denken überhaupt sucht,
worauf dieser Gedankengang zielt.
Das Ende dieses Buchs
ist das Ende des Denkens in diesem Sinn:
Wie enden? – Nichtdenken.

Überprüfe das!
Es ist die Aufgabe des Lesers
und des Autors als Leser des entstehenden Textes
zu prüfen,
dass dieser Text nicht von seinem Kriterium des „Ich weiß es nicht"
abweicht.
Ist nicht im „Ich weiß es nicht"
des von Gedanken leerbleibenden Denkens
dennoch alles gedacht, was erscheint,
weil der Hintergrund des Denkens
der allgemeinste Gedanke ist,
der alles fasst, erfasst, zusammenfasst und denkt?

Wie lässt sich gedanklich beweisen,
dass das Nichtdenken die Erfüllung des Denkens ist?
Das Wesen des Denkens ist Allgemeinheit:
Nichtdenken, der Hintergrund des Denkens,
der in der Pause zwischen den Gedanken klar erscheint,
ist das Allgemeine und Allgemeinste des Denkens.
Alle Gedanken behaupten sich, ohne zu wissen, mit welchem Recht
sie sich behaupten.
Das Nichtdenken behauptet sich nicht,
es ist als der Hintergrund des Denkens sowieso da,
es ist das „Ich weiß es nicht",
worauf „Wie richtig beginnen?", „Was denken?" hinweisen.

Und dass gedanklich bewiesen werden müsste,
dass das Nichtdenken das Wesen des Denkens erfüllt,
ist nur eine Aussage innerhalb des Denkens,
eine Behauptung von Gedanken,
die nicht wissen,
wie sich das Nichtdenken außerhalb des Denkens,
ohne Gedanken beweist.

Wenn also das Ziel dieses Buchs,
das Ende dieses Gedankengangs,
in dem das Denken aus sich selbst heraus
seine eigene Erfüllung verlangt,
das Ende der Gedanken selbst ist,
wie ist diese Brücke nun zu schlagen,
wie dieses Ziel zu erreichen,
wie dieser Gedankengang und dieses Buch zu beenden?
Wie wird aus dem Denken ins Nichtdenken hinaus-, hinüber- oder zurück-, hingewiesen,
ohne nur in Gedanken zu formulieren,
wie es ohne Gedanken wäre?

Ist das gedankliche Gegenteil **Denken-Nichtdenken**
ein scharf getrenntes Gegenteil, eine Dichotomie,
oder könnte es **ein graduell unterschiedenes Gegensatzpaar** sein,
das einen Verlauf zwischen sich zulässt,
den dieser Gedankengang abschreiten kann?

Sind Denken und Nichtdenken nicht offensichtlich nicht scharf
voneinander getrennt,
da das eine das andere enthält,
da das Nichtdenken das Denken enthält?
Wenn beide Gegenteile voneinander wären,
müsste die Skala kongruent mit der Skala zwischen Allgemeinheit
und Spezialität,
also mit dem Erfüllen oder Verfehlen des Wesens des Denkens
liegen.
Dies wird dem Begriff des Denkens aber nicht gerecht.
Das Nichtdenken ist schließlich die Erfüllung des Wesens des
Denkens,
das Nichtdenken ist völliges Denken.

Ein graduell unterschiedenes Gegenteilspaar besteht also eher zwischen
reinem Denken, dem leerbleibenden Hintergrund des Denkens, der völlige Allgemeinheit ist, dem **Nichtdenken auf der einen Seite**, welches das Denken erfüllt
und dem Verfehlen, der Perversion des Denkens in **speziellen Gedanken auf der anderen Seite.**

Dieses Buch könnte,
wenn sich in ihm der Verlauf des allgemeinsten graduell unterschiedenen Gegenteilsbegriffspaars entfalten soll,
aus der Vielheit der Gedanken
von den vielen speziellen Gedanken weg
mittels und über allgemeinere und die allgemeinsten Gedanken ans Allgemeinste
zum Allgemeinsten, weil einzig Allgemeinen führen.
Dann wäre dieses Buch das Gedachtwerden
dieses Einen, des Königs
unter den graduell unterschiedenen Gegensatzpaaren
und das wirkliche Denken und Tun dieses Abschreitens und Zustandswechsels
zwischen der Entfremdung und Verfehlung des Denkens durch mehr oder weniger spezielle Gedanken
hin zum jederzeit Offenbaren,
im Denken jederzeit Präsenten,
der **Identität von reinem Denken und Nichtdenken.**

Wie geschieht nun dieses Abschreiten?
Kann es plötzlich geschehen,
weil diese Gedanken hier schon die allgemeinsten Gedanken sind,
indem sie ans völlig Allgemeine denken,
sodass nur noch das Nichtdenken selbst
allgemeiner ist als sie?
Stehen aber Plötzlichkeit und Abschreiten nicht im Widerspruch?
Steht an dieser Stelle des Abschreitens
doch noch ein Sprung?
Muss oder kann ich überhaupt entscheiden,
im Zustand des Nichtdenkens zu verbleiben?

Aber der Hintergrund des Denkens ist doch nie nicht da.
Er ist da, wenn keine Gedanken da sind,

sodass sie in ihm erscheinen könnten.
Er ist da in den Pausen zwischen den Gedanken
und er ist ebenso da,
während Gedanken in ihm erscheinen!
Stört dann das Erscheinen von Gedanken das Nichtdenken
überhaupt?
Stören Wolken den Himmel?
Wird der Hintergrund des Denkens nicht ebenso fokussiert
wie Gedanken gedacht werden?
Besteht ein Unterschied zwischen dem Gedachtwerden eines
Gedankens
und seinem bloßen Erscheinen und Vorüberziehen?
Können speziellere Gedanken in allgemeineren erscheinen,
sodass nur der allgemeinere Gedanke gedacht ist
und alle spezielleren erscheinenden direkt wieder verschwinden
können,
weil der allgemeinere sie beinhält, erfasst und versteht?
Muss der Wechsel von Gedanken also gar nicht enden,
muss ich jedenfalls nichts anderes tun,
als in diesem Gedankengang den einzig richtigen Weg im Denken
zum Allgemeinen hin abzuschreiten,
was ich schon tue
und was allgemeiner und tendenziell **das Allgemeinste** denken
bedeutet,
was **Nichtdenken ist,**
worin diese Gedanken,
dieser Satz hier
und diese Worte
und auch diese Worte
und auch noch diese Worte
erscheinen können,
ohne es zu stören?
Prüfe es selbst:
Das Erscheinen dieser oder jener Worte,
das Erscheinen des Gedankens ans Erscheinen von Worten und
Gedanken,
welcher hiermit formuliert wird,
stört nicht die Allgemeinheit des Denkens,
worauf hier hingewiesen wurde
und woraus du nicht herausgerissen wirst.

Wenn das Sich-Abwechseln von Gedanken aber gar nicht enden muss,
weil sie nicht als spezielle Gedanken gedacht werden müssen,
wenn sie vorüberziehen wie Wolken über einen klaren Himmel,
während das Allgemeine des Himmels stets das Einzige ist, was gedacht wird,
in dem alles Vorüberziehende gefasst ist,
kann dieses Buch dann jetzt einfach enden?
Offenbar ist hiermit ja alles entdeckt,
was zu entdecken ist.
Aber ist es schon vollständig entdeckt?
Wann ist es vollständig ent-deckt?
Warum und wie gehen die Worte und Gedanken hier weiter,
die die Allgemeinheit des Nichtdenkens noch umkreisen?
Haben die Gedanken des Buchs von vornherein das Nichtdenken umkreist?
Können die Gedanken hiervon wieder abweichen,
kann der Gedankengang dieses Buchs,
das Umkreisen, das Bleiben des Allgemeinsten, des Nichtdenkens,
das Leerbleiben der einen Stelle, die für Gedanken zu einer Zeit da ist,
noch abschweifen und wieder verfehlt werden,
indem wieder tendenziell speziellere Gedanken gedacht würden?
Darf dieses Buch also noch nicht enden,
weil es am Umkreis des Gefundenen festhält?
Wann gehen aber die Worte,
es zu umkreisen, aus
und würde dann der Gefahr Raum gegeben,
diese einmalige und einzig richtige Entdeckung im Denken
wieder zu vergessen und zu verlieren?

Oder gibt es noch Versionen dieses allgemeinsten Gedankens
oder eine Art und Weise des gedanklichen Umkreisens des Allgemeinsten,
das hier noch zu entdecken ist,
sodass verfestigt wird,
in der Erfüllung des Wesens des Denkens zu verbleiben,
vom hier begonnenen einzig richtigen Gedankengang nicht abzuschweifen
oder **das Verfallen in speziellere Gedanken** möglicherweise **zu verunmöglichen,**

ihren Wegfall zu beschleunigen?

**Wie kann ich die Pause zwischen den Gedanken ausdehnen,
bis ins Unendliche ausweiten?**

**Da hier Gedanken sind,
könnte ich an den Übergang zwischen Gedanken und der Pause
zwischen Gedanken heranzoomen.**
Wie erscheint ein Gedanke und wie taucht er wieder ab?
Wie wechseln Gedanken einander ab?
**Wie geschieht der Übergang von der Leere des Nichtdenkens,
vom leeren Hintergrund des Denkens
zum Erscheinen oder sogar zum Gedachtwerden eines
Gedankens?**

Es kann innerhalb aller Gedanken
zwischen zwei Arten von Gedanken unterschieden werden:
zwischen **Aussagen und Fragen.**
Dabei sind **Aussagen diejenigen Gedanken,
die an der einen Stelle, die für Gedanken zu einer Zeit da ist,
bleiben wollen,**
und **Fragen sind diejenigen Gedanken,
die die eine Stelle, die für Gedanken zu einer Zeit da ist,
verlassen wollen.**

Auch wenn Fragen den Platz für Gedanken meist nur zugunsten eines
anderen Gedankens räumen
und auch wenn Fragen meist irgendeine Art Behauptung gleich einer
Aussage in sich tragen
und auch wenn Fragen also kurz bleiben, sich behaupten
und die Stelle, die für Gedanken zu einer Zeit da ist,
kurz einnehmen, ohne zu wissen, ob sie sich zurecht dort behaupten,
so sind **Fragen** doch **die sympathischeren Gedanken,**
da ihre unhinterfragte Behauptungskraft tendenziell geringer ist als
die der Aussagen.

**Außerdem sind Fragen interessant als diejenigen Gedanken,
die nicht nur den Wechsel zwischen Gedanken,
sondern auch den Wechsel von einem Gedanken
zur Leerstelle zwischen Gedanken initiieren.**

Der interessanteste Übergang
vom Nichtdenken zum Erscheinen eines Gedankens
ist dabei nicht dieser oder jener zwischen irgendwelchen Gedanken,
denn wir haben schon vergeblich versucht,
die Grenze zwischen dem Auftauchen und Wieder-Verschwinden
eines Gedankens auszumachen,
sondern – obgleich sich uns dieser Übergang ungleich mehr entzieht
–

**der interessanteste Übergang ist der längst in Vergessenheit geratene
erste Übergang von einem angenommenen Zustand des Nichtdenkens
oder nicht Denkens
zum Beginn des Denkens überhaupt.**

**Wie hat dieses Denken überhaupt begonnen?
Welcher war der erste Gedanke,
der (von mir) jemals gedacht wurde?
Welcher war der erste Gedanke,
der die Reihe von Gedanken begonnen hat,
die hier noch fortdauert
und in der irgendwann die Gedanken dieses Buchs begonnen haben?**
Er, der erste Gedanke des Denkens überhaupt,
steht im Verdacht, nicht der Gedanke
„Wie beginnen?"
oder „Was denken?" gewesen zu sein,
sonst wäre er jedenfalls in einem mittlerweile überwundenen,
aber der Gefahr des Rückfalls noch nicht mit Sicherheit entronnenen
zwischenzeitlichen Abschweifen begriffen gewesen,
das erst hier wieder zu sich selbst gefunden hat.

**Wenn der erste Gedanke,
den ich jemals gedacht habe,
aber nicht „Was denken?" oder „Wie beginnen?" gewesen ist,
welcher war es dann?**
War es eine Aussage oder eine Frage?
Wenn jeder Folgegedanke ‚Antwort' genannt werden kann,
auch wenn Aussagen unbewusst über die Tatsache,
dass sie die eine Stelle, die für Gedanken zu einer Zeit da ist, wieder
verlassen werden,

nicht wissen, dass auch sie Fragen und Antworten sind
in der Reihe anderer Gedanken, in der sie stehen,
und wenn jeder Vorgängergedanke also auch Frage ist,
wenn also jeder Gedanke sowohl Frage als auch Antwort ist,
da jeder Gedanke zwischen einem Vorgänger- und einem Nachfolger-
Gedanken steht,
was war dann die erste Frage?
Welcher war der erste Gedanke?
Welche war die Frage,
auf die all diese Gedanken,
die jemals erschienen sind und je erscheinen werden,
Antwort sind?
Auf welche Frage antwortet das Denken überhaupt?
Wieso denke ich überhaupt?
Wonach wurde gefragt,
welche Antwort ist gesucht?
Was ist die Frage?

Was ist die Frage,
auf die all dieses Denken die Antwort ist,
was ist die Frage,
auf die alle Gedanken, die je erschienen sind, antworten?
Was ist die Frage,
die diesen Gedankengang, der das Denken überhaupt ist, initiiert
hat?
Was ist die Frage,
nach deren Beantwortung das Denken auch wieder enden kann?

„Was ist die Frage?"
sagt man in einem Gespräch,
wenn man vergessen hat,
warum oder worüber man überhaupt spricht.
„Was ist die Frage?"
fragt man, wenn man zu einem Gespräch dazukommt
und nicht weiß, worüber (und also auch weshalb) die anderen
miteinander sprechen.
„Was ist die Frage?"
fragt man, wenn man sich selbst zur Klarheit über Ausgang und
Ziel eines Gedankengangs zurückrufen will.
Und „Was ist die Frage?" fragt man auch,
wenn jemand dich anspricht

und du nicht verstehst,
weshalb die Person redet und welche Antwort sie von dir
erwartet.
„Was ist die Frage?" ist auch die bloße Nachfrage „Was?" oder
„Hä?",
„Wieso redest du überhaupt?",
„Wieso denkst du überhaupt?",
„Wieso bist du nicht stattdessen still?",
„Auf welche Frage antwortet alles, was du denkst und sagst?",
„Bist du dir im Klaren darüber, warum du überhaupt sprichst oder
denkst,
statt zu schweigen?".

„Was ist die Frage?"
ist das „Stopp!" im Denken,
das Anhalten der Gedanken in ihrer Vorwärtsrichtung
und die Rückbesinnung auf die Tatsache,
dass sie jederzeit vergessen haben,
wieso und mit welchem Recht
(und wie wir wissen zu Unrecht)
sie sich behaupten.

Deshalb begegnet ‚Was ist die Frage?'
jedem anderen Gedanken mit der Frage: Was ist die Frage?
D.h.: Mit welchem Recht behauptest du dich?
Weißt du, mit welchem Recht du dich behauptest?
Weißt du, in welcher Reihe von Gedanken du erscheinst?
Weißt du, auf welche Frage du antwortest?
Weißt du, wonach du fragst?

Auf diese Frage kann aber kein anderer Gedanke antworten,
denn kein Gedanke kennt auch nur seinen Vorgängergedanken,
geschweige denn den Anfang des Denkens überhaupt,
also kennt kein Gedanke die Frage oder Fragen,
auf die er antwortet,
für die er Antwort ist.

Auf die Frage kann kein Gedanke antworten,
denn kein Gedanke kennt seinen Nachfolgergedanken,
geschweige denn das Ziel und Ende des Denkens überhaupt,
also kennt sich kein Gedanke als Frage,

kein Gedanke weiß von sich,
dass auf ihn andere Gedanken folgen werden,
dass er die eine Stelle, die für Gedanken zu einer Zeit da ist, wieder
verlassen wird.

Kein Gedanke kennt überhaupt irgend einen anderen Gedanken,
denn zwei Gedanken treffen nie aufeinander,
da zu jeder Zeit nur ein Gedanke gedacht werden kann.

‚Was ist die Frage?‘ fragt also jeden Gedanken
nach der Reihe, in der er steht,
die er aber nicht kennt.
‚Was ist die Frage?‘ fragt
„Wonach fragst du?“ und
„Auf welche Frage antwortest du?“.

Und kein Gedanke kann diese Frage beantworten,
kein Gedanke kennt die Reihe,
in der er steht,
kein Gedanke weiß, mit welchem Recht er sich behauptet.
Also muss jeder Gedanke gegenüber ‚Was ist die Frage?‘
verschwinden,
kein Gedanke kann gegenüber ‚Was ist die Frage?‘ bestehen.
Also ist ‚Was ist die Frage?‘ der Agent, der das Denken als den
ziellosen Wechsel der Gedanken beendet.

Also ist ‚Was ist die Frage?‘ das große ‚Nein!‘ zu allen anderen
Gedanken.
Und ‚Was ist die Frage?‘ ist das große ‚Ja!‘ zu sich selbst,
denn anders als alle anderen Gedanken kann ‚Was ist die Frage?‘ sich
selbst antworten, denn sie ist ihre eigene Antwort
und bestätigt sich wie die Fragen „Wie beginnen?“ und „Was
denken?“ selbst:

Was ist die Frage?
Ich weiß es nicht.
Wenn ich aber nicht weiß, was die Frage ist,
dann muss ich mich fragen, was die Frage ist.

Und es gilt immer,
dass ich nicht weiß,

was die Frage ist,
denn außerhalb des Denkens besteht keine Frage
und innerhalb des Denkens weiß kein Gedanke,
auf welche Frage er antwortet, welche die erste Frage war
und wonach er fragt, mit welchem Gedanken und worin das
Denken einst enden wird,
denn kein Gedanke kennt das Nichtdenken,
woraus er kommt, worin er erscheint und wohin er wiederum führt,
denn jeder Gedanke grenzt sich zu anderen Gedanken ab und
bestimmt sich dadurch,
das Nichtdenken aber ist das Grenzenlose, Unbestimmte,
das Undenkbare, das sich dem Zugriff aller Gedanken entzieht.

Also gilt die Selbstbestätigung der Frage ‚Was ist die Frage?' zu jeder
Zeit.
Das ‚Ich weiß es nicht', das stets die Antwort auf die Frage ‚Was ist die
Frage?' ist,
ändert sich nie zu einem ‚Ich weiß'.
Der Satz „Die Frage ist ‚Was ist die Frage?'" ist falsch.
Deshalb gibt es auch keinen Zirkel
und keine Wiederholung in der Selbstbestätigung.
Es gibt kein ‚Also'.
Die Selbstbestätigung verläuft **nicht** so:

Was ist die Frage?
Ich weiß es nicht.
Wenn ich aber nicht weiß, was die Frage ist,
dann muss ich mich fragen, was die Frage ist.
Also: Was ist die Frage?

Die Selbstbestätigung verläuft auch nicht so:

Was ist die Frage?
Ich weiß es nicht.
Wenn ich aber nicht weiß, was die Frage ist,
dann muss ich mich fragen, was die Frage ist.
Die Frage ist also ‚Was ist die Frage?'.

Auch beim zweiten Stellen nicht so:

Was ist die Frage?

Die Frage ist ‚Was ist die Frage?‘.
Also: Was ist die Frage?
Die Frage ist ‚Was ist die Frage?‘
usw.

Auch nicht in einem ewigen Wechsel mit sich selbst:
Was ist die Frage? - Was ist die Frage? - Was ist die Frage? - Was ist
die Frage? - Was ist die Frage? - Was ist die Frage? - Was ist die Frage?
- ...,
in dem sich die Frage jederzeit sowohl Antwort als auch Frage wäre.

Die Frage fragt nach einer Frage.
Ihre Selbstbestätigung gilt immer.
Aber **es liegt keine Aussage in ihrer Selbstbestätigung,**
die nicht direkt wieder auf die Frage zurück verweist.
Man kann entweder sagen:
Es liegt keine Aussage im ‚Ich weiß es nicht‘,
es liegt kein ‚Ich weiß‘ im ‚Ich weiß es nicht‘.
Oder man kann sagen,
‚Was ist die Frage?‘ bestätigt sich nur im ersten Schritt selbst.
Im zweiten Schritt muss eingesehen werden,
dass ‚Ich weiß es nicht‘ keine Antwort auf ‚Was ist die Frage?‘ sein
kann,
weil ‚Was ist die Frage?‘ nach einer Frage fragt,
‚Ich weiß es nicht‘ aber eine Aussage ist.
Und ‚Was ist die Frage?‘ ist im ersten Schritt ihrer Selbstbestätigung
zwar Antwort auf sich selbst,
aber ‚Was ist die Frage?‘ kann sich selbst nicht Antwort sein,
denn **‚Was ist die Frage?‘ fragt nach einer Frage und nicht nach**
einer Antwort.
Also fragt ‚Was ist die Frage?‘ nach dem Fragen selbst,
‚Was ist die Frage?‘ ist die reine Frage,
die einzige Frage, die nicht selbst auch eine Aussage enthält,
die sich behaupten will,
die an der einen Stelle, die für Gedanken zu einer Zeit da ist, bleiben
will,
sondern **sie erscheint nur,**
um zusammen mit allem zu verschwinden
und diese Stelle leerzuräumen.
‚Was ist die Frage?‘ ist das reine Fragezeichen „?“.

‚Was ist die Frage?' fragt nach Stille,
‚Was ist die Frage?' fragt nach der Abwesenheit von Gedanken,
oder nach dem, was nicht Gedanke ist,
‚Was ist die Frage?' fragt nach dem Nichtdenken,
‚Was ist die Frage?' fragt nach der Erfüllung des Wesens des
Denkens,
‚Was ist die Frage?' fragt nach Allgemeinheit,
‚Was ist die Frage?' fragt nach reinem Denken.

Also ist ‚Was ist die Frage?' das ‚Nein!' zu allen anderen Gedanken
und nur zunächst das ‚Ja!' zu sich selbst,
dann aber – und eigentlicher – das ‚Nein!' auch noch zu sich selbst.
**Also ist ‚Was ist die Frage?' das ‚Nein!' zu allen Gedanken
einschließlich sich selbst!**

**‚Was ist die Frage?' fragt nach
Stille.**
Also gibt es keine Antwort auf die Frage ‚Was ist die Frage?'.

Hierin unterscheidet sich ‚Was ist die Frage?'
von den Fragen ‚Wie beginnen?' und ‚Was denken?'.

‚Wie beginnen?' und ‚Was denken?' nehmen unhinterfragt an,
dass überhaupt gedacht werden soll.
Sie gehen zwar alle Schritte von allen anderen Gedanken zurück,
treten aber von sich selbst nicht zurück.
Sie gehen nicht den letzten Schritt,
auch noch die Frage ‚Soll ich überhaupt denken?' zu stellen.
‚Was ist die Frage?' weiß,
dass überhaupt nicht gedacht werden soll,
‚Was ist die Frage?' weiß,
worin das Allgemeine und die Erfüllung des Denkens liegt.
‚Wie beginnen?' und ‚Was denken?' können auf die Frage ‚Soll ich
überhaupt denken?' nicht antworten, sie können auf ‚Was ist die
Frage?' nicht antworten.
‚Was ist die Frage?' antwortet auf die Frage ‚Was soll ich denken?'
mit:
Du sollst überhaupt nicht denken,
aber wenn,
dann ‚Was ist die Frage?'.
Denn auf ‚Was ist die Frage?' folgt wiederum Stille.

‚Wie beginnen?‘ und ‚Was denken?‘ initiieren den überhaupt richtigen Gedankengang,
‚Was ist die Frage?‘ beendet ihn.
In dieser Hinsicht ist ‚Was ist die Frage?‘ das Ende dieses Buchs.
‚Was ist die Frage?‘ initiiert ihn auch, wenn ‚Was ist die Frage?‘ statt ‚Wie beginnen?‘ oder ‚Was denken?‘ aus dem Nichts des Nichtdenkens spontan auftaucht.
‚Was ist die Frage?‘ ist allgemeiner als ‚Wie beginnen?‘ und ‚Was denken?‘.
‚Was ist die Frage?‘ enthält ‚Wie beginnen?‘ und ‚Was denken?‘.
‚Was ist die Frage?‘ ist Anfang und Ende des richtigen Denkens.

‚Wie beginnen?‘ und ‚Was denken?‘ fragen zunächst nach weiteren Gedanken.
Auch wenn es die richtigen sind, die somit zum Nichtdenken führen, sie stehen noch in der Reihe der Gedanken,
die ihren eigenen Anfang und ihr Ende nicht kennen,
die auf ‚Was ist die Frage?‘ also nicht antworten können.
‚Was ist die Frage?‘ fragt nach Stille
und fordert sie selbst ein
und führt sie selbst ein,
indem sie alle anderen Gedanken und auch sich selbst beendet.
‚Wie beginnen?‘ und ‚Was denken?‘ fragen nach dem Ziel des Denkens,
‚Was ist die Frage?‘ setzt es um,
‚Wie beginnen?‘ und ‚Was denken?‘ denken nur an die Erfüllung des Wesens des Denkens,
‚Was ist die Frage?‘ löst es ein.

‚Was ist die Frage?‘ tut also gleichzeitig dreierlei:
‚Was ist die Frage?‘ nimmt allen anderen Gedanken den Platz weg und verscheucht sie für immer von der einen Stelle, die für Gedanken zu einer Zeit da ist, indem sie sagt:
„Verlasse die Stelle, die du zu Unrecht besetzt!“.
‚Was ist die Frage?‘ behauptet sich also, beendet aber auch sich selbst im selben Atemzug.
Und ‚Was ist die Frage?‘ verweist dadurch
stets und direkt aufs Nichtdenken,
das wirklich Allgemeine, die Erfüllung des Wesens des Denkens.

,Was ist die Frage?', das Nein zu allen Gedanken,
ist also das Ja zu dem,
was das Ja zu allem,
das Ja zum reinen Denken selbst
und das Ja zum uneingeschränkten Erscheinen aller
Wahrnehmungen,
das Ja zu allen Phänomenen ist: das **Nichtdenken.**

,Was ist die Frage?' sorgt also auch dafür,
dass das Richtige, was in diesem Buch gefunden wurde,
nicht wieder in Vergessenheit gerät und verloren geht.
Hinsichtlich der Frage,
ob dieses Buch nach der Entdeckung des Nichtdenkens als Erfüllung
des Denkens einfach enden kann,
oder ob die Gefahr besteht,
vom rechten Fokus oder der Ruhe im Gefundenen wieder
abzukommen,
kann ,Was ist die Frage?' als dasjenige dienen,
woran sich festgehalten werden kann,
denn obwohl sie sich im selben Atemzug selbst beendet,
ist ihre Selbstbehauptung im Denken stark,
sodass ich mich gar nicht festhalten muss,
sondern **einmal aufgetaucht,**
hält sie sich selbst im Denken fest.

Denn ,Was ist die Frage?' ist der Eine Gedanke,
nach dem die Frage „Was denken?" im Gedankengang dieses Buchs
gesucht hat.
Da in diesem Buch also der Eine Gedanke,
der überhaupt zu denken ist,
gefunden wurde,
auch wenn er neben seiner Eigenschaft, dasjenige zu sein, was
entgegen allen anderen Gedanken wirklich gedacht werden soll,
die Eigenschaft hat, auch sich selbst direkt zu beenden,
ist dieses Buch auch das Eine Buch
und es ist ein großes ,Heureka!',
eine große Freude und ein großes Fest,
Anfang und Ende dieses Einen richtigen Gedankengangs gefunden zu
haben!

So wie fürs Denken überhaupt gilt:

73

Wenn ich überhaupt denken soll, dann ‚Was ist die Frage?‘ (Aber ich soll überhaupt nicht denken).
So gilt für alle Bücher:
Wenn ich überhaupt ein Buch lesen soll, dann dieses.

Diese Entdeckung ist enorm.
Unter allen Büchern,
selbst unter allen möglichen Büchern,
unter allen Gedankengängen,
unter allen Gedanken
gibt es nur einen einzigen,
der aufs Denken selbst verweist.
Wie wahrscheinlich ist es,
ihn unter allen anderen zu finden
und nicht wieder zu verlieren?

Es mögen auch andere Gedanken als richtig und gut erscheinen,
aber der Gedanke ans Gute grenzt sich notwendig zu einem Bösen
oder Schlechten ab,
der Gedanke ans Gute ist nicht das Gute.
Einzig dem überhaupt richtigen Gedanken ist zu vertrauen,
dass er das überhaupt Richtige gefunden hat,
‚Was ist die Frage?‘,
die das Wesen dessen erfüllt,
was hier geschieht: Denken.

Erfüllt sich dadurch aber auch das Wesen von allem anderen, was nicht Denken ist?
Könnte es kurzsichtig gewesen sein,
nur auf das Nächste zu schauen,
was hier geschieht, nämlich Denken?
Wäre es möglich,
das Wesen des Denkens zu erfüllen
und dabei das Wesen von allem anderen zu verfehlen?
Und käme es dann auf das Denken überhaupt an?
In welchem Verhältnis steht das Denken zu allem anderen?
Wozu grenzt sich das Denken ab?
Ist es möglich, dass die Erfüllung von etwas anderem wichtiger wäre
als die Erfüllung des Denkens selbst,
sodass mit diesem Gedankengang zwar das Denken sich seiner
Erfüllung annähert,

etwas anderes, möglicherweise viel Wichtigeres aber verfehlt werden könnte?

Das muss geklärt werden, bevor dieses Buch enden kann.
Diese Frage ist also **ein erster Schritt in der Frage,**
ob dieses Buch mit dem Auffinden von ‚Was ist die Frage?‘ nun sofort enden kann,
oder ob der Gedankengang noch nicht zu Ende durchschritten ist,
sodass ‚Was ist die Frage?‘,
obwohl sie das Denken mit jedem Aufkommen zum Nichtdenken zurückruft,
das Sich-Abwechseln von Gedanken also mit einem Schlag beendet,
dennoch manchen sie umkreisenden Gedanken noch begegnen muss,
bevor es sie endgültig in ihr schwarzes Loch aus Licht einsaugt.
Dieses Umkreisen von ‚Was ist die Frage?‘
ist möglicherweise das Denken von ‚Was ist die Frage?‘,
da diese ein bisschen spezielleren, aber dennoch sehr allgemeinen Gedanken
gar nicht selbst, unabhängig von einem allgemeineren Zentrum gedacht werden,
sondern ‚Was ist die Frage?‘ wird hier gedacht
und die Gedanken dieses Buchs werden vom Allgemeineren, von ‚Was ist die Frage?‘ gefasst,
sie erscheinen in ihr.
So schließt das Denken eines allgemeineren Gedankens nicht das kurzfristige Erscheinen speziellerer aus, die in ihm erscheinen.
Und wenn ‚Was ist die Frage?‘ zu Ende gedacht ist
und nach seiner Selbsterklärung und der Klärung des Denkens
nur noch aufs Nichtdenken verweist,
dann können in diesem Nichtdenken,
dem Hintergrund des Denkens
vermutlich trotzdem noch gleich Wolken vorüberziehende Gedanken erscheinen,
ohne dass es dadurch diese wären, die gedacht würden,
sondern Nichtdenken.

Wenn nun behauptet würde,
es könnten alle möglichen beliebigen und beliebig speziellen Gedanken hier wieder aufkommen,

so besteht weiterhin die Prüfpflicht seitens des Lesers mittel des ‚Ich weiß es nicht'.
Das Denken eines allgemeineren Gedankens
lässt kaum das Erscheinen, Durchspielen und Verweilen aller beliebigen Gedanken zu,
sondern er zieht zu sich,
was noch nicht durch ihn erfasst wurde.
Wenn der Gedankengang nur weitergeht, um zweifelnde Gedanken zu beseitigen,
so geht er richtig weiter.
Diese Gedanken legen ihren fragenden Bezug im Umkreis von ‚Was ist die Frage?' offen.
Wenn Gedanken aufkommen würden,
die von diesem Gedankengang wegführen und mit ‚Was ist die Frage?' (oder ihrem Umkreisen), wovon sich nicht mehr entfernt werden soll, nichts zu tun haben,
dann begegnet ‚Was ist die Frage?' diesen, wie sie allen Gedanken begegnet, die nicht sie selbst sind,
indem es sie direkt beendet, indem es sie fragt: Was ist die Frage?

Was ist es also, was in diesem Gedankengang
der Klärung von ‚Was ist die Frage?' noch erscheinen
und mit ‚Was ist die Frage?' in Verbindung gebracht werden **muss?**
Die oben bereits formulierte Frage ist:
Was hier, im Denken, durch ‚Was ist die Frage?' gefunden wurde,
ist die Erfüllung des Wesens des Denkens im Nichtdenken.
Könnte es aber sein, dass damit nicht das Wesentlichste
überhaupt erfüllt wurde,
sondern dass es anderes gibt,
dessen Wesenserfüllung sogar wichtiger ist
als die Erfüllung des Wesens des Denkens?

Wozu grenzt sich das Denken ab,
das irgendwie sein soll,
dessen Wesen also auch erfüllt werden soll?
Und **wozu grenzt sich das Denken ab,**
was dann auch noch da ist,
wenn keine Gedanken mehr da sind
(zumindest nicht bleiben,
höchstens vorbeiziehen, sich im Erscheinen vor dem blauen Himmel schon auflösen)?

Auf die Frage, was ist nach ‚Was ist die Frage?‘,
gibt dieser Zen-Spruch eine wunderschöne Antwort:
Vor der Erleuchtung:
Wasser holen und Holz hacken,
nach der Erleuchtung:
Wasser holen und Holz hacken.
Das Spezielle ist im Allgemeinen enthalten und aufgehoben.
Für diesen Gedankengang muss aber nicht jeder beliebige spezielle
Gedanke erscheinen und einzeln durch ‚Was ist die Frage?‘ beendet
werden.
Allgemeinere Gedanken beenden speziellere, die sie mitdenken,
gleich mit.
Die Frage ist also:
Welche sind die allgemeinsten Gedanken,
welche sind die allgemeinsten Kategorien in allem,
die sich so zu ‚Was ist die Frage?‘ abgrenzen,
dass sie gemeinsam eine Vollständigkeit bilden,
die auch diesen Gedankengang und dieses Buch vollständig macht?

Welches Kriterium zur Vollständigkeit ist zu erkennen?
Es genügt nicht, das Denken zu irgendwelchen allgemeinen Begriffen
abzugrenzen, deren Zusammenhang gleichwohl interessant
erscheinen mag,
da wir nach einem Kriterium zur Vollständigkeit der allgemeinen
Begriffe zuvor vergeblich gesucht haben.
Hierbei verlöre man sich schnell in Philosophien,
die wieder Zusammenhänge zwischen allgemeinen Gedanken
erörtern würden,
was überhaupt nicht die Frage ist!
Zum Beispiel sind Raum und Zeit ziemlich allgemeine Begriffe,
aber möglicherweise sind sie nicht allgemein genug.
Es ist nicht die Frage,
welcher Zusammenhang zwischen Raum, Zeit und Denken besteht.
Dass ebenfalls nicht die Frage ist,
welcher Zusammenhang zwischen Denken und Gesang besteht,
ist vermutlich ebenso offenbar,
wie dass beliebig viele andere spezielle Dinge
zur Beendigung dieses Gedankengangs nicht im Einzelnen mit der
Forderung,
das Denken möge ins Nichtdenken eingehen,

abgeglichen werden müssen.

**Das Denken wurde in diesem Buch bereits
ausführlich vom Wahrnehmen
und an einer kurzen Stelle zum Tun abgegrenzt.**

Beide Abgrenzungen geschehen auch im Alltag.
Zum Beispiel kann jemandem vorgeworfen werden,
er solle **nicht so viel reden,** also auch nicht so viel nur denken,
sondern tun, wovon er spricht.
Und über eine Sache nachzudenken
wird oft geradezu als das Gegenteil dessen wahrgenommen,
als diese Sache zu tun.
Denken geht oft mit einem gewissen Handlungs-Stopp einher,
es kann in völliger Bewegungslosigkeit des Körpers geschehen
und führt oft zu Hemmnis hinsichtlich einer Tat.
Man kann eine Sache auch zerdenken,
in Gedanken bewahren und niemals tun.
Im Zusammenhang mit Arbeit
kann der Vorwurf erklingen,
man werde nicht fürs Denken bezahlt,
sondern eben fürs Tun.
Denken grenzt sich also in gewisser Weise vom Tun ab.

Gleichwohl wurde zu einem früheren Zeitpunkt in diesem Gedankengang
auch innerhalb des Denkens zwischen einem passiven und aktiven Denken unterschieden,
sodass man Denken auch tun kann,
wessen Gegenteil das inaktive bloße Zuhören, Glauben und Ertragen der Gedanken wäre,
die sich eben gerade aus dem Chaos erheben.

Die Kategorien Denken und Tun grenzen sich also nicht scharf zueinander ab.

Noch ausführlicher als zum Tun wurde das Denken in diesem Gedankengang zuvor zum Wahrnehmen abgegrenzt.
**Wahrnehmung kann ihrem Wesen nach Vieles gleichzeitig zeigen,
also ist sie geeignet, das viele Spezielle zu zeigen,
während das Denken, wenn es das Spezielle zeigen möchte,**

in einen hastigen Wechsel vieler Gedanken nacheinander verfällt,
die voneinander nichts wissen.
Das Denken entfernt sich von seinem Wesen,
wenn es versucht, das Spezielle und Viele als solches zu fassen,
es verwechselt dann seine eigene Rolle mit der der
Wahrnehmung.
Das Denken erfasst das Viele und Spezielle,
indem es in seinem eigenen Wesen, dem Allgemeinen, verbleibt,
welches das Erscheinen des Vielen und Speziellen in ihm zulässt
und es dadurch begleitend erfasst.
Dieses Viele und Speziellere kann,
wie auch hier noch viele Worte erscheinen,
auch in Gedanken erscheinen und durchs Allgemeine gefasst
werden.
Diese müssen allerdings tendenziell aufhören.
Das Spezielle und Viele hat eigentlich seinen Ort in der
Wahrnehmung,
wo es vor dem leeren Hintergrund des allgemeinsten Gedankens,
der kein Gedanke ist und doch die Erfüllung des Denkens, dem
Nichtdenken
unbeeinflusst erscheinen kann.

Denn nicht nur der Hast wegen
soll das Spezielle nicht im Denken erscheinen,
sondern jeder spezielle, jeder nicht völlig allgemeine Gedanke,
d.h. **jeder Gedanke mit Ausnahme des Nichtdenkens**
setzt durch seine Abgrenzung
einen Fokus in allem,
von dem er nicht weiß,
mit welchem Recht er ihn setzt!

Jeder spezielle Gedanke (und alle Gedanken sind speziell)
beeinflusst also, welche Wahrnehmungen erscheinen können,
oder welche Wahrnehmungen / Phänomene in den Fokus rücken.
Denke ich zum Beispiel die ganze Zeit an Marmelade,
dann verschiebt sich alles in Richtung der in der Welt
entstandenen Grenze
der Opposition Marmelade – Nicht-Marmelade.
Im Gegensatz dazu ist also davon zu sprechen,
dass vor dem Hintergrund des Nichtdenkens
Wahrnehmungen frei und so erscheinen können,

**dass sie das Viele ohne unbegründete Verschiebung
und somit in dieser Hinsicht korrekt zeigen.**

So wie das Denken ein Tun sein kann,
oder dessen Gegenteil, Hemmnis,
so kann es also auch ein Wahrnehmen sein, mit dem Wahrnehmen
einhergehen,
oder ihm entgegenstehen, es verhindern.

Bilden aber Denken, Wahrnehmen und Tun eine Vollständigkeit ab,
die alles beschreibt, was hier noch in den Zusammenhang zu ‚Was ist
die Frage?‘ zu setzen ist?
Oder gibt es noch andere Wesentlichkeiten neben der des Denkens,
die erfüllt werden müssen,
bevor die Gedanken aufhören können?

Zumindest können Denken, Tun und Wahrnehmen auf dieselbe
Weise
in diesen einfachen Sätzen verwendet werden:
Ich denke etwas.
Ich tue etwas.
Ich nehme etwas wahr.

Ist hier nicht das Kriterium der Vollständigkeit
daraus abzuleiten, was unbedingt dafür nötig ist,
dass Denken überhaupt erscheint,
dass da überhaupt Denken ist?

Es bin immer **ich**
oder ein Ich,
das denkt,
sonst ist da niemand, dem das Denken erscheinen könnte,
und es ist immer **etwas**,
woran gedacht wird,
was die Gedanken meinen,
erfassen,
oder mindestens fassen.

Denken ist, was hier passiert.
Und die Erfüllung des Wesens des Denkens wurde schon zu Ende
besprochen.

Aber es ist immer auch Ich und etwas,
was im Elementarsatz „Ich denke etwas" **mit dem Denken in**
Verbindung steht.
Es muss also noch geklärt werden,
ob mit der Erfüllung des Wesens des Denkens,
wie sie hier gefunden wurde,
auch das Wesen von „Ich" und „etwas",
also von „Ich" und „Sein" überhaupt erfüllt wird!

Hierin besteht nun eine gewisse Vollständigkeit,
da der Satz „Ich denke etwas" vollständig ist.

An die Klärung der Wesen von „Ich", „Denken" und „Sein"
kann sich angenähert werden,
indem betrachtet wird,
wozu sie sich jeweils innerhalb ihrer Satzgliedstellen abgrenzen.
Wenn das Wesen von „Ich" geklärt wird,
muss es möglicherweise zu „Du" und „Wir" usw. abgegrenzt werden.
Wenn das Wesen von „etwas" geklärt wird,
muss es möglicherweise zum Nichts abgegrenzt werden.
Im Zuge der Klärung des Wesens des Denkens
wurde es bereits zum Tun und Wahrnehmen abgegrenzt.
Hierbei geht es möglicherweise nicht um Vollständigkeit darin,
welche anderen Verben sich noch zwischen „Ich" und „etwas"
stellen könnten,
denn Sätze wie
„Ich liebe etwas",
„Ich will etwas",
„Ich lerne etwas",
„Ich vergesse etwas"
usw.
sind entweder speziellere und nicht Teil dieses Gedankengangs, bzw.
werden durch allgemeinere Gedanken mitbesprochen,
so wie
„Ich sehe etwas"
durch das allgemeinere „Ich nehme etwas wahr" mitgedacht wird,
und Tun und Wahrnehmen sind nur insofern relevant,
als sie Aspekte dessen beschreiben,
was Denken ist.

Welches Verb auch immer zwischen „Ich" und „etwas" steht,

es schafft eine Verbindung zwischen den beiden.
Wahrnehmen und Tun stellen hierbei zwei gegensätzliche,
sich ergänzende **Richtungen zwischen „Ich" und „etwas" dar,**
wobei Wahrnehmen die passive,
Tun die aktive Richtung ist.
Im Tun wirkt sich ein Ich auf etwas aus.
Im Wahrnehmen wirkt etwas auf ein Ich ein.

Es wurde schon festgestellt,
dass **Denken**, das hier stattfindet,
das sich ebenfalls zwischen „Ich" und „etwas" stellen kann,
sowohl ein Tun sein kann **als auch ein Wahrnehmen**
und beide aber auch verfehlen kann,
sodass Denken auch **weder Tun noch Wahrnehmen**,
aber das Gegenteil von Tun, nämlich **Hemmnis**, sein kann,
oder das Gegenteil von Wahrnehmen, nämlich **Irrtum.**

Dass Gedanken, ohne zu wissen, mit welchem Recht sie sich behaupten,
eine Grenze und einen Fokus in allem setzen,
ist nichts als Irrtum.
Gedanken führen also die Wahrnehmung in den Irrtum!
Gedanken führen also dazu, dass nicht nur das Denken, sondern auch das Wahrnehmen sein eigenes Wesen verfehlt.

Die Klärung der im Zusammenhang mit ‚Was ist die Frage?' noch offenen Fragen
muss also auch die Beseitigung bestehender Irrtümer
und somit die Instandsetzung wahrhaftiger Wahrnehmung sein.
Zum Beispiel geschah das Denken ja bisher in der unhinterfragt angenommenen falschen Überzeugung, dass überhaupt (mittels dieser oder jener Gedanken) gedacht werden soll,
statt die Wahrnehmungen unbeeinflusst von Gedanken,
begleitet vom Nichtdenken erscheinen zu lassen.
Die Beseitigung von Irrtümern ist aber die Suche nach Wahrheit.

Die Frage nach dem Wesen von
Denken, Wahrnehmen und Tun
zwischen Ich und etwas (Sein)
lässt sich also reduzieren auf **zwei Fragen,**
die in diesem Gedankengang

und somit in diesem Buch
noch beantwortet werden müssen:
Was soll ich tun?
und
Was ist die Wahrheit?
Dabei ist das Denken, da wir uns hier im Denken befinden, für beide
Fragen relevant.
„Was soll ich tun?" fragt somit nach Denken und Tun zwischen Ich
und Sein,
„Was ist die Wahrheit?" fragt nach Denken und Wahrnehmen
zwischen Ich und Sein.

„Was ist die Wahrheit?"
ist dabei die allgemeinere Frage,
da sie identisch ist mit dem gesamten verbleibenden Programm
dieses Gedankengangs und Buchs,
indem sie identisch ist mit den Fragen:
Welche Gedanken müssen ‚Was ist die Frage?' noch begegnen?,
Welche Gedanken müssen von ‚Was ist die Frage?' noch
zurechtgebogen werden?,
Welche Gedanken müssen noch aufkommen,
um ins Verhältnis zu ‚Was ist die Frage?',
um ins rechte Verhältnis zum Nichtdenken gesetzt zu werden?
D.h. welche Gedanken müssen noch korrigiert werden?
Welche Irrtümer müssen noch beseitigt werden,
bevor das Denken völlig in sein Wesen, ins Nichtdenken
einsinken kann?

Die Methode zur Wahrheit
ist hierbei wesentlich negativ,
sie besteht in der Beseitigung von Gedanken,
da Gedanken Irrtum bedeuten.

Jede andere Wissenschaft,
die Gedanken formuliert,
statt sie zu beenden,
hat mit Wahrheit also nicht nur nichts zu tun,
sondern befördert sogar ihr Gegenteil: Irrtum.
Da es im Irrtum aber kein Wissen gibt,
ist **keine andere Wissenschaft überhaupt Wissenschaft.**
Einzig ‚Was ist die Frage?' ist wirklich Wissenschaft!

Denn andere Wissenschaften nutzen ebenfalls das Denken,
aber auch Gedanken,
aber das Wesen des Denkens ist Allgemeinheit
und alle Gedanken sind speziell.

Einzig ‚Was ist die Frage?' ist also die wissenschaftliche Methode
in der Frage „Was ist die Wahrheit?",
und im Gegensatz zur Frage „Was soll ich tun?" ist die Frage „Was ist
die Wahrheit?" in diesem Gedankengang schon beantwortet worden:
Das Wesen der Wahrnehmung
und also auch das Wesen jeder beschreibbaren Welt
und das Wesen des Wissens
wird gemeinsam mit dem Wesen des Denkens erfüllt!
Denn das Wesen der Wahrnehmung ist: Wahrnehmen.
Und die Phänomene, die die Wahrnehmung liefert,
können einzig dann unbeeinträchtigt erscheinen,
wenn das Denken leer ist
und keine Gedanken die erscheinenden Phänomene
einschränken, abweisen, vergessen, fokussieren, bewerten,
verzerren, ordnen, begrenzen, einengen oder sonstwie beeinflussen
wollen.
Einzig der leere Hintergrund des Nichtdenkens lässt die
Wahrnehmung frei
so sein, wie sie ist.

Wenn das Denken sein Wesen verfehlt,
indem es versucht, die Rolle der Wahrnehmung zu übernehmen,
dann verfehlt auch das Wahrnehmen sein Wesen,
da ihm der Platz genommen wird.
Wenn das Denken sein eigenes Wesen erfüllt,
dann ist dadurch zeitgleich das Wesen des Wahrnehmens gleich mit
erfüllt.

Was auch immer nun Wahrheit genannt werden kann,
was auch immer das Wesen von „Ich"
und das Wesen des Seins ist,
muss im Zuge der Prüfung bisher unhinterfragter falscher Annahmen
zwar möglicherweise noch geklärt werden
(wenngleich diese Klärung nur im Wegfall irrtümlicher Gedanken
besteht, sodass das Offenbare offenbar wird),
da aber die Wahrnehmung die Brücke

zwischen Ich und etwas schlägt,
kann angenommen werden,
dass in der Erfüllung des Wesens der Wahrnehmung auch
Wahrheit liegt
und auch die Erfüllung des Wesens des Ich und des Seins.

Was ist aber das Wesen der Wahrnehmung?
Ich weiß es nicht.
Sie zeigt das Viele gleichzeitig,
ist stetig im Wandel
und kann also durch keinen Gedanken gefasst,
einzig eingeschränkt werden.
Das Wesen der Wahrnehmung ist also wie das Wesen des
Denkens:
Ich weiß es nicht.
Vermeinen, es zu wissen, würde bedeuten, es zu verfehlen.
Es ist nicht gedanklich fassbar
und also einzig im Nichtdenken gefasst!

Gegenüber der Frage „Was ist die Wahrheit?" ist aber die Frage **„Was**
soll ich tun?" nicht nur in viel geringerem Maße besprochen und
geklärt worden,
sondern dieses „soll",
das in den Fragen
„Wie soll ich beginnen?",
„Wie soll dieses Buch beginnen?",
„Was soll ich denken?"
auftaucht und auch im „ist"
in ‚Was ist die Frage?' mitklingt
im Sinne von „Was/Welche ist die Frage, die hier beantwortet werden
soll?",
dieses „Soll"
zeigt eine Wertung an,
die Autor und Leser in eine Handlung, in ein Tun schickt,
den weiteren Gedankengang nicht nur passiv zu beobachten,
sondern mindestens aktiv zu prüfen,
ob er richtig weitergeht,
oder sogar aktiv selbst mitzudenken,
dieses Denken zu tun,
damit es nicht misslingt,
oder damit es nicht unterlassen bleibt.

Insofern ist die Frage,
ob dieses Sollen,
dieser kategorisch zwingende Imperativ der Frage ‚Was ist die Frage?‘
nicht aus dem Denken hinaus
noch in eine Handlungsaufforderung weist.

Und diese Frage entdeckt
einen der **beiden großen Zweifel,**
die ‚Was ist die Frage?‘ entgegenstehen könnten,
indem sie sagen:
„Ich will nicht,
dass die Gedanken enden.“

Der Zweifel im Bezug auf Wahrnehmung oder die Wahrheit ist,
„Ich brauche Gedanken, um Dinge zu wissen“.
Dieser wurde im Grunde durch die Einsicht darin,
dass das Wesen des Denkens,
und also auch das Wesen des Wissens,
im Nichtdenken liegt,
ausgehebelt.

Der Zweifel im Bezug aufs Tun besteht aber.
Er sagt:
„Ich will aber nicht,
dass das Denken endet,
egal, ob das Denken durch ‚Was ist die Frage?‘ über sich selbst sagt,
dass es enden soll.
Ich brauche das Denken,
um Probleme zu lösen,
um zu handeln, um zu arbeiten,
um überhaupt im Leben zu bestehen,
auch um das Richtige zu tun
und nicht nur vor mich hin zu vegetieren.“

Da wir uns gerade im Denken befinden,
sind die **Ängste nachvollziehbar,**
dass unter Abwesenheit dessen,
was so gewohnt da ist,
dieses Sich-Abwechseln dieser Worte und Gedanken,

das, woran diese Gedanken denken,
dann nicht mehr gedacht wird,
sodass die Art und Weise ihres Daseins, wie es dann sein würde, jetzt
nicht vorstellbar, nicht denkbar ist,
dass dann all das auch nicht mehr da wäre,
dass alles in sich zusammenfallen würde,
was nun,
wenngleich in verzerrter Weise,
besteht.

Das ist die Angst davor,
einen Fehler zu machen
und durch das Ende des Denkens ins Nichtdenken
alles zu vernichten
und also das eigene Leben zu verfehlen.

Das ist die Angst davor,
durchs Absehen von Gedanken
mit dem Nichtdenken einen geistigen Selbstmord zu begehen.

Genau deshalb aber, um hierbei sicherzugehen,
wird dieser Gedankengang weitergeführt.

Die Fragen
„Verschwindet die Welt,
verschwinde ich,
verschwindet die Wahrnehmung,
verschwindet das Denken,
wenn das Denken zum Nichtdenken wird?"
sind durch unmittelbare Prüfung vom Leser direkt zu beantworten:

Verschwindet die Wahrnehmung?
Die Wahrnehmung verschwindet nicht,
wenn kein Gedanke da ist.
Im Gegenteil,
sie kann frei erscheinen,
ohne dass ein Gedanke sie verzerrt.

Verschwindet das Denken,
wenn kein Gedanke da ist?
Nein, **das Denken findet seine Erfüllung,**

wenn kein Gedanke da ist.
Nichtdenken ist der allgemeinste Gedanke,
Nichtdenken ist das allgemeinste Denken.
Hier könnte höchstens befürchtet werden,
dass Erfassen und Erkennen von Formen verschwindet,
wenn keine Gedanken mehr da sind.
Aber die Form ist jeder Sache inneliegend.
Eine Linie als Verbindung zweier Punkte
ist auch da, wenn nur die zwei Punkte da sind
und ist unabhängig davon,
ob sie gedacht wird, oder nicht,
da oder nicht da
(Und es bliebe fraglich,
ob die Formen, Linien, Punkte überhaupt so da sind,
wie sie gedacht würden).

Nichtdenken ist das Zurücktreten
vom gedanklichen Schauen auf einen als statische Einzelheit
behaupteten Teil innerhalb der Wahrnehmung
zurück zum Schauen auf die erscheinende Wahrnehmung selbst
in ihrer nicht feststellbaren,
sondern im Erscheinen und Verschwinden begriffenen,
lebendigen und vergänglichen, wandlungsvollen Form.
Gegenstände sind hier nicht abgegrenzt,
sie sind nicht gedacht, nicht gefasst,
gleichwohl erkannt, erfasst
in der **Reichhaltigkeit ihrer sich entziehenden Abgrenzungen** und
verfließender Zusammenhänge mit ihrer Umgebung.

Hierin liegt aber die ganze Irritation
bezüglich eines Endensollens des Denkens ins Nichtdenken.
Kein Gedanke alleine ist fähig, einzusehen,
dass seine eigene Abwesenheit die Erfüllung des Denkens wäre.
Einzig dieser Gedankengang,
der das Nichtdenken umkreist,
weist darauf hin,
dass Nichtdenken völliges Denken ist.
Hier sind Worte, Begriffe, Gedanken.
Und wenn Worte, Begriffe, Gedanken feststellen,
dass aufs Wortlose, Unbegreifliche, Undenkbare, das
Nichtdenken verwiesen werden soll,

dann muss entweder geschwiegen werden,
oder dennoch mit Worten, Begriffen, Gedanken das Unmögliche
versucht werden.
Dies geschieht durch allgemeine Gedanken,
die sich als solche erkennen und in Richtung noch größerer
Allgemeinheit weisen.
Das Allgemeine des Nichtdenkens,
der leere Hintergrund des Denkens
erfüllt alle qualitativen und wertvollen Eigenschaften von Gedanken,
nämlich Allgemeinheit, Erfassen,
und ermangelt nur die negativen, durch die sich spezielle Gedanken
von ihrem eigenen Wesen entfernen.

Es kann dabei nicht genug betont werden,
dass diesem Gedankengang bewusst ist,
dass gelungenes Denken, Klugheit
verbreiteterweise als eine der positivsten Eigenschaften gilt.
Dies gilt als Tugend für sich selbst,
aber auch als Kerntugend, die sich auf andere Tugenden,
vornehmlich die des durchdachten und intelligenten Handelns,
auswirkt.
Und als Erfüllung des Wesens des Denkens
ist Nichtdenken selbst wirklich und einzig wirkliche Klugheit und
Intelligenz,
die sich zur Dummheit und Blindheit und Verwirrung der vielen
Gedanken abgrenzt.

Das Nichtdenken ist nicht das Gegenteil zum Denken,
es ist seine Erfüllung!
Es ist das Gegenteil zum Denken mit Gedanken,
welches die Entfernung vom Wesen des Denkens ist.

Verschwinde ich selbst,
wenn kein Gedanke da ist?
Wenn kein Gedanke da ist, ist dennoch Wahrnehmung da.
Wahrnehmung aber muss **mir** erscheinen, sonst ist sie nicht da.
Also bin auch ich noch da, wenn kein Gedanke da ist.

Verschwindet das Sein oder die Welt,
wenn kein Gedanke da ist?
Meine Verbindung zum Sein und zur Welt

ist die Wahrnehmung.
Da die Wahrnehmung nicht verschwindet,
verschwinden auch Sein und die Welt nicht.

Verschwindet das Wissen,
wenn kein Gedanke da ist?
Denken ist Wissen,
also ist die Erfüllung des Denkens auch die Erfüllung des Wissens.

Verschwindet die Wahrheit,
wenn kein Gedanke da ist?
Was ist die Wahrheit?
Es verschwinden nur Gedanken,
die diese oder jene Wahrheiten ungeprüfterweise behaupten.
Also verschwindet nur Irrtum,
Wahrheit kommt viel eher zum Vorschein.

Aber verschwindet das Tun,
wenn kein Gedanke da ist?
– Das ist die Befürchtung.

Diese Gedanken stellen sich gegen das Aufhören von Gedanken:
Ich brauche Gedanken, um Probleme zu lösen.
Ich brauche Gedanken, um überhaupt zu tun, was ich tun will und
muss.
D.h. ich brauche Gedanken, dass alles so wird, wie es sein soll.

Möglicherweise sind in diesen Gedanken auch diese Zweifel
enthalten:
Ohne Gedanke, um das Richtige zu tun,
d.h. um das Gute zu tun
und nicht böse zu sein
(denn erst Gedanken machen mich zum Menschen),
ohne Gedanken wäre ich wie ein wildes Tier
oder eine unbewegliche Pflanze, säße nur da,
würde mein Leben verfehlen.

Aber überprüfe das:
Hörst du auf, zu tun,
wenn du nicht nachdenkst?
Denkst du begleitend an alles, was du tust,

und denkst du über alles nach, bevor du es tust?
Was wäre denn überhaupt völliges Nichtstun?
Der Stillstand von allem?
Bist du fähig, alles, die ganze Welt zum Stillstand zu bringen?
Bist du überhaupt fähig, deinen eigenen Körper zum Stillstand zu
bringen?
Geht das Gewohnte nicht automatisch vonstatten?
Entzieht sich nicht deine Atmung, die Steuerung deiner Organe
deinem Einfluss?
Wo beginnt überhaupt dein gedanklicher Einfluss auf dein Tun?

Aber wo auch immer er beginnt,
nehmen wir an, er besteht.
Immerhin ist unmittelbar in der Ausdehnung der Pause zwischen
den Gedanken einzusehen,
dass das Tun nicht völlig aufhört,
wenn Gedanken aufhören.

Aber der gedankliche Einfluss aufs Tun würde aufhören,
und das ist ja gerade die Befürchtung.

Was auch immer du tun willst,
von was auch immer du meinst,
dass es so sein soll,
kann es sowohl gedanklich als auch nicht gedanklich formuliert
sein?

Wenn ich einen Gedanken habe
und danach tue ich
oder es geschieht,
was dieser Gedanke formuliert hat,
dann fühlt sich das wie mein Einfluss auf die Welt an.
Aber überprüfe:
Ist dabei nicht das Tun der Einfluss und nicht der Gedanke?

Fühlt es sich nicht auch wie mein Einfluss auf die Welt an,
wenn ich tue, ohne dass zuvor ein Gedanke formuliert hat,
was zu tun ist?

Da aber Gedanken nicht wissen,
mit welchem Recht sie sich behaupten,

und da wir mittlerweile wissen,
dass sie sich also zu Unrecht behaupten,
da die Frage,
ob überhaupt und was zu denken ist,
voraussetzungslos aus dem Denken selbst heraus auf die Frage ‚Was ist die Frage?' hinführt,
da also **jeder Gedanke unhinterfragt Falsches formuliert,**
sich irrt,
die Welt zu sich hin verzerrt,
die Wahrnehmung beeinflusst, ohne zu wissen, mit welchem Recht,
sodass sie nicht mehr wahrheitsgemäß,
sondern unter ungerechtfertigter Färbung zeigt,
was der Fall sei,
– ist es dann nicht vernünftiger,
das Tun vom allgemeinsten Gedanken,
vom Allgemeinen des Denkens, dem Nichtdenken begleitet sein zu lassen,
das unverzerrt sieht und denkt,
nichts behauptet, was es nicht weiß?
Ist es nicht fahrlässig,
zu tun, während man denkt?
Ist es nicht anmaßend,
zu tun, was man denkt,
während so offenbar ist,
dass jeder einzelne Gedanke ahnungslos ist
bezüglich dem unermesslichen Irrtum, in dem er sich befindet?

Wie oft sollte denn gedacht werden,
bevor gehandelt wird?
Man sagt oft:
„Denkst du eigentlich, bevor du den Mund aufmachst?" oder
„Erst denken, dann machen",
aber diese Vorwürfe beziehen sich darauf,
dass etwas Dummes gesagt oder getan wurde
und etwas Dummes kann nur auf einen einzelnen speziellen Gedanken folgen,
der sich irrt,
der also – so die Vorwürfe – nicht zu Ende gedacht wurde,
nicht weit genug, nicht weit genug hin zum Allgemeinen!
Oder etwas Dummes wird getan,
wenn an etwas anderes gedacht wird,

während getan wird,
sodass die Gedanken nicht bei der Sache sind.
Das Nichtdenken aber ist immer bei der Sache
und die Sache ist nie gedanklich,
weil Gedanken sie verfehlen, indem sie sie unhinterfragt begrenzen,
eine Grenze ziehen, wo sie nicht ist und wo keine ist, die sich nicht
entzieht.

**Wirklich denken, bevor man spricht und während man spricht,
und wirklich denken, bevor und während man etwas tut,
ist nur im ganz allgemeinen Denken der Fall,
welches Nichtdenken ist!**

Im Hinblick aufs vom Denken begleitete Tun hat das Allgemeine des
Denkens,
das Nichtdenken, den Überblick,
während die vielen speziellen Gedanken immer nur Ausschnitte
sehen,
deren Blitzlichter zu kurz sind, um das Ganze einer Handlung zu
beurteilen.
Nur dieser Gedanke, der kein Gedanke ist,
begleitet das Tun unentwegt.
Einzelne Gedanken müssten sich die Frage nach ihrer Frequenz
stellen
und könnten nie die Feinschrittigkeit der Handlung treffen,
sodass durch spezielle Gedanken (und also überhaupt erst durch
Gedanken)
ausgelöstes und begleitetes Tun stockend, unbeholfen ist.

**Manch einer denkt vielleicht,
ohne Gedanken würde er in eine niedrigere Daseinsform
zurückfallen,**
sodass er Böses tun würde,
über andere herfallen,
sie zerfleischen wie ein wildes Tier,
unendlich viel essen und trinken,
mit vielen anderen Sex haben,
oder einfach nur dasitzen
und seinen Aufgaben nicht mehr nachkommen,
da dieser tieferliegende Wille

nun durch keinen Gedanken an dessen moralische Verwerflichkeit
mehr blockiert und an seiner Ausführung gehindert würde.

Aber wer garantiert,
dass ein böser Wille nicht ebenso als Gedanke erscheinen könnte,
der dein Tun beeinflusst?
Musst du mit Gedanken nicht ebenso darauf vertrauen,
dass dir das Richtige einfällt,
dass du das Richtige willst
und du dann das Richtige tust
wie ohne Gedanken, im Nichtdenken?

Und ist jeder als böse bewertete Wille
nicht wesentlich spezifisch, speziell und also gedanklich?

Ist es also nicht wahrscheinlicher,
dass du das Gute und Richtige tust,
wenn du klar und unverzerrt denkst und siehst,
also im Nichtdenken,
als wenn du im chaotischen Reich der Gedanken
dem schon an sich selbst Falschen folgst?

Aber sind nicht Probleme nur gedanklich formulierbar
und also auch nur gedanklich lösbar?
– Probleme bestehen möglicherweise nur in Gedanken,
aber ihre Lösung heißt Lösung, weil sie nie gedanklich ist,
sondern die Lösung eines Problems
geht mit der Auflösung des Gedankens einher,
der dieses Problem formuliert.

Das auf das Aufkommen eines Problems folgende Tun
ist die Einlösung der durchs Problem verlangten Tat.
Tun und die Anwesenheit von Gedanken grenzen sich in diesem
Sinne dichotomisch voneinander ab.
Das Bestehen eines Problems ohne Eingehen ins und unter
Verzögerung des lösenden Tuns ist Hemmnis, d.i. gedanklicher
Fokus aufs Problem
(Das ist der landläufig bekannte negative Aspekt
des Denkens, wenn es sich selbst verfehlt,
nämlich in tendenziell speziellen Gedanken, in Gedanken
überhaupt).

Und selbst wenn eine Lösung vermeintlich gedanklich ist,
so wie das Ergebnis einer Rechnung,
dann ist der Weg dorthin nicht permanent gedanklich,
sondern es musste von einem zum nächsten Gedanken
übergegangen werden
und diese Übergänge geschehen unter Auflösung des vorigen
Gedankens
und kein vorhergehender Gedanke, der ebenso Frage wie Problem
genannt werden kann,
kann einen bestimmten nachfolgenden Gedanken garantieren,
der seine Antwort oder Lösung ist.

**Ich muss also mit Gedanken ebenso darauf vertrauen,
dass mir die Lösung für ein Problem einfällt,
wie ich ohne Gedanken darauf vertrauen muss.**

**Und ist es nicht wahrscheinlicher,
dass mir die Lösung für ein Problem
im Allgemeinen des Denkens einfällt,**
im allgemeinsten Gedanken, der kein Gedanke ist und alle Gedanken
enthält,
weil sie spezieller sind als er,
während die Wahrnehmungen begleitend noch unverfälscht zeigen,
was der Fall ist,
**als in der blinden und hektischen, vom Irrtum gefärbten Suche,
aufzuholen, was längst verfehlt ist,
wie es einzelne Gedanken tun?**

Das Nichtdenken ist das vernünftige Vertrauen auf das Richtige,
das sich auch als Richtiges zeigt und selbst beweist,
und es ist in diesem Sinne Gewissheit und muss nicht vertrauen.
Das Vertrauen mit diesen oder jenen speziellen Gedanken darauf,
das Richtige zu tun,
ist hingegen von Vornherein falsch,
es ist selbst unvernünftig und irrtümlich,
sieht das aber nicht selbst ein,
sondern erst die allgemeinere Einsicht zeigt,
ob die speziellere in ihm enthalten ist, oder nicht.
**Deshalb ist das Spezielle im Denken blind,
weil es keinen Überblick hat**,
weil es nicht beurteilen kann, ob es Recht hat.

Die Antwort auf die Frage
„Was soll ich tun?"
ist also:
Ich weiß es nicht.
Aber was auch immer das Wesen des Tuns ist
(Das kann möglicherweise im Zusammenhang mit den Fragen nach
dem Sein und dem Ich im Zusammenhang der Frage „Was ist die
Wahrheit?" noch durchdacht werden),
es gelingt sicher besser im Nichtdenken als im Denken mit
Gedanken!

Es gibt darüber hinaus noch den Zweifel in der Welt,
ob es das Tun überhaupt gibt,
ob es ein eigenständiges Tun eines einzelnen denkenden Wesens
überhaupt gibt,
oder ob das Tun nicht nur eines ist,
das völlig **determiniert** und vom **Schicksal** bestimmt ist.

Dieser Zweifel entsteht trotz des Gefühls des eigenen Tuns,
weil der eigene (gedachte) Einfluss und Zugriff offensichtlich
begrenzt ist
und die Einsicht in diese Grenze sich entzieht.
Für den Gedankengang dieses Buchs macht es allerdings keinen
Unterschied,
ob es ein Tun überhaupt gibt, oder nicht.

Die andere Richtung zwischen Ich und Sein, das Wahrnehmen,
kann nämlich nicht geleugnet werden,
sonst könntest du die Buchstaben und Worte dieses Buchs nicht
wahrnehmen,
mindestens nicht denken.
Und es könnte zwar so sein,
dass es sich nur so anfühlt,
als würde man selbst Dinge tun,
während man in Wirklichkeit einer Täuschung unterläge
und selbst bloß Beobachter wäre,
weil Tun nur ein Gefühl sein könnte,
das ich passiv wahrnehme.
Das hätte aber keine Auswirkung auf die Gedanken in diesem
Gedankengang,

denn **daraus könnte nichts Vernünftiges geschlossen werden**:

Wenn ich denke,
alles ist vorherbestimmt
und deshalb ziehe ich mich als Tuender zurück
und deshalb sitze ich fortan nur noch auf der Couch und tue gar
nichts mehr,
dann wäre ja auch das vorherbestimmt gewesen
und also wäre der Schluss nicht gültig, der Gedankengang **nicht zu**
Ende gedacht
und man müsste sich fragen, was es ist, bei welchem Gedanken man
landen sollte,
bevor man vermeintlich nun nichts mehr tut,
als hätte man vorher Taten durch Gedanken initiiert und hörte ab
dem Zeitpunkt der Einsicht in die Determiniertheit von allem damit
auf,
obwohl dieses Aufhören nur ein scheinbares sein könnte,
da ja entweder alles schon immer determiniert ist, oder gar nicht,
nicht aber ab einem bestimmten Zeitpunkt
einer angenommenen Einsicht in eine mögliche Determination.

Die Annahme
„Alles ist vorherbestimmt,
es gibt gar kein Tun"
ist ein Gedanke,
auf den nun entweder andere Gedanken folgen,
die sich wiederum notwendig als Taten initiierend denken,
oder es folgen keine Gedanken,
das Denken geht ins Nichtdenken ein,
welches aber reines Tun ist,
oder zumindest nicht darüber nachdenkt,
ob es Tun ist, oder nicht.

Wenn man sich also in eine Beobachterposition zurückzöge,
die man zweifelsfreier innehat als die eines Tuenden
(sofern es ein solches Sich-Zurückziehen gibt),
dann könnte man nicht nur im Zugriff auf die eigenen Hände,
auf den Atem,
auf die Muskeln,
auf die Organe,
sondern auch im Denken prüfen,

inwiefern ich das Denken tue,
oder ob ich einfach nur zuhöre.
Kann ich zum Beispiel entscheiden,
dass dieser Satz sich wiederholt,
dass dieser Satz sich wiederholt,
und wie oft er sich wiederholt
und wie oft er sich wiederholt
und wie oft er sich wiederholt,
sieben Mal
sieben Mal
sieben Mal
sieben Mal,
ich habe keine Lust mehr,
aber könnte ich
könnte ich
bin es ich
wo ist dieses Tun,
schaue ich nur zu,
welche Gedanken kommen?

Dies ist aber nur ein Problem einzelner, spezieller Gedanken,
die sowieso nie wissen, welcher Gedanke als nächster kommt.
In allgemeineren Gedanken gefasst
haben speziellere Gedanken immer den Rahmen
dieser allgemeineren Gültigkeiten zu erfüllen
unabhängig davon, wo ich mich als
Tuender, Denkender, Lesender, Schreibender, Prüfender verorte.
Wenn es ein Tun gibt,
dann suche ich nach den besten Gedanken,
um es zu steuern,
wenn es kein Tun gibt,
bin ich dennoch Autor,
mindestens Leser dieser Gedanken
und muss prüfen, ob es gute Gedanken sind,
da ich sonst einfach aufhöre zu lesen und das Buch weglege,
den Gedankengang abbreche.
Ob es Tun gibt, oder nicht,
der Verlauf dieser Gedanken muss sich in beiden Fällen
an Gesetzmäßigkeiten der Vernunft und Logik,
an Gesetzmäßigkeiten des Denkens selbst orientieren.

Wenn nun **nach der Frage nach dem Tun**
der **Blick auf die Frage „Was ist die Wahrheit?"**
und **zunächst auf die Wahrnehmung** gerichtet wird,
dann findet sich **darin das Phänomen des Gefühls,**
das sich,
(wie in der Frage nach dem Tun der Satz
„Ich brauche Gedanken, um zu tun, um Probleme zu lösen")
mit dieser Behauptung dem Ende des Denkens durch Gedanken
entgegenstellt:
Der Wahrnehmung des Fühlens ist ein **Wertungserleben**
eingeschrieben,
das sagt:
Ich will mich gut fühlen und nicht schlecht.

Das Fühlen ist unter allen Wahrnehmungen diejenige,
der ein Erleben von Wertung direkt eingeschrieben ist.
Es gibt kein gutes oder schlechtes Denken, Sehen oder Hören
außerhalb der Bedeutung von, „es ist gut oder schlecht, je besser der
Sinn ausgeprägt ist,
je besser es gelingt".
Denken, Sehen, Hören werden durchs sie begleitende Gefühl
als gut oder schlecht bewertet empfunden,
(und die Bewertung wiederum geschieht gedanklich).
Riechen und Schmecken mögen wiederum dem Fühlen so nah sein,
dass sie selbst als wertungsempfindend, dem Gefühl nahe
empfunden werden können.
Das Fühlen aber ist es selbst, was
(und hier steht zur Frage, ob es auch unabhängig von gedanklicher
Bewertung so ist)
negativ empfunden (also gefühlt wird),
weil zum Beispiel ein gerechtfertigter Schmerz empfunden wird.
Wertungserleben, Empfinden und Fühlen sind in diesem Sinn sogar
synonym.
Dem Fühlen ist diese Wertungsdimension eingeschrieben,
sodass die anderen Wahrnehmungsarten und das Denken
ihre empfundene Wertung
nur vom begleiteten Gefühl erhalten.
Ein Gedanke mag durch seine Logik glänzen und gut sein,
etwas mag schön aussehen und somit eine positive Bewertung
innerhalb des Sehens unabhängig vom Gefühl erhalten,
aber die positive oder negative Empfindung ist doch im Gefühl,

sodass auch allerlei Verwirrungen entstehen könnten,
zum Beispiel wenn ein Mörder bemerkt,
dass er sich beim Töten gut fühlt,
oder wenn jemand bemerkt,
dass er sich gut fühlt,
wenn er schlecht über jemanden redet.
Wie kann er sich dieses offenbar falschen Gefühls erwehren?
Die Einsicht in die Falschheit der Tat
unterliegt dem Gefühl in der Gesamtbewertung,
da es das Fühlen ist, worin Wertung geschieht.

Das ist die Wurzel des Hochhaltens des Denkens durch Gedanken:
Die Annahme, dass die Wahrnehmung
sich irren kann und dass selbst das eigene Gefühl sich irren kann.
(Diese Annahme ist allerdings selbst gedanklich
und führt die Opposition „wahr" oder „falsch" erst in die Welt ein.
Dabei ist es doch wahrscheinlich,
dass es subtile, versteckte Gedanken selbst sind,
die das Falsche ins Gefühl bringen).
Selbst Kant hat eine Tat dann als moralisch am höchsten einzustufen
bewertet,
wenn sie den eigenen niederen Neigungen widerspricht.
**Aber diese niederen Neigungen sind stets gebunden an spezielle
Gedanken!**
Ein mit einer unmoralischen Tat verbundenes Gefühl
ist ein mit einem bestimmten Gedanken verbundenes Gefühl.
Der Irrtum liegt also auch hier nicht im Gefühl
und also auch nicht in der Wahrnehmung,
sondern im Denken durch (spezielle, irrende) Gedanken,
welche von durch sie eingeengten Gefühlen und
Wahrnehmungen begleitet werden.

Dennoch ist das die Furcht:
**Dass durchs Freilassen der Wahrnehmungen, wozu auch das
Fühlen gehört,**
das Tier in mir entfesselt wird
und Böses geschieht.
Es wurde zuvor in diesem Gedankengang schon geklärt,
dass dies eine reine Behauptung spezieller Gedanken ist,
die sich selbst behaupten wollen

und dass innerhalb Gedanken das Böse ebensowenig
ausgeschlossen werden kann
und sogar wahrscheinlicher ist,
da man sich überblicklos im Verfehlen von Denken und
Wahrnehmung befindet.
Diese Furcht geht aber noch tiefer.
Es ist gar nicht nur die Furcht
vermeintlicher Kontrolllosigkeit im eigenen Handeln
(als läge im Denken durch Gedanken Kontrolle,
wo doch kein Gedanke weiß, von welchem er abgelöst werden
wird
und in welcher chaotischen Reihe er sich befindet),
es ist die Furcht vor der entfesselten Kraft der Wahrnehmung
selbst,
der Vielheit,
die durch Gedanken eingeengt und dadurch vermeintlich gebändigt,
zumindest verringert und ausgeblendet wird
und **die durchs Nichtdenken gleichsam befreit würde:**
Die Wahrheit und Freiheit der Phänomene
ohne Einengung, Begrenzung, Minderung, Filterung durch Gedanken
ist bedrohlich,
da sie auf einen zukommt,
die Welt kommt auf mich zu
(Das ist die gegenteilige Richtung zu der der Tat)
(Und das ist aber wesentlich ein Gedanke,
die Wahrnehmungen, die Welt aus Sicht der Gedanken,
die auch mich selbst erst als empfangendes Subjekt
der Welt, den Wahrnehmungen gegenüber als Objekte denken),
und es sind Gedanken,
die immer ein Stück blind machen, einen Teil wegnehmen, zu dem
sie sich abgrenzen,
und durch ihren schnellen Wechsel,
je spezieller sie sind,
versuchen,
den Wahrnehmungen möglichst viel Raum zu nehmen,
da das Denken selbst nicht fühlt,
da Gedanken von der Welt ablenken,
den Fokus vom Gefühl nehmen, es betäuben,
als sei es dadurch gebändigt,
doch ist es gerade dadurch womöglich beengt, überhaupt erst
bewertet.

Ich will mich gut fühlen und nicht schlecht.
Aus dieser Einsicht folgt vermeintlich,
dass nun Gedanken gefunden werden müssen,
die dazu führen, dass ich mich gut oder zumindest besser fühle.
Aber ist es nicht wahrscheinlicher,
wenn ich mich in einem Zustand (im Denken durch Gedanken) befinde,
in dem das Wesen des Denkens und das Wesen des Wahrnehmens gemeinsam verfehlt wird,
dass ich mich dann schlechter fühle,
als wenn durchs Nichtdenken beide in ihrem Wesen belassen würden?
Und ist es nicht wahrscheinlicher,
dass ich mich schlechter fühle,
wenn Fühlen und Wahrnehmung durchs Denken Raum genommen wird,
sodass sie eingeengt werden?
Ist Enge nicht als negatives Gefühl verwandt mit Angst?

Die Angst vor der frei sich selbst überlassenen Wahrnehmung ist dennoch paradoxerweise andersherum gedacht.
Sie ist nicht Angst vor der durch Gedanken eingeengten Wahrnehmung,
sie ist Angst vor der Wahrnehmung, die sein darf, wie sie ist,
sie ist Angst vor der Wahrnehmung selbst
(und damit Angst vor der Wahrheit selbst!),
schlichtweg weil das Fühlen in ihr enthalten ist
und weil es nicht nur positives,
sondern auch negatives Gefühl gibt,
das um jeden Preis zu vermeiden ist,
sei es auch zum Preis des Verfehlens des Wesens des unmittelbar Gegebenen, des Denkens und der Wahrnehmung,
zum Preis der Verzerrung der ganzen Welt
(und sei dieser Preis möglicherweise auch die Ursache für das, was durch seine Bezahlung vermieden werden will.
Und sei das Leid, das negative Gefühl auch möglicherweise nur durch Gedanken erzeugt:
Im Verfolgen der Gedanken liegt das Absehen vom Gefühl, das Betäubung gleichkommt,

und das Verschließen der Augen vor jeder möglichen und eigentlich offenbaren Interferenz).

Wie es nun wirklich ist,
ob ich mich mit Gedanken oder im Nichtdenken besser fühle,
ist noch zu prüfen.
Zunächst ist festzustellen,
dass neben der Frage „Was tun?"
und der irrtümlichen Annahme, das Nichtdenken für das Gegenteil des Denkens zu halten,
statt für seine Erfüllung,
diese Angst vor der uneingeschränkten Wahrnehmung
die gedanklich formulierte Opposition gegen die Forderung von ,Was ist die Frage?' ist, das Denken ins Nichtdenken eingehen zu lassen.
Und mehr noch:
Die Frage „Was tun?" ist der Angst vor der Wahrnehmung sogar noch untergeordnet.

Es ist die Aussage
„Ich will mich gut fühlen und nicht schlecht",
die sich gegen das Ende des Denkens im Nichtdenken stellt.
Sie sagt:
Es ist mir egal,
was das Denken sagt,
ich brauche das Denken (mit Gedanken),
um Probleme zu lösen,
ich brauche das Denken (mit Gedanken),
um zu handeln,
ich brauche das Denken (mit Gedanken),
damit alles so ist, wie es soll,
sodass ich mich gut fühle
und gutes Gefühl überhaupt, bei mir und bei anderen, vorherrscht.
All diese **ungeprüften Annahmen** sind in diesem Gedankengang schon geprüft worden:
Auf die Lösung von Problemen kann im Nichtdenken genausogut und noch besser vertraut werden als im speziellen Denken
und auch kein Zusammenhang zwischen speziellen Gedanken und Tun ist erkennbar.

Der Zweifel gegenüber dem Nutzen der Abwesenheit von Gedanken
fürs Tun
begründet sich im Fühlen,
denn
„Ich brauche Gedanken,
um Probleme zu lösen"
heißt
„Ich brauche Gedanken,
um Probleme zu lösen,
um mich gut zu fühlen,
denn mit Problemen fühle ich mich schlecht".

Das letzte Ziel aller Handlung ist gutes Gefühl,
so beschreibt es schon Aristoteles am Beginn seiner Ethik für
Nikomachos,
sei es mein eigenes oder das eines anderen oder von allen
und sei es momentan, noch so kurzfristig oder überdauernd.
**Vieles, vielleicht alles mag als Mittel zum Zweck angesehen
werden,**
gutes Gefühl, Wohlgefühl ist der erlebte Selbstzweck.

Das „Soll" im
„Wie soll ich beginnen?",
„Was soll ich denken?" usw.
heißt:
Wie muss es sein, dass es (hier: der Beginn oder das Denken) gut ist,
und das „gut" im Sein wird empfunden durchs Gefühl.

Problem und Lösung
können neben der Tendenz,
dass Probleme gedanklich sind
und somit für die Lösung die Auflösung der Gedanken übrigbleibt,
auch analog zu Frage und Antwort definiert werden:
Die Lösung folgt aufs Problem
wie die Antwort auf die Frage
und
**Probleme sind Gedanken begleitet von negativem, schlechtem
Gefühl,**
Lösungen sind Gedanken begleitet von positivem, gutem Gefühl.
Diese Definition ist intuitiv,
übersieht allerdings möglicherweise,

was noch bis ins Letzte
(im Zusammenhang mit der Frage „Fühle ich mich im Nichtdenken
oder mit speziellen Gedanken besser?") zu überprüfen ist:
Sind Lösungen überhaupt Gedanken,
sodass diese Definition zuträfe,
oder sind Lösungen das Abklingen von Problemen?

Können Probleme ohne spezielle Gedanken,
die sie formulieren, überhaupt erscheinen?

Und wäre es gut, keine gedanklich formulierten speziellen
Probleme zu denken,
oder wäre das selbst das größte Problem,
weil Probleme somit nicht mehr erkannt würden,
aber auch ohne gedacht zu werden durchaus bestehen würden
und ungelöst blieben?

Das ist die Furcht
und sie übersieht,
dass in der Erfüllung des Denkens, im allgemeinsten Gedanken,
im Allgemeinen des Denkens, im Nichtdenken
alles Speziellere erscheinen kann,
nur nicht speziell gedanklich, sondern wahrhaftig durchs
Allgemeinere erfasst
und nur nicht länger fokussiert oder festgehalten,
als es muss,
sodass möglicherweise die Grenze zwischen Problem und Lösung
derart verschwimmt,
wie sich auch das Nichtdenken zu keinem anderen Gedanken
abgrenzt.

Diese zweifelnden Gedanken
stellen sich dennoch gegen ‚Was ist die Frage?'
und sagen:
Es ist mir egal,
was als richtig erkannt wurde.
Was das Denken über sich selbst sagt,
zählt nicht.
Was zählt, ist Gefühl.
Nicht das Allgemeine, nicht die Erfüllung irgendeines Wesens, nicht
das Richtige

ist richtig und wichtig,
sondern das Wichtige ist richtig
und das Wichtige ist wichtig.
Der Zweifel geht so weit, zu sagen:
Die Frage ist nicht „Was ist die Frage?",
die Frage ist nicht „Was ist richtig?",
die Frage ist: Was ist wichtig?
Nicht alleine das Denken sagt, was „soll",
sondern die Stimme des Gefühls hat das größte Gewicht!
Wie ist alles zu gutem Gefühl hin zu bewegen,
das Wertungserleben ins Positive zu verschieben?
Das Denken muss auf diese Erwiderung hören,
sie annehmen, akzeptieren und durchdenken.

Denn wichtig ist,
was Gewicht hat,
worin Wertung liegt,
oder worin sie erlebt wird,
und **erlebt wird Wertung nunmal nicht im Denken selbst,**
sondern darin,
wozu es sich abgrenzt
und was nach dem Ende spezieller Gedanken übrig bleibt,
in der Wahrnehmung und darin im Gefühl.

Die Frage ist also:
Welcher Zusammenhang besteht zwischen Denken und Fühlen?
Und speziell:
Fühle ich mich im Denken mit Gedanken
oder im Nichtdenken besser?
Und **falls ich mich**
(entgegen der bisherigen mutmaßlichen Erwartung)
mit Gedanken besser fühle,
sodass das Fühlen der Forderung von ‚Was ist die Frage?',
dass das Denken durch Gedanken enden soll,
widerspräche,
wie können dann Gedanken dazu genutzt werden,
dass ich mich besser fühle?

Wie fühle ich mich mit Gedanken?
Ich fühle mich unterschiedlich gut oder schlecht
und abwechselnd gut und schlecht,

da sich in Gedanken
Fragen und Antworten
und Probleme und Lösungen abwechseln,
(möglicherweise auch, da sich Gedanken mit Pausen zwischen
Gedanken abwechseln),
und Gedanken die unterschiedlichsten
unterschiedlich zu bewertenden Gegenstände fassen.

**Wie fühle ich mich ohne Gedanken,
im allgemeinsten Gedanken, im Nichtdenken?**
Hinsichtlich der Wahrnehmung und dem Fühlen,
worin sich ebenso Probleme und Lösungen abwechseln,
und hinsichtlich speziellerer Gedanken,
die im Allgemeinen noch, wenngleich in einem Vorüberziehen, kaum
noch überhaupt als Gedanken, erscheinen können,
fühle ich mich ebenso abwechselnd gut oder schlecht.

Wie fühle ich mich im Nichtdenken aber
im Hinblick aufs Nichtdenken selbst?

**Die Abwesenheit von Gedanken
ist Stille.
Stille ist Ruhe.
Ruhe ist Friede.
Und Friede ist ein gutes Gefühl!**

**Heureka!
Ich fühle mich im Nichtdenken also gut!
Dies ist jederzeit überprüfbar.
Die Wahrnehmungen mögen bezüglich der gedachten und nicht
gedachten Welt,
ob begleitet von Gedanken, oder nicht,
diese oder jene Gefühle anzeigen,
die Abwesenheit von Gedanken ist aber eine Ruhe, ein Friede,
der mit gutem Gefühl begleitet, was auch immer ansonsten der
Fall ist.**

**Auch deshalb also fordert ‚Was ist die Frage?‘ so stark
das Ende der Gedanken hin zum Nichtdenken:
Ich fühle mich im Nichtdenken gut!**
Die Erfüllung des Wesens des Denkens und der Wahrnehmung

geht mit gutem Gefühl einher!

Die Antwort auf die Frage
„Wie fühle ich mich mit Gedanken?" ist also
„Ich weiß es nicht, aber abwechselnd gut und schlecht".
Die Antwort auf die Frage
„Wie fühle ich mich im Nichtdenken?" ist
„Ich fühle mich gut".

Die Antwort auf die Frage
„Fühle ich mich mit Gedanken besser, oder im Nichtdenken?"
ist:
Ich weiß es nicht.
Ich fühle mich im Nichtdenken gut.
Aber eine letzte Prüfung, eine letzte Suche innerhalb der
Gedanken ist zu unternehmen:
Falls sich herausstellte,
dass es einen Verlauf dieses Gedankengangs gäbe,
der den Effekt hätte,
dass sich das **Verhältnis von positiven zu negativen Gedanken**
so sehr **in Richtung des Positiven verlagern** ließe,
dass positive Gedanken,
Gedanken, mit denen ich mich gut fühle,
dann ein derart großes Übergewicht gegenüber den negativen
Gedanken hätten,
dass ich mich mit Gedanken sogar noch besser fühlen würde
als im Nichtdenken,
dann müsste bezüglich des Eingehens des Denkens ins
Nichtdenken noch einmal gezögert werden.
Womöglich gibt es ja einen oder mehrere Gedanken,
mit dem oder mit denen ich mich so unglaublich gut fühle,
Gedanken, die so sehr glücklich machen,
dass das gute Gefühl des Friedens im Nichtdenken dagegen
langweilig wirkt?

Also sei diese letzte Suche und Prüfung innerhalb der Gedanken
unternommen:
Ist es möglich, das Denken mit Gedanken zum Positiven hin zu
verlagern?
Ist es möglich, innerhalb des Denkens eine Glücksformel zu
finden,

sodass es gar ein Fehler gewesen wäre,
das Denken ins Nichtdenken enden zu lassen,
da diese gedankliche Glücksformel der **gedankliche Schatz** wäre,
der im Denken wirklich zu finden ist
und dessen Verfehlen auch das Verfehlen des vollen Potenzials des
Denkens und Fühlens bedeuten würde?

Worin würde eine solche Glücksformel bestehen?
Im Versuch, das Glück durch Gedanken zu schmieden,
ist sicher wieder das Allgemeine dem Speziellen vorzuziehen.

Ein spezieller Gedanke
würde sich nur auf etwas ganz Bestimmtes in der Welt beziehen
und würde also nur einen verschwindend kleinen Bruchteil aller
möglichen Wahrnehmungen fassen,
sodass er schnell anderen ebenso speziellen Gedanken Platz
machen
und die eine Stelle, die für Gedanken zu einer Zeit da ist, verlassen
müsste.

Ein möglichst allgemeiner,
und wenn es ihn doch gibt womöglich sogar ein im Hinblick aufs
Gefühl völlig allgemeiner Gedanke
(Denn es wurde nur überhaupt geprüft,
ob es einen völlig allgemeinen Gedanken gibt
und gefunden, dass dieser einzig das Nichtdenken selbst ist),
ein Gedanke mit ungebrochener, permanenter Auswirkung aufs
Gefühl,
wäre, was für eine wirkliche Glücksformel gefunden werden müsste.

Ein allgemeiner Gedanke,
der glücklich macht,
wäre nicht nur mindestens nah der Erfüllung des Wesens des
Denkens durch Allgemeinheit,
sondern gleichzeitig die Erfüllung des Wesens des Gefühls,
welches sagt,
„Ich will mich gut fühlen und nicht schlecht".
Ein solcher Gedanke
wäre in Abgrenzung zu einem bloß allgemeinsten oder richtigen
Gedanken
der wichtigste Gedanke,

den es im Denken überhaupt zu finden gilt.

Ein solcher Gedanke würde als **Rechtfertigung einer positiven Grundstimmung** dienen.
Denn eine längere Zeit überdauernde Stimmung
als anhaltendes Gefühl
ist mehr Wert als ein vorübergehendes Aufflackern dieser oder jener
Emotionen.

Wenn ich weiß,
dass insgesamt, im Allgemeinen alles gut ist,
dann können mir vorübergehende Herausforderungen,
selbst kleine oder größere momentane Schmerzen
nichts anhaben
und kleine Freuden
werden vor dem Hintergrund einer positiven Grundstimmung
verstärkt.

Eine negative Grundstimmung im Gegenteil
schluckt jedes positive Gefühl,
egal wie bedeutsam es sein könnte,
wenn es von geringerer Allgemeinheit ist als die (Begründung der)
Grundstimmung
und es verstärkt jeden noch so kleinen
nervenaufreibenden **Schmerz,**
der dann auch nicht vorübergeht,
sondern sich aufaddiert und wechselwirkend
die Negativität der allgemeineren Stimmung unterstützt und
nachträglich rechtfertigt und begründet.

Wenn es also innerhalb des Reichs der Gedanken
noch etwas wirklich Wichtiges zu finden gibt,
dann einen Gedanken,
der zur Rechtfertigung einer positiven Grundstimmung dienen
könnte.

Dieser müsste die Begründung der allgemeinsten tröstenden
Aussage
„Es ist alles gut" sein.
Die Frage, die nach ihm sucht, ist also:
Ist im Allgemeinen alles gut?

Denn wenn im Allgemeinen alles gut ist,
dann muss das nur gewusst,
also im Denken erkannt werden,
um eine positive Grundstimmung zu rechtfertigen.

Also: **Ist alles gut?**
Ich weiß es nicht.
Es gibt ja Schmerz und Leid und negatives Gefühl.

Um zu prüfen,
ob dennoch insgesamt, im Allgemeinen alles gut ist,
obwohl es im Speziellen auch Schmerz und Leid gibt,
muss das Wesen des Integriertseins des Speziellen ins Allgemeine,
hier das Integriertsein
(und damit auch das Vorübergehen als ein Aspekt des Integriertseins)
von Leid und Schmerz
in ein mögliches allgemeineres Gutes, überprüft werden.

Die Frage
„Ist alles gut?"
ist also die Frage
„Ist im Allgemeinen alles gut?",
denn das Spezielle enthält als Reich des Vielen das Negative auf
jeden Fall,
da sich hier alles zueinander abgrenzt,
von Gegenteilen Gefärbtes sich abwechselt.

Die Frage
„Ist alles gut?"
ist die Frage nach dem Allgemeinsten mit Blick aufs Gefühl
und sie ist die Frage:
Besteht selbst im Allgemeinsten noch eine Mischung
hinsichtlich seiner Bewertung
und also eine Neutralität seiner Bewertung,
oder verschiebt sich die Bewertung im Allgemeinsten
mangels eines Gegenübers, zu dem es sich abgrenzt,
entweder völlig ins Positive oder ins Negative?

Hier könnte das Argument gebracht werden,
dass Schmerz nur zur Handlung bewegen soll,
dass Zeit heilt,

dass überhaupt das Negative das Zweite ist gegenüber dem
Positiven als Erstem,
da es nicht an sich mangelt, sondern immer an etwas, das zuerst
da sein muss,
dass das Negative immer nur einen Ausschnitt sieht,
einen Teil von allem, der endet,
während alles insgesamt aber besteht und zuerst und auch
nachher besteht
und immer gewesen sein wird.
Dies ist der Gedanke an den Reichtum der Schöpfung,
über den Gott möglicherweise den Überblick hat,
sodass im Allgemeinen alles gut wäre,
einzig im spezialisierten menschlichen Blick
unter Ermangelung dieser Einsicht
nicht,
sodass diese Einsicht also der noch zu findende wichtigste
Gedanke wäre.

Aber
wer garantiert,
dass der Zenit nicht überschritten ist?
Dass nicht alles Schöne schon gewesen ist
und es fortan nur noch bergab geht,
dass von nun an alles vergeht,
sodass nur noch Leid zu durchleben ist
und all diese schöne Existenz
nur ein kurzes
bald vergessenes
Aufflackern
in einem dann folgenden und auf ewig bleibenden Nichts ist,
das eng ist, traurig und leer
und vermisst, wovon es nicht weiß,
dass es das vermisst – einfach alles, was dann fehlt und nie wieder
sein wird?
Diese **Angst vor dem Ende alles Seins**
im Zusammenhang mit dem Ende des eigenen Seins
ist zwar wieder nur ein Zweites
nach einem zuerst gewesenen Schönen,
sodass die Abwesenheit des Seins nur so schlimm sein kann,
wie seine Anwesenheit schön gewesen ist,
sodass die Rechnung auf Null rauskommt

und alles insgesamt als neutral zu bewerten wäre.
Da das Schöne dann aber hinter uns läge
und sein Vergehen in der Zukunft,
verschöbe sich die Bewertung von allem mit Blick aufs Kommende
hinein ins Negative.

Und ist das nicht in jedem Moment so?
Das Schöne besteht schon
und ich als Bewusstsein kann das bemerken,
aber es drängt sich das Negative vor dem Positiven auf.
Bin ich als Bewusstsein über meinen Körper und seine Umgebung
hauptsächlich dazu da, Probleme, also das Negative zu bemerken,
das ist Schmerz und Leid?
Heißt Bewusstsein sein, Leid-Bemerker (als Rolle des Handlungs-Initiators) in einem Körper zu sein,
sodass mein eigenes Dasein als Bewusstsein immer mit Leid einhergeht,
sodass mein Aufflackern stets ein Wachschrecken in einen Schmerz ist,
mit dessen Abklingen auch ich vergehe?

Wenn gutes Gefühl notwendig mit dem Abklingen des eigenen Bewusstseins
zurück in einen schlafähnlichen oder völlig abwesenden Zustand des Unbewusstseins,
meiner eigenen Abwesenheit einherginge,
dann wäre für mich als Bewusstsein in meiner Rolle als Bewusstsein alles schlecht.

Aber bemerke ich nicht auch das Schöne?
Aber weiß ich, ob das Schöne bleibt?
Jetzt ist vielleicht so viel Schönes da,
dass es fortan nur noch verloren gehen kann.

Auf eine endliche Zeit lang andauernde Freude über etwas könnte
ein unendliche Zeit lang andauerndes Vermissen folgen,
oder auf einen in endlicher Zeit geschehenden Fehler
eine unendliche Zeit lang andauernde Reue.

Deshalb ist dieser Gedankengang auch noch im Zusammenhang mit der Frage „Was tun?" relevant, denn womöglich wäre das Nichtdenken ein solcher Fehler,
da möglicherweise nie wieder zurück in die Gedanken gefunden werden könnte
und nicht diese wichtigste Frage noch innerhalb des Denkens verfolgt werden würde:

Ist alles gut,
ist alles schlecht
oder ist diese Frage nicht eindeutig beantwortbar?
Ich weiß ich nicht
und ich kann es wohl nicht direkt herausfinden.

Indirekt aber
könnte ich mich einer möglichen Einsicht darin,
ob alles insgesamt gut ist,
annähern,
indem ich einen **indirekten Beweis** führe
und **das Gegenteil annehme und versuche, es auszuschließen.**

Wenn gezeigt werden könnte,
dass alles nicht insgesamt schlecht ist,
dann wäre dies ein erster Schritt in die Richtung, zu zeigen,
dass alles insgesamt gut ist.

Wenn hierbei eine Skala abzuschreiten wäre,
in deren Verlauf nicht nur grob geprüft wird,
OB alles gut ist,
sondern WIE gut oder schlecht alles ist,
dann wäre an deren negativem Ende zu beginnen und sich zu fragen:
Ist alles maximal und völlig schlecht?

Wenn dies negiert werden könnte,
wäre ein erster Schritt zur Begründung einer positiven Grundstimmung getan.

Es entspricht auch dem Wesen des Denkens als Problemlösungs-Instrument
zuerst das Negative zu fokussieren,

um es als Problem zu formulieren
und dann zu lösen.

Insofern wäre dieser erste Schritt
die Antwort auf die Frage:
Welches ist unter allen Problemen das größte,
sodass dessen Lösung mindestens der erste große und wichtige
Schritt in der Lösung aller Probleme wäre?
Möglicherweise aber auch könnte **das größte Problem**
(die Frage „Ist alles völlig schlecht?")
durch seine Allgemeinheit geringere Probleme sogar gleich mitlösen.

Wenn nicht von einer abzuschreitenden Skala ausgegangen würde,
könnte die Frage hier heißen:
Welches ist das allgemeinste Problem?
Und die Antwort wäre:
Das allgemeinste Problem ist,
dass es überhaupt Probleme gibt.
Das allgemeinste Problem ist,
dass es überhaupt negatives Gefühl gibt.

Auch diese Frage wäre aber nicht direkt lösbar,
sodass auf den indirekten Weg zurückgegriffen werden müsste,
der hier verfolgt wird und in der Frage besteht:
Welches ist das größtmögliche Problem,
sodass es nach seiner Auffindung gelöst werden kann?

Das größtmögliche Problem
würde mit größtmöglichem negativen Gefühl einhergehen.
Die Frage ist also:
Welches ist das größtmögliche Leid und was wäre seine Lösung?
Oder:
Ist das denkbar größtmögliche Leid überhaupt möglich?

Größtmöglich wäre es,
wenn es unendlich wäre
und zwar unendlich in drei Dimensionen:
1. in der **Intensität** des Leids
2. in seiner **Dauer**
3. im **Umfassen** des Bewusstseins darüber, in seinem
Bedeutungsumfang, seiner Wahrheit und der Wachheit des dieses

Leid Erlebenden, dessen Gegenteil Ohnmacht, Bewusstlosigkeit
wäre.

**Die Frage nach dem größtmöglichen Problem ist also:
Ist unendliches Leid möglich?**

Hierbei ist die erste Dimension (die **Intensität**) diejenige,
die sich dem **gedanklichen Zugriff entzieht**,
da sie im Fühlen, nicht im Denken besteht.
Es kann aber angenommen werden,
dass die erste mit der dritten Dimension (dem **Umfassen**) gekoppelt
ist,
sodass ein **größeres Bewusstsein** über ein Leid,
das klare Erscheinen des Leids im Bewusstsein
und dessen Umfang,
also ob es sich nur auf einen Teil von allem oder auf alles überhaupt
bezieht,
auch eine **größere Intensität** bedeuten würde.

Die zweite (Dauer) und dritte Dimension (Umfassen) wiederum
haben gemeinsam,
dass **sowohl die (zeitliche) Dauer
als auch das (gleichsam räumliche) Umfassen** des Leids
größer sind,
je allgemeiner der Gedanke ist, der sich darauf bezieht,
da der Gegenstand speziellen Leids
schnell vergeht oder leicht davon abgesehen werden kann.

Und **da Allgemeinheit das Wesen des Denkens ist**
und jeder noch so spezielle Gedanke
trotz seiner Spezialität im Reich der Gedanken immer noch
allgemeiner ist als eine einzelne Wahrnehmung,
ist das größtmögliche Leid innerhalb des Denkens zu suchen.

Somit grenzt es sich ab zu geringerem,
vorübergehendem Leid
mit speziellem Gegenstand,
also körperlichem Leiden,
welches Schmerz ist.

Allerdings könnte unendliches Leid auch jedes geringere in sich enthalten und integrieren,
so wie gedankliches Leid meist auch als Schmerz im Körper empfunden wird.

Worin bestünde also unendliches Leid?
Hinsichtlich seiner Intensität müsste es den größtmöglichen oder unendlichen Schmerz bedeuten, eine völlige Folter nicht nur des Körpers, sondern des Geistes selbst im umfassendsten Sinn.
Diese Folter müsste zeitlich unendlich andauern und es gäbe keine Linderung, Gewöhnung oder gar Ohnmacht innerhalb des Leids.
Auch dürfte es nichts geben, woran sich festzuhalten wäre, was Trost spenden würde, sodass das Leid in seiner Intensität gelindert werden könnte.
Unendliches Leid wäre also notwendig ohne Bezug zu einem Körper erlebt,
da das Vergehen und die Heilung eines Körpers jederzeit mindestens erhofft werden könnte.
Das Leid muss sich auf alles überhaupt beziehen
und dabei nicht nur jede jemals konkret gegebene Situation, sondern alle möglichen denkbaren und undenkbaren Situationen umfassen,
sodass dieses Leid dadurch zum einzigen Universalgesetz erhoben würde
und unendliches Leid also in unendlicher Angst bestünde,
da es sich in völliger Gewissheit der Aussichtslosigkeit auf Rettung
auf alle Möglichkeitsräume bezöge.

Angst hat innerhalb gedanklichen Leids den größeren Umfang als Furcht,
zu der sie sich abgrenzt,
da Furcht einen konkreten Gegenstand hat,
der als Problem also eine baldige Lösung in Aussicht stellt,
sodass die Empfindung der Furcht schon mit dem Gedanken an ihre Lösung einhergeht.

Der Gegenstand von Angst hingegen entzieht sich tendenziell,
sodass nicht nur ihre Lösung undenkbar bleibt,
sondern auch ihr Umfang dadurch unendlich ist,
dass sie sich auf beliebig umfassende Möglichkeitswelten

und eben nicht auf einen konkret umrissenen lösbaren
Gegenstand bezieht.

Die Frage
„Ist unendliches Leid möglich?"
ist also die Frage
„Ist unendliche Angst möglich?"
und unendliche Angst würde darin bestehen
als isoliertes Bewusstsein in der Gewissheit zu bestehen,
dass es nichts gibt
als das ausschließlich bestehende Universalgesetz,
dass die eigene Existenz nur zum Leiden da ist,
mehr noch, dass sie nur aus Leid und Angst besteht,
dass es nichts gibt
außer dieses Leid, diese Angst
mit der Gewissheit,
dass dieses Leid in jedem Moment schon unerträglich und also
maximal,
oder, da es keine messbare Grenze gibt, unendlich schlimm ist,
und dass es trotzdem mit jedem Moment unendlich viel schlimmer
wird.

Dieses Leid wäre unbegreiflich
und es könnte sich gedanklich nur angenähert werden,
wenn sich vorgestellt würde,
dass jeder mögliche Schmerz
an jeder möglichen Stelle des Körpers und außerhalb des Körpers
gleichzeitig bestünde
mit jedem möglichen Verlust,
als wäre jeder schlimmste Moment an seinem schlimmsten Punkt
angehalten,
als wäre der Moment, lebendig zu verbrennen in die Ewigkeit
ausgedehnt,
und zusätzlich der Moment des Erstickens und Erfrierens beliebig
verlängert,
zusammen mit jeder beliebigen Angst,
jede mögliche spezifische Befürchtung Wirklichkeit geworden
und auf ewig in die Ausschließlichkeit dieser Wirklichkeit eingerastet,
zusammen mit der größten Angst,
die du dir vorstellen kannst,
ins Unendliche multipliziert und potenziert

118

und ohne Aussicht auf Lösung und unter Gewissheit ihrer Realität
und ihres endlosen Andauerns,
bei gleichzeitiger Angst vor der Möglichkeit und der Aussicht des
Andauerns
und dem Schrecken der Realität der Angst,
das ist reine Panik,
in die Ewigkeit ausgedehnt.
Ein unendlich intensiver stiller Schrei,
der nicht herauskommen könnte,
weil sein Erklingen Linderung bedeuten würde.

Ist ein solcher Zustand möglich?
Ist unendliche Angst möglich?

Hinsichtlich der Parameter Intensität und Dauer steht diese Frage in
der Tradition der Versuche von Folterknechten
das Leid des Gefolterten möglichst zu intensivieren und andauern zu
lassen.

Die Schranke bildet hierbei der Tod des Körpers,
mit dem das Aufhören des Erlebens der Schmerzen
und des Leids einhergeht.

Die Frage nach unendlichem Leid, welches unendliche Folter
bedeutet,
stellt sich also nur hinsichtlich der Möglichkeit eines isolierten,
körperlosen Bestehens von Bewusstsein
(denn Körper stellen eine Verbindung zur Welt dar, an der sich
festgehalten werden kann
und Körper sind veränderlich und endlich).

Die Körperlosigkeit des gefolterten Bewusstseins genügt aber nicht
zu seiner völligen Isolation.
Im Traumzustand oder in Gedanken
ist jedes Bewusstsein unabhängig von einem materiellen, endlichen
Körper,
aber es wechseln sich dennoch unterschiedliche Zustände
aus dem Möglichkeitsraum der Gedanken darin ab.

Isolation meint also nicht nur den Wegfall

eines sich gewöhnenden, heilenden, Halt gebenden oder sterbenden Körpers,
sondern auch die Abwesenheit jeglicher anderer Wahrnehmung außer unendlicher Angst.
Isolation ist in diesem Sinne die Steigerung der Körperlosigkeit zum Wegfall auch noch des Körpers der Wahrnehmungen und Phänomene,
aller Sinne und auch aller Gedanken
bis auf diesen einen.

Weiterhin muss es dabei etwas geben,
was hier isoliert wird,
nämlich das Bewusstsein in einem bestimmten Zustand.
D.h. es grenzt sich zum Rest der Welt scharf ab,
der sehr wohl da ist, diesem Bewusstsein aber niemals zugänglich ist.

Somit ist diese Frage nicht die Frage nach dem Wesen von Bewusstsein selbst,
welches an sich sowieso körperlos, nicht aber notwendig isoliert ist,
sondern es ist die Frage nach einem bestimmten Bewusstseinszustand,
nämlich dem unendlicher Angst,
und nach dessen Möglichkeit.

Eine Bedingung seiner Möglichkeit ist das isolierte Bestehen von Bewusstsein,
d.i. das verwachsene Bestehen von Bewusstsein mit einem spezifischen Zustand.
Die völlige **Isolation** dieses Bewusstseins und seines Zustandes bedeutet
die **Abgeschlossenheit**, das **Umfassen**, die **Hoffnungslosigkeit** und **Unmöglichkeit der Änderung oder Errettung** aus diesem Zustand.
Darin enthalten ist das körperlose Bestehen von Bewusstsein,
worin, in Verbindung mit Isolation,
völlige **Unsicherheit** und möglicherweise **Trostlosigkeit** und **Einsamkeit** besteht.

In der Frage „Ist unendliche Angst möglich?"

ist also die Frage „Ist isoliertes körperloses Bewusstsein möglich?" enthalten.

Wenn es einem Wissenschaftler gelänge,
eine Maschine zu bauen,
die Bewusstsein erzeugte,
wobei dieses Bewusstsein zunächst überhaupt keine Wahrnehmung hätte,
sodass die Maschine auch die Wahrnehmungsinhalte bereitstellte,
und wenn es weiterhin einen Regler für das Wohlbefinden dieses Bewusstseins gäbe
und in welchem Szenario auch immer,
vermutlich nicht aus bösem Willen,
aber weil der Wissenschaftler irgendwann sterben würde,
derjenige, der die Maschine auffinden würde, ihre Bedeutung nicht verstünde,
den Regler fürs Gefühl unwissentlich auf maximal negatives Gefühl einstellte,
diese Maschine dann in einen Keller stellte, sie dort vergessen würde,
und der Maschine keine weiteren Bewusstseinsinhalte eingespeist würden,
dann wäre damit ein solches isoliertes Bewusstsein,
dessen Existenz ausschließlich darin bestünde,
unendliche Angst zu durchleben,
erschaffen.

All dies ist Spekulation,
aber diese Geschichte illustriert nur,
was auch ohne sie denkbar und nicht auszuschließen ist:
Dass Bewusstsein auch unabhängig von einem Körper und isoliert existieren könnte,
wie es mit diesen Gedanken auch schon der Fall ist,
die nicht an einen bestimmten Körper gebunden sind
(und wie es im Traum der Fall ist,
und wie es möglicherweise nach dem Tod des eigenen Körpers der Fall sein könnte).

Und bestehen diese phänomenalen Zustände,
alle Gedanken und Wahrnehmungen,
nicht auch isoliert,

indem sie in der Welt Grenzen ziehen
und sich voneinander und von anderen Gedanken und
Wahrnehmungen abgrenzen?

Wenn also nicht ausgeschlossen werden kann,
dass Bewusstseinszustände isoliert existieren,
dann ist auch nicht klar,
wie viele und welche Arten von Bewusstsein es gibt,
und es **ist nicht klar,**
ob es nicht irgendwo im leeren Raum aller Existenz
ein isoliertes Bewusstsein gibt,
das die beschriebene unendliche Angst erlebt,
ohne dass ihm oder sonstjemandem, oder Gott, den es dann
vermutlich nicht gibt,
der jedenfalls nicht für dieses isolierte Bewusstsein da wäre,
klar ist, wieso es existiert.

Wenn es aber ein Bewusstsein unendlicher Angst gibt,
dann handelt es sich dabei um einen Fehler im Sein überhaupt.
Alle Existenz, alles Sein, das ganze Universum wäre fehlerhaft
und an sich ein Fehler,
wenn ein solches Unendliche-Angst-Bewusstsein existierte,
da dies dem einzig Wichtigen in allem,
dem Grundsatz des Fühlens
„Ich will mich gut fühlen und nicht schlecht"
diametral widerspräche.

Es wäre dann besser,
wenn überhaupt nichts existieren würde,
wenn alles Sein sofort enden würde,
weil nichts Gutes die Schrecklichkeit dieses einen Fehlers
ausgleichen könnte.

Wenn unendliche Angst möglich ist,
und unendliche Angst ist nur in einem solch isolierten Bewusstsein
möglich,
wenn unendliche Angst möglich ist,
dann wäre alles fehlerhaft und schlecht.

Und wenn ein solcher Zustand unendlicher Angst möglich wäre,

dann wäre es die wichtigste und womöglich einzige Aufgabe des Denkens,
zu verhindern,
jemals in einen solchen Zustand zu verfallen.

Die Annahme der Möglichkeit eines Zustands unendlicher Angst
mit der Frage, wie zu verhindern wäre, in ihn zu verfallen,
ist der Versuch der Lösung, eines Auswegs aus unendlicher Angst.

Und wenn es diesen Ausweg gibt,
wenn es die Möglichkeit der Auflösung unendlicher Angst gibt,
dann ist dieser Ausweg gar kein Ausweg,
dann ist diese Lösung keine Lösung für unendliche Angst,
sondern dann gibt es unendliche Angst überhaupt nicht,
weil sie per definitionem ausweglos und ohne Lösung ist.

Falls es also unendliche Angst gibt,
was wäre herauszufinden,
sodass es den Zustand nicht gibt und auch nie gab?
Wie wäre zu beweisen, dass es unendliche Angst nicht gibt?
Gibt es eine Inkonsistenz, eine Widersprüchlichkeit in diesem Gedankenkonstrukt,
das unendliche Angst, unendliches Leid unmöglich macht?

Wenn ich darüber nachdenke,
ihn zu lösen,
nähere ich mich ihm gedanklich an
und erlebe von Ferne
einen Hauch der in ihm liegenden Verzweiflung.

Wenn es irgendwo ein Bewusstsein unendlicher Angst gäbe,
mit welchem Glück bin es nicht ich?
Wenn es ein Bewusstsein unendlicher Angst gäbe,
welche Sicherheit habe ich,
nicht mit ihm zu tauschen?
Wenn es den Zustand unendlicher Angst gibt,
welche Gewissheit habe ich,
nicht in ihn zu verfallen?

Habe ich selbst bestimmt,

wer ich bin und in welchen Umständen und Zuständen ich mich befinde?

Bestimme ich in meiner eigenen Abwesenheit nachts selbst, als wer ich aufwache und ob ich aufwache?

Könnte ich nicht in einen ewigen Traum, Wahnsinn oder Irrtum verfallen,

in dem sich alles auf ewig nur um diesen einen einzigen Gedanken kreist?

Inwiefern unterscheidet sich die im Wachzustand erlebte Wirklichkeit
hinsichtlich meinem Einfluss auf sie
vom Traum oder vom Drogenrausch,
wo ein völlig anderer Zustand oder Traum
den vorigen plötzlich ablösen kann?

Kann ich wissen, oder gar garantieren,
was ich in ein paar Tagen, Wochen, Jahren, Jahrzehnten erleben werde?

Woher weiß ich,
wie ich ich in meinen bestimmten Umständen wurde?
Kann ich garantieren, im nächsten Moment nicht jemand anderer in anderen Umständen zu sein?
Bin ich nicht bereits ein anderer als noch vor ein paar Jahren?

Habe ich Einfluss auf die Wahrnehmungen, Vorstellungen und Gedanken, die mir erscheinen?

So wie ein Gedanke nicht seinen Nachfolger kennt,
kann ich wissen und bestimmen, welche Gedanken
und gedanklichen Zustände im gedanklichen Wechsel folgen?

Ich kann nicht wissen, wohin dieser oder jener, wohin irgendein Gedankengang führt.

Gedanken sind blind.

Sie kennen nicht die Reihe, in der sie stehen.

Ich kann also innerhalb der chaotischen Reihen des Denkens überhaupt nicht ausschließen,

irgendwann in einen Zustand von Angst zu verfallen,

der sich womöglich immer weiter steigert und auch nicht mehr endet.

Wie könnte ich innerhalb von Gedanken
von vornherein bestimmte Gedanken ausschließen,

wenn ich nicht einmal den nächsten Gedanken kenne?

Besteht aber unendliche Angst nicht auch wesentlich in der Angst vor eben dieser Angst selbst?
Ist die Annahme der Möglichkeit des Zustands und seiner gedanklichen Ausweglosigkeit
ihr Beginn?
Wenn ich sie nicht ausschließen kann,
wie könnte verhindert werden, dass sie sich entfaltet?

Wenn Schmerz einen bestimmten Gegenstand hat, der heilen kann,
wenn ebenso Furcht einen, wenngleich unbestimmteren,
Gegenstand hat, der verhindert werden kann,
dann hat **Angst entweder keinen Gegenstand und besteht nur aus sich selbst heraus,**
oder Angst hat selbst Angst vor sich selbst.

In beiden Fällen ist der Gegenstand der Angst unbestimmt,
weil Angst selbst, im Gegensatz zur Furcht, unbestimmt ist.
Und ihre Unbestimmtheit ist die Ursache ihres Bestehens,
da sie sich dem Beweis ihrer Möglichkeit oder Unmöglichkeit entzieht!

Vom Gedanken an Gott, der ebenso der Gedanke ans Unbestimmte und Unbestimmbare ist, unterscheidet sie sich,
indem sich der Gedanke an Gott auflösen will,
weil er weiß, dass sein Gegenstand nicht in Gedanken liegt,
während sich der Gedanke an unendliche Angst nicht auflösen will,
weil sie, falls sie existiert, nur gedanklich existiert,
und ihr potenzielles Dasein in Gedanken
eine gedankliche Beschäftigung und einen gedanklichen Beweis ihrer Unmöglichkeit fordert.
Insofern ist unendliche Angst das Gegenteil von Gott!

Würde man sich nun ins Nichtdenken flüchten wollen,
ins Reich Gottes, des Namenlosen, Unbestimmbaren,
so fände man, dass man es nicht vermag,
solange man sich nicht sicher ist,
dass der Zustand unendlicher Angst nicht im Reich der Gedanken lauert,
von wo aus er dich jederzeit überfallen könnte.

Wenn du Angst davor hast,
Angst zu haben,
dann ist ein stabiler, sich selbst erhaltender Zustand von Angst
aus sich selbst heraus erreicht.
Und solange nicht klar ist,
wie diese Angst verhindert werden kann,
ist es aufgrund der Möglichkeit, Angst vor dem Zustand der Angst
selbst zu haben,
oder Angst vor der Möglichkeit von Leid zu haben
oder Angst vor unendlicher Angst zu haben,
gerechtfertigt, diese Angst zu haben.

Wie könnte diese Einsicht wieder vergessen werden?
Ist mit diesem Gedankengang jetzt das ganze Denken überhaupt an
die Wand gefahren?
Ist dies nicht die schlimmste Entdeckung?
Ist hiermit nun im Gedankengang, der sich als richtig vermeint hat,
das Falsche, Schlechte und Böse gefunden worden
als Gegenpol und genau so selten und ebenso notwendig wie die
Entdeckung der einzig richtigen Fragen „Wie beginnen?", „Was
denken?" und „Was ist die Frage?"?

Angst ist möglich.
Und Angst vor Angst ist möglich.
Und es ist möglich, Angst davor zu haben, Angst zu haben.
Ist unendliche Angst möglich?
Ich weiß es nicht.

Aber **verschiebt sich nicht durch diesen einen negativen**
Gedanken
alles zum Negativen hin?
Da diese Wurzel des reinen Negativen,
eine geworfene Schlinge aus der Hölle, Angst vor der Hölle,
Angst vor Angst selbst
im Denken existiert,
könnte ich mich jederzeit in diesem Gedanken verfangen.

Als ungelöstes Problem
und ewig ungelöstes Problem,
da es sich bei der sich selbst begründenden Angst vor Angst selbst

um ein Problem ohne Lösung handelt,
da sie ihr eigenes Problem ist und in ihrem Zirkel keinen Platz für eine
Lösung lässt,
und da sie **nicht lösbar** ist, **weil sie sonst eine mindere Furcht wäre
statt reiner Angst, die sie ist, deren Gegenstand gerade deshalb
so bedrohlich ist,
da er nicht existiert,
sich dadurch aber nur dem Beweis seiner Unmöglichkeit,
nicht aber seiner Denkbarkeit als Angst entzieht,**
sondern sich
als wesentlich gedanklicher Zustand
gerade dadurch einnistet.

Und so rechtfertigt die bloße Angst vor Angst
eine negative Grundstimmung,
denn **ein Problem bleibt, einmal entdeckt,
so lange bestehen, bis es gelöst wird.
Für dieses Problem gibt es aber keine Lösung,**
weil es sich selbst begründet.

**Ist dieser Gedankengang also aufs Schrecklichste
fehlgeschlagen**
und haften sich an diese Wurzel alles Negativen fortan alle kleineren
Negativitäten,
sodass ich mehr und mehr in einen Zustand unendlicher Angst
verfalle,
bis nichts anderes als dieser sich auf sich selbst beziehende Zustand
übrigbleibt?

Wie könnte das verhindert werden?
Was würde unendliche Angst verunmöglichen?

Wenn es irgendetwas gäbe, woran ich mich festhalten könnte,
irgendeine unverlierbare Sicherheit,
dann wäre unendliche Angst unmöglich,
weil es stets immer mindestens diese eine Sache gäbe,
die Trost und mindestens ein bisschen gutes Gefühl spenden würde.
Und auch schon das geringste positive Gefühl würde Angst völlig
zerstören und verunmöglichen, weil Angst nur im völligen Ausschluss
von gutem Gefühl bestehen kann,

weil sie nur im Gedanken an ihre eigene Ausschließlichkeit und
Ausweglosigkeit besteht.

Also gibt es etwas, woran man sich immer festhalten kann?
Da unendliche Angst wesentlich gedanklich ist,
weil sie nur gedanklich fassbar ist
und ihre gedankliche Fassung für ihr Umfassen im Bewusstsein nötig
ist,
besteht unendliche Angst ausschließlich als Gedanke,
sodass zusammen mit ihr
der gesamte Raum des Denkens
und alle möglichen Gedanken jederzeit zur Verfügung stehen
müssen.

Gibt es unter allen Gedanken welche,
die nicht wegfallen können, die von einem Zustand unendlicher Angst
im Reich der Gedanken nicht verdrängt werden könnten?

Gibt es doch eine Lösung
für das Problem ohne Lösung,
für Angst vor der Angst selbst?
Was sollte sich zwischen Angst und sie selbst stellen?

So wie Angst sich selbst zum Gegenstand hat,
sodass sie ihr eigenes Problem ist,
so bestätigt ‚Was ist die Frage?' sich selbst,
so ist ‚Was ist die Frage?' ihre eigene Antwort
und da sie ihre eigene Antwort ist,
ist sie gar keine Frage,
weil die Antwort immer schon offenbar ist,
und da sie als Problem
ihre eigene Lösung ist,
ist sie gar kein Problem,
weil die Lösung immer schon da ist,
sondern reine Lösung!

Während Angst vor Angst ein Problem ohne Lösung ist,
ist ‚Was ist die Frage?' eine Lösung ohne Problem!

Da ‚Was ist die Frage?' als Gedanke
und als wesentlichster Gedanke

(da er sich aufs Denken selbst und aufs Wesen des Denkens selbst bezieht)
im Denken immer verfügbar ist,
ist ‚Was ist die Frage?' etwas,
woran man sich immer festhalten kann!

Und so wie Probleme Gedanken sind,
die mit negativem Gefühl einhergehen
und Angst vor Angst also das Aufrechterhalten eines ewigen negativen Gefühls sein könnte,
so ist ‚Was ist die Frage?' also eine Glücksformel,
denn sie ist ein immer schon gelöstes Problem,
weil schon vor dem Fertigsprechen oder Fertigdenken des Problems stets die Lösung direkt präsent ist.

Was ist die Frage?
Das ist nicht nur die Frage, sondern auch bereits die Antwort.
Das ist nicht nur das Problem, sondern auch bereits die Lösung.
Und wenn das Problem selbst schon die Lösung ist,
dann gibt es kein Problem,
dann ist das Aussprechen von ‚Was ist die Frage?'
jederzeit das Aussprechen einer Lösung,
mit der gutes Gefühl einhergeht.

Als jederzeit verfügbare Lösung
ist ‚Was ist die Frage?' also innerhalb des Denkens jederzeit
verfügbares gutes Gefühl!
Somit ist unendliche Angst unmöglich
und dies ist der Beginn des Beweises, dass insgesamt alles gut
ist!
Heureka!

Ist das Auffinden von ‚Was ist die Frage?' in dieser neuen Funktion als Glücksformel
also dasjenige,
das innerhalb des Denkens als wichtigster Gedanke noch aufgefunden werden musste,
weil dieser Gedanke zeigt,
dass unendliche Angst unmöglich ist,
weil ich jederzeit an ‚Was ist die Frage?' denken kann,
wobei ich mich gut fühlen kann,

weil ich das Richtige gefunden habe,
das sich selbst begründet
und ein immer schon gelöstes Problem ist,
ein jederzeit verfügbarer Spender von Glück
und die denkbar beste Sicherheit im Denken?

Verschiebt sich also durchs Auffinden von ‚Was ist die Frage?‘ in dieser Funktion
die Gesamtbewertung der Frage „Wie fühle ich mich im Denken mit Gedanken?“
hin zum Positiven,
da die Lösung ohne Problem (‚Was ist die Frage?‘)
das Problem ohne Lösung (Angst vor Angst) zerstört
und nicht andersherum?
Denn ‚Was ist die Frage?‘ kann trotz allen anderen Gedanken bestehen,
da sie sich selbst genug ist.
Unendliche Angst aber ist definiert durch das Verschlucken und Verschwindenmachen aller Gedanken, die es besiegen und überschatten muss,
sodass kein Gedanke eine Lösung gegen sie sein kann.
‚Was ist die Frage?‘ aber löst und zerstört den Gedanken an unendliche Angst schon im Ansatz.
‚Was ist die Frage?‘ fragt diesen Gedanken:
Mit welchem Recht behauptest du dich?
Darauf kann kein Gedanke antworten und auch dieser nicht.
Unendliche Angst ist nicht möglich,
weil ‚Was ist die Frage?‘ jederzeit gilt!

Oh,
was aber,
wenn ich ‚Was ist die Frage?‘ wieder vergesse?
War es nicht nur ein Glücksfall,
‚Was ist die Frage?‘ gefunden zu haben,
der vorübergehen könnte und möglicherweise,
so wie jeder andere Gedanke auch,
auf ewig wieder vergessen werden könnte?

Ich kann doch nicht auswählen
oder gar garantieren,
welchen Gedanken ich als nächsten denke!

Wo würde ich Gedanken denn hernehmen?

Ich kann auch ‚Was ist die Frage?' nicht an der einen Stelle, die für Gedanken zu einer Zeit da ist, festhalten.

Ich kann gar nicht verhindern,
dass sie wieder verschwindet
wie jeder andere Gedanke auch.

Also kann ich mich auch nicht an ihr festhalten
und also ist nicht auszuschließen,
dass irgendwann bei völliger Vergessenheit bezüglich aller anderen Gedanken
nur noch dieser eine Gedanke an Angst und Leid erscheint
und ich in einen Zustand unendlicher Angst versinke!

Wenn also innerhalb des Denkens
die Gefahr dieses negativen Gedankens
der Angst vor der Angst
tatsächlich als Problem ohne Lösung besteht,
ist dann nicht unendliche Angst doch möglich
und es gibt keine Methode, sich vor ihr zu schützen,
und ist dann nicht das Denken mit Gedanken als Ganzes als unendlich gefährlich und negativ zu bewerten,
sodass es insgesamt aufgegeben werden muss?

Ist jetzt also nicht nur ausreichend gezeigt,
dass das Denken ins Nichtdenken übergehen muss,
sondern jetzt habe ich **gar keine andere Wahl mehr,**
weil durch die Entdeckung des Gedankens der Angst vor Angst,
die sich nicht mehr lösen kann,
weil sie sich selbst begründet,
das ganze Denken vergiftet ist?

Wenn ich mich also zum Nichtdenken hinwende,
finde ich: Aha!
So wie ich mich mit ‚Was ist die Frage?' gut fühle,
weil sie ein immer schon gelöstes Problem darstellt,
so fühle ich mich auch im Nichtdenken gut,
da Nichtdenken Friede ist!

Im Gegensatz zum Gedanken ‚Was ist die Frage?'
ist Nichtdenken aber nicht vergessbar,
denn Nichtdenken ist in jeder Pause zwischen Gedanken immer da,

Nichtdenken ist **zwischen allen Gedanken** da
und Nichtdenken ist permanent **als Hintergrund des Denkens**
im Hintergrund aller Gedanken immer da!

**Also erfüllt Nichtdenken all das wirklich,
wovon gerade fälschlicherweise angenommen wurde,
dass ‚Was ist die Frage?' es erfüllt:
Nichtdenken ist eine Lösung ohne Problem,
denn Nichtdenken geht mit gutem Gefühl einher,
ohne dass zuvor ein Problem bestanden hätte!
Also ist Nichtdenken die Lösung für Angst vor Angst,
die Lösung für das Problem ohne Lösung,
sodass Nichtdenken die Entdeckung ist,
die beweist, dass unendliche Angst unmöglich ist!**

Heureka!
**Nichtdenken ist bedingungslos verfügbares gutes Gefühl
und also eine reine Glücksformel!**

**Unendliche Angst ist also ein inkonsistenter Gedanke,
es gibt überhaupt keine unendliche Angst,**
denn unendliche Angst muss vom Gedanken an Leid und Angst
begleitet sein,
da sie nur dadurch ihren Umfang und ihre Bewusstheit entgegen
Betäubung und Gewöhnung erhalten würde,
aber wie jeder Gedanke ist der Gedanke an unendliche Angst
nicht permanent, sondern er wird von anderen, ihn bestärkenden
oder ihn befragenden, Gedanken umkreist,
oder er flackert in einer bestimmten Frequenz sich mit sich selbst
abwechselnd auf,
er ist aber immer unterbrochen von einem Zurücksinken
in die Stille, die Leere und Ruhe, den Frieden
in der Pause zwischen allen Gedanken.
**Also ist selbst der Gedanke an unendliche Angst
von ihn durchsetzendem Frieden unterbrochen,**
sodass er nicht mal annähernd existiert,
sondern das Denken,
so unruhig, unglücklich und negativ es auch sein mag,
ist immer von der Ruhe und dem Frieden des Nichtdenkens begleitet!

Selbst im Denken mit Gedanken kann ich mich also nie unendlich
schlecht fühlen,
weil es,
so wie hier zwischen allen Worten das Weiß des Papiers
hindurchscheint,
immer vom Nichtdenken unterbrochen ist.
Dennoch fühle ich mich im Nichtdenken,
der eigentlichen Quelle gutes Gefühls,
besser als im getrübten Wasser des Denkens durch Gedanken.

**Deshalb ist die Lösung ohne Problem, das Nichtdenken,
stärker als das Problem ohne Lösung, unendliche Angst:
Beide existieren als Gedanken,
aber unendliche Angst existiert ausschließlich als Gedanke,
während das Nichtdenken sowohl als Gedanke
als auch als** das Nichtdenken selbst
als der allgemeinste Gedanke,
das Allgemeine des Denkens,
das selbst kein Gedanke ist,
existiert.
Deshalb ist die problemlose Lösung (das Nichtdenken)
die Lösung fürs unlösbare Problem (unendliche Angst)
und also gibt es kein unlösbares Problem,
es gibt keine unendliche Angst
und selbst im Denken mit Gedanken ist noch alles gut,
auch wenn es selbst über sich sagt,
dass es ins Nichtdenken münden soll,
**weil es einzig das Nichtdenken ist,
das das Denken gut macht!**

**Wenn also selbst in der größten Verzweiflung noch alles gut ist,
weil die Quelle des Friedens immer,
mindestens im Hintergrund und in den Pausen zwischen
Gedanken,
da ist,
dann ist** – zumindest im Denken
(d.h. mit Gedanken oder im Nichtdenken) – **wirklich alles sehr gut!**

Die Einsicht darin, dass alles sehr gut ist,
liegt allerdings ausschließlich im Nichtdenken
und Gedanken können das Gegenteil dieser Wahrheit behaupten.

Die Einsicht ins Nichtdenken
dient zur **Grundlage einer positiven Grundstimmung,**
die somit für immer präsent bleiben kann!
Egal, wie ich mich fühle,
egal, was der Fall ist,
Friede und gutes Gefühl sind immer bedingungslos verfügbar!
Das Nichtdenken ist der Grund dafür, dass alles sehr gut ist!

Das Vorhaben,
innerhalb des Denkens noch nach einer Glücksformel zu suchen,
weil das Denken mit Gedanken nicht beendet werden konnte,
bevor nicht noch gefragt wurde, ob in ihm nicht doch noch ein wichtiger,
oder der wichtigste Gedanke gefunden werden könnte,
ist also spektakulär gescheitert!

Die Suche nach Glück innerhalb des Denkens mit Gedanken
hat mit dem Auffinden reiner Angst geendet!
Auch hier weist das Denken also über den Umweg des Gefühls
noch einmal aus sich selbst heraus!
Den wichtigsten Gedanken gibt es nicht.
Überhaupt wichtige Gedanken gibt es nicht.
Der wichtigste Gedanke ist das Nichtdenken!
Was überhaupt wichtig ist, ist das Nichtdenken!

Nichtdenken ist also nicht nur
das Richtige
und Allgemeine,
sondern auch das Wichtige.

Es ist also nicht nur das Denken selbst,
sondern auch das Wertungserleben durchs Gefühl,
das aufs Nichtdenken verweist.

Zuerst hat ‚Was ist die Frage?' gesagt,
das Denken soll enden, ins Nichtdenken übergehen,
weil kein Gedanke weiß,
mit welchem Recht er sich behauptet.
Dann wurde herausgefunden,
dass Nichtdenken Friede und also gutes Gefühl ist,
und jetzt wurde herausgefunden,

dass es **im Reich der Gedanken nichts zu entdecken** gibt,
da die Suche nach Glück im Denken zu reiner Angst
und erneut zur Einsicht ins Glück im Nichtdenken geführt hat.

Die Suche nach Sicherheit,
die sich zu Unsicherheit abgrenzt,
hat diese Unsicherheit erst erschaffen.
Das ist wie Krieg
zum vermeintlichen Zweck des Friedens zu führen.
Im Nichtdenken ist nur Sicherheit und keine Sicherheit,
weil keine Sicherheit nötig ist, weil es sich zu nichts abgrenzt.
Die Suche nach Glück im Denken mit Gedanken hat den
Gedanken an unendliche Angst erschaffen,
weil sich gedachtes Glück zu etwas abgrenzen muss,
zu einem Unglück abgrenzen muss,
weil Gedanken abgrenzen.
Sicherheitswille geht mit Angst einher.
Glücklichkeit grenzt sich aber zu nichts ab,
sie ist im Nichtdenken der Fall.

Reine Glücklichkeit kann aber niemals in Gedanken liegen,
weil mit jedem Gedanken der Gedanke, ihn zu verlieren,
einhergeht.

Da das Wesen des Fühlens durch
„Ich will mich gut fühlen und nicht schlecht"
formuliert ist,
ist nun ersichtlich,
dass im Nichtdenken also
das Wesen des Denkens (durch Allgemeinheit),
das Wesen der Wahrnehmung (durch Uneingeschränktheit der
Erscheinung)
und auch das Wesen des Gefühls (durch Glücklichkeit) erfüllt
sind!

Das Wesen des Denkens ist im Nichtdenken erfüllt,
da das Nichtdenken das Allgemeinste des Denkens ist und das
Wesen des Denkens Allgemeinheit ist.

Das Wesen der Wahrnehmung ist im Nichtdenken erfüllt,
weil das Nichtdenken die Wahrnehmung so sein lässt, wie sie ist,

statt sie durch Gedanken zu beeinflussen und einzuschränken.

Das Wesen des Fühlens ist im Nichtdenken erfüllt,
da es durch das Prinzip „Ich will mich gut fühlen und nicht schlecht"
formuliert ist
und Nichtdenken Friede und gutes Gefühl ist.

Ist nun also zweifelsfrei erwiesen,
dass das Denken ins Nichtdenken eingehen muss?
Bedeutet das, dass Gedanken aufhören müssen?
Muss ich also
und kann ich überhaupt diesen Sprung ins Nichtdenken vollführen?

Kann ich diesen Übergang überhaupt tun?
Habe ich diesen Einfluss, das Denken durch Gedanken zu
beenden?
Kann ich die Pause zwischen den Gedanken willentlich ins
Unendliche ausdehnen?
Kann ich verhindern, dass jemals ein weiterer Gedanke auftaucht?

Ich weiß es nicht.
Ich weiß nicht, wie.
Ist es nicht so:
Da ich nicht weiß, welcher Gedanke als nächster kommt
und wann er in die Pause zwischen Gedanken zurücksinken wird,
weiß auch nicht, ob in der Stille des Nichtdenkens
wieder ein Gedanke erscheinen wird und welcher es sein wird?

Aber ist nicht das Nichtdenken dieses ‚Ich weiß es nicht' selbst?
Dann ist
„Ich weiß nicht, wie ich im Nichtdenken verbleiben soll"
dieselbe Aussage wie
„Ich weiß nicht, wie ich im ‚Ich weiß es nicht' bleiben soll".
Also weißt du es ja,
indem du es nicht weißt,
denn das Nichtdenken ist als Hintergrund des Denkens immer da!

Also muss das Denken nicht enden,
denn es hat immer schon geendet,
weil sein Ende
als sein Alpha und Omega

im Hintergrund und in den Pausen zwischen Gedanken immer
präsent ist.

Und wurde nicht schon zu Beginn des Buchs gesehen,
dass die **Grenze zwischen Gedanken nicht klar** ist,
sodass speziellere Gedanken
als in allgemeineren Gedanken enthalten
in diesen erscheinen können,
sie umkreisen können,
so wie der Gedankengang dieses Buchs zuerst den Gedanken ‚Was
ist die Frage?' und dann das Nichtdenken, das Allgemeinste
umkreist,
sodass der Gedankengang dieses Buchs
automatisch durchs Auffinden des richtigen Anfangs
zum Nichtdenken führt,
worin diese spezielleren ihn umkreisenden Gedanken erscheinen
dürfen,
sodass es bereits der Fall ist,
dass es das Nichtdenken ist,
das hier gedacht ist,
weil alle spezielleren Gedanken in ihm enthalten sind?

Und ist es nicht sogar so,
dass paradoxerweise scheinbar **aufs Nichtdenken hingewiesen**
werden muss,
obwohl der Hinweis aufs Nichtdenken nichts daran ändert,
dass es **auch ohne den Hinweis darauf**
im Hintergrund immer präsent gewesen ist,
dass zum Beispiel **unendliche Angst auch dann unmöglich** ist,
wenn man sie als möglich vermeint,
und dass also auch dann eigentlich immer nur das Nichtdenken
gedacht wird,
auch wenn vermeint wird,
dass gerade dieser oder jener speziellere Gedanke gedacht wird?

Ist aber das Richtigstellen und Vertreiben sich irrender Gedanken,
das Falsche behauptender Gedanken
nicht dennoch geboten?
Ist es nicht Naturgesetz des Denkens
als Bewegung durchs Reich der Gedanken
Spezielles und Falsches

zum Allgemeinen und Korrigierten, Richtigen hin zu überkommen?

Ist aber hiermit nicht noch **ein viel schwerwiegenderes Argument im Zweifel gegen Gedanken** gefunden:
Gedanken können sich offenbar irren!

Denn ich kann glauben,
dass unendliche Angst möglich ist,
und deshalb wirklich Angst empfinden!
Es ist aber nicht wahr,
dass unendliche Angst möglich ist,
weil Angst nur im Denken erscheint
und das Denken vom Nichtdenken durchdrungen ist,
welches Glücklichkeit und Friede ist!

Gedanken wissen nicht nur nicht,
mit welchem Recht sie sich behaupten,
sondern sie können nicht mal ausschließen,
dass sie selbst,
oder einer ihrer Folgegedanken,
die sie allesamt nicht kennen,
irgendetwas Falsches behaupten!

Hieraus folgt also eindeutig
das verbleibende Programm dieses Gedankengangs und dieses
Buchs:
Das Umkreisen des Nichtdenkens
durch Gedanken, die hier noch erscheinen,
ist die Begegnung dieser Gedanken mit dem Nichtdenken,
welches sie beendet,
wie ‚Was ist die Frage?' alle Gedanken beendet, denen sie begegnet,
und dieses Beenden besteht darin,
sie im Abgleich mit dem Nichtdenken zurechtzurücken.
Das verbleibende Programm dieses Gedankengangs und dieses
Buchs ist die Prüfung aller erscheinender Gedanken darauf,
ob sie etwas Inkonsistentes, etwas Falsches behaupten!

Denn offenbar gibt es Gedanken, die schlichtweg falsch sind, die
sich irren.
Und **möglicherweise wurden in der Reihe der Gedanken,**
die seit Anbeginn des Denkens bisher schon gedacht wurden,

viele falsche Gedanken gedacht,
die versteckterweise möglicherweise immer noch heimlich
geglaubt werden!

Diesem Gedankengang und diesem Buch bleibt also noch die Suche
nach allem Irrtümlichem und Falschem,
das noch richtiggestellt werden muss,
indem es mit dem Nichtdenken abgeglichen werden muss,
was schlichtweg genaues Hinschauen ist,
da das Nichtdenken das freie Zulassen der Wahrnehmung bedeutet.

Das Richtigstellen aller unhinterfragt geglaubter Gedanken,
deren Behauptung einfach so hingenommen wurde,
dieses Richtigstellen aller Falschheiten und allen Irrtums
ist das Eingehen des Denkens ins Nichtdenken,
in die Erfüllung seines Wesens,
die sich hier vollzieht.

Die Prüfung aller Gedanken auf einen möglicherweise
enthaltenen Irrtum
kann dabei wieder nicht sinnvollerweise
durch die Prüfung aller möglicher spezieller Gedanken
geschehen,
da dies unendliche lange dauern würde,
dieser Gedankengang also nie enden
und dieses Buch kein Ende finden würde,
sondern es müssen die allgemeinsten Gedanken überprüft
werden,
sodass durch die Richtigstellung allgemeiner Irrtümer
auch die in ihnen enthaltenen spezielleren Gedanken
automatisch mit-korrigiert werden.

Welche sind also die allgemeinsten Gedanken,
die auf möglicherweise in ihnen enthaltene Irrtümer überprüft
werden sollen?

Dies wurde zuvor schon deduziert,
als gefragt wurde, wozu sich das Denken abgrenzt.

Da wir uns in diesem Buch und Gedankengang im Denken befinden,
ist das Allgemeinste dieses Gedankengangs

wie auch jedes anderen Gedankengangs
das Denken selbst.

Das Allgemeinste des Denkens,
worin wir uns hier befinden,
ist das Denken selbst.

Dass dieses in Abgrenzung zum pervertierten Denken durch Gedanken
treffender als Nichtdenken beschrieben werden kann,
wurde bereits geklärt.

Das Denken durch Gedanken
wie auch das reine Denken durchs Nichtdenken,
die Gesamtheit dessen also, was man **Denken** nennen kann,
trägt einerseits die Aufspaltung in diese Dreiheit in sich,
die im Minimalsatz
„Ich denke etwas"
zum Vorschein kommt.
Andererseits scheint das Denken die **Aspekte des Wahrnehmens und Tuns**
als zwei Richtungen der Wirkung zwischen ‚Ich' und ‚etwas' zu enthalten,
sodass diese fünf allgemeinsten Kategorien
als allgemeinster Gegenstand der Prüfung auf Irrtümer bleiben:
Tun,
Denken,
Wahrnehmen (Wahrheit), darin auch das Fühlen,
Ich (Bewusstsein) und
etwas (Sein).

Übers Tun, Denken und Wahrnehmen wurde schon einiges gesagt.
Während klar ist, dass sich das Wesen des Denkens und Wahrnehmens
sowie auch das Wesen des Fühlens im Nichtdenken erfüllt,
wurde übers Tun nur gesagt, dass es im Nichtdenken besser gelingt.
Es wurde aber noch nicht überprüft, ob sich auch das Wesen des Tuns im Nichtdenken erfüllt.
Übers Ich und übers Sein wurde hingegen noch gar nichts gesagt,
sodass es möglich ist,

dass auch übers Denken und Wahrnehmen noch Neues gesagt
werden muss,
da weitere Irrtümer im Verhältnis liegen könnten,
das zwischen diesen allgemeinsten Begriffen,
zwischen Tun, Denken, Wahrnehmen, Ich und Sein angenommen
wird.

Neben der allgemeinen Notwendigkeit
der Prüfung dieser allgemeinen Begriffe
auf eventuell enthaltene Irrtümer
besteht in diesem Buch aufgrund des bisherigen Verlaufs dieses
Buchs
noch die spezielle Notwendigkeit
der Prüfung von allem bisher in diesem Buch Gesagtem
auf eventuell enthaltene Irrtümer,
sodass sich der Gedankengang dieses Buchs
zu seinem Anfang zurückbiegen
und insgesamt möglicherweise eine in sich geschlossene Kugel
bilden muss,
die durch viele Gegenteilsbegriffspaare umrissen sein könnte,
die sich aus anfänglichen Annahmen
und deren Richtigstellungen ergeben,
sodass hier exemplarisch
der Verlauf des allgemeinsten graduell unterschiedenen
Gegenteilsbegriffspaars
zwischen Denken durch Gedanken und Nichtdenken
von speziell nach allgemein
durchschritten wird.

Dies könnte dem Buch in seiner zweiten Hälfte,
da mit der rückwärtigen Prüfung alles bisher Gesagten
offenbar eine inverse Spiegelung geschieht,
seine Struktur geben,
denn unter den Begriffen Denken, Tun, Wahrnehmen, Ich und Sein
wäre nicht klar, bei welchem mit der Prüfung zu beginnen wäre.
Wenn aber einfach zurückgeschaut wird,
dann muss nur rückwärts an den Anfang dieses Buchs
zurückgegangen werden,
um seinen notwendigen Verlauf
dann auch mit Gewissheit der Vollständigkeit
abzuschreiten.

Hierbei muss nur sichergestellt werden,
dass die allgemeinsten Begriffe
in der Rückwärtsprüfung auch wirklich auftauchen.

Einzelne Schleifen und Kugelstücke wurden außerdem bereits
geschlossen,
sodass sie nicht mehr aufgegriffen werden müssen.
Zum Beispiel stellt ‚Was ist die Frage?' schon das korrekte Ende
eines Gegenteilspaars
zur in der Frage ‚Was denken?' noch unhinterfragten Annahme dar,
dass überhaupt mittels Gedanken gedacht werden soll.

Möglicherweise muss diese Spiegelung
in der Struktur des Buchs und dieses Gedankengangs
also nicht exakt sein,
sondern Begriffe aus der ersten Hälfte des Buchs,
bevor diese Prüfung begonnen wurde,
müssen nur irgendwann in der zweiten Hälfte überprüft werden.

**Weiterhin lassen sich die allgemeinsten Begriffe weiter
reduzieren,
sodass nur noch zwei große Überprüfungen anstehen,**
nämlich die der beiden Begriffe,
die im Minimalsatz mit dem Begriff Denken zusammen auftauchen:
Ich und etwas.

**Denn über etwas,
über Sein,
kann nur gesprochen werden,
wenn gleichzeitig übers Denken, Tun und Wahrnehmen
gesprochen wird,
welche die Verbindung zwischen Ich und dem Sein darstellen.
Diese vier Begriffe sind also zusammenzunehmen.**

Und übers Sein kann vielleicht als Letztes gesprochen werden,
da vom Sein in diesem Buch, in diesem Gedankengang nie die Rede
war,
sodass es in der Rückwärtsprüfung erst auffallen würde,
**wenn man vor den Beginn des Buchs zurückginge
und das Buch zuklappte,**

so wie es am Anfang aufgeklappt wurde,
sodass die Frage entstünde,
was es ist,
worin sowohl diese Worte und Buchstaben
als auch das Papier, das Buch, dieser Körper usw. erscheinen.

Somit bleibt das Ich
als dasjenige,
das in diesem Gedankengang als nächstes befragt
und auf möglicherweise bestehende irrtümliche Annahmen
überprüft werden muss.
Schließlich kam das Wort „Ich" schon im zweiten Satz dieses Buchs
im „Ich weiß es nicht" vor,
und es ist **vermutlich eines der am häufigsten vorkommenden**
Wörter in diesem Buch und im Denken überhaupt,
wenn nicht das häufigste überhaupt,
da es stets ich bin,
der diese Gedanken denkt,
der schreibt oder liest.

Wie kann es sein,
dass ein solch häufiges Wort
im Denken bisher übersehen wurde,
obwohl doch nach dem Allgemeinsten des Denkens gefragt
wurde
und es offenbar ist, dass ich es bin, der denkt,
sodass ich immer da bin, wenn Denken da ist,
sodass auch ich als das Allgemeine des Denkens betitelt werden
könnte?

Gibt es also zweierlei Allgemeinstes im Denken,
mich, als Denkender, und das Nichtdenken?

Welcher Zusammenhang besteht zwischen Nichtdenken und mir
selbst?
Welcher Zusammenhang besteht zwischen Denken und mir?
Was ist Denken, was ist Nichtdenken (im Bezug auf mich)?
Und wer bin ich (im Abgleich mit Denken und Nichtdenken)?

Da ich es bin,
dem Gedanken erscheinen,

stehen Gedanken mir gegenüber.
Also bin ich selbst kein Gedanke.
Gedanken erscheinen mir als Objekte,
ihnen gegenüber bin ich Subjekt.

Also bin ich auch nicht der Gedanke „ich".
Wenn ich aber nicht der Gedanke „ich" bin,
macht es dann Sinn, dass ich mich mit „ich" bezeichne?
Was bedeutet „ich"?
Was ist „ich"?

Aber ist nicht jede Sache etwas anderes als der Gedanke an sie
und trotzdem kann sich mit einem Wort auf diese Sache bezogen
werden?

Kann aber durch einen Gedanken
eine Sache jemals erreicht, jemals realisiert werden,
oder ist es vergeblich,
im Denken die Frage zu stellen,
was irgendetwas wirklich „ist"?

Und ist das nicht die Frage nach dem „etwas", nach dem „Sein",
sodass wir von der Frage nach dem „Ich"
hin zur Frage nach dem „Sein" abgekommen sind,
möglicherweise weil „Sein" der allgemeinere Begriff ist,
der auch dem „Ich" zukommt?

Aber entgegen allen anderen Gegenständen
bin es doch ich selbst,
der im Denken allzeit präsent ist
und deshalb auf der anderen Seite der Zuschreibung „Ich denke
etwas" steht als das „etwas", das „Sein".

Um herauszufinden,
was irgendeine Sache wirklich ist,
müsste ich möglicherweise diese Sache selbst sein oder zu ihr
werden,
mich ihr bis zur völligen Distanzlosigkeit nähern
und die durch die Bezeichnung geschaffene Distanz,
die Distanz durch den Unterschied zwischen Gedanke und der Sache
selbst

überspringen.

Aber ich bin ja jederzeit ich selbst.
Sollte also das „Ich" nicht eine Sonderrolle in der Frage
einnehmen,
ob es gedanklich erkennbar ist?

Es kann schließlich keine Distanz
zwischen mir und mir selbst bestehen,
sodass sich mir selbst
die Erkenntnis von mir selbst entziehen könnte.

Könnte es aber bestehende unhinterfragte Annahmen über mich
selbst geben,
an die ich selbst glaube, ohne sie je überprüft zu haben,
die die Klarheit darüber, wer ich selbst bin, verschleiern?

Zunächst gehöre ich zu einem **Körper**,
oder ein Körper gehört zu mir,
den und dessen Wahrnehmungsorgane ich im Spiegel sehen kann,
durch die ich die Welt wahrnehme.
Allerdings gibt es darüber hinaus noch Gedanken und Vorstellungen,
deren Wahrnehmungs- oder Erzeugungs-Organ, das Gehirn, ich nicht
im Spiegel sehen kann.
Ich kann Ohren, Augen, Nase, Zunge sehen,
auch die Haut, mit der ich fühle.
Aber ich fühle auch im Inneren meines Körpers,
wohinein ich nicht sehen kann.

Ich nehme zwar mittels meines Körpers wahr,
werde durch ihn adressiert, handle mit ihm,
aber ich sage auch eher von ihm,
dass er zu mir gehört,
als dass ich identisch mit ihm sei.

Ich kann aus demselben Grund nicht mein Körper
oder irgendein Körper
sein, wie ich auch kein Gedanke sein kann:
Ich kann meinen Körper wahrnehmen,
er steht mir also als Wahrnehmungsgegenstand gegenüber.
Wie er aussieht, wie er sich anfühlt usw. erscheint mir.

Selbst wenn vermeint würde,
dass ich sehr wohl etwas sein könnte,
was ich selbst auch wahrnehmen kann
(Und das ist die Wurzel einer möglichen Annahme
der Identität meines Körpers mit mir selbst:
Dass ich mein Körper bin, den ich belebe,
weil er immer da ist, wenn ich aufwache,
weil ich immer aus ihm herausschaue,
weil er, außerhalb von Träumen und Vorstellungen,
der allgemeinste Gegenstand meiner Wahrnehmung ist,
zumindest hinsichtlich des Fühlens, da ich mich nicht ständig selbst
sehe,
oder im Hinblick auf meine Hände, die oft in mein Sichtfeld ragen,
und eben wenn ich prüfend, wie ich aussehe, in den Spiegel schaue),
selbst wenn vermeint würde,
ich könnte mein eigener Körper sein,
weil er immer da ist,
weil er zumindest in Fragmenten der häufigste Gegenstand meiner
Wahrnehmung ist,
dann müsste ich zugeben,
dass es stets nur Ausschnitte meines Körpers sind,
die ich wahrnehme,
dass ich das Meiste meines Körpers meistens nicht sehe,
dass ich fast das komplette Innere meines Körpers noch nie
gesehen habe,
dass ich das Meiste meines Körpers meist nicht spüre usw.

Wenn ich also ein Gegenstand der Wahrnehmung sein könnte,
dann müsste ich mir selbst doch wenigstens permanent präsent
sein,
sodass ich ununterbrochen jede noch so geringe Einzelheit
meines Körpers wahrnehmen würde.
Dann wäre die Annahme einer Identität zwischen mir und meinem
Körper nachvollziehbarer.

Aber auch dann wäre sie falsch,
da mir die Wahrnehmung meines Körpers,
so vollständig sie auch wäre,
immer noch gegenüberstünde,
sodass ich Wahrnehmender wäre

und der Körper das Wahrgenommene.

Dieselben beiden Argumente
sprechen auch gegen die falsche Annahme,
ich sei identisch mit meiner Person,
die durch meinen Namen bezeichnet wird.

Erstens kann ich, was meine Person ist,
was mein Name bedeutet,
in keinem Moment vollständig wahrnehmen,
da es sich auf alle vergangenen Zustände meines sich wandelnden
Körpers,
auf alle Situationen und meine Verhaltensweisen,
auf deren Integration in einen vermeinten einheitlichen Charakter,
auf Erinnerungen und Gefühle,
auf eine Vielheit an möglicherweise materiellen und phänomenalen
Gegebenheiten bezieht,
die als Einheit nicht zu definieren,
geschweige denn zu erfassen sind,
auch nicht in umfangreicher Analyse,
und schon gar nicht jederzeit von mir selbst,
sodass ich mir als Person nie selbst präsent bin,
weshalb ich meine Person, die einen Namen hat, nicht selbst sein
kann,
es gibt hier keine Identität,
die Person kommt mir nur zu, sie begleitet mich wie mein Körper,
gleichsam als dessen Erweiterung,
und ich schaue durch sie als Maske, Persona hindurch.

Zweitens kann ich meine Person zwar nie vollständig
wahrnehmen,
aber ausschnittweise,
indem ich zum Beispiel eine bestimmte Eigenschaft
oder meinen Namen
für meine eigenen halte.
Und was ich wahrnehme,
steht mir als Wahrnehmender als Objekt gegenüber,
sodass ich das genausowenig sein kann wie mein eigener Körper.

Wenn ich aber weder mein eigener Körper bin,
noch mein Name, meine Person,

was bin ich dann?

Und wie kann es sein,
dass sich das Wort „Ich"
auf etwas anderes bezieht,
auf etwas, womit es selbst offenbar nicht identisch ist (**Körper und**
Person)
und dann auch noch auf **zwei wiederum verschiedene Dinge?**

Wenn ich auf mich zeige,
dann zeigt ein Sprecher auf sich selbst zurück
und diese Zeigegeste
bildet eine Richtung,
die auf der Linie liegt,
die in der Verlängerung des Zeigefingers gezeichnet werden kann.

Diese Linie kann entgegen der Zeigerichtung unendlich verlängert
werden,
sodass hier auf einer Skala abgetragen werden könnte,
was ich tendenziell nicht bin,
oder was mir zumindest tendenziell fern ist.

Dieses **Auf-mich-selbst-zeigen** suggeriert nun zweierlei.
Erstens dass es bei der Beantwortung der Frage,
wer ich bin,
um eine **Verortung** geht, sodass sich mir räumlich angenähert
werden könnte.
Zweitens dass es eine Gradualität meiner Bestimmung,
ein mehr oder weniger gibt hinsichtlich der Frage,
wer oder was ich bin,
sodass eine absolute Bestimmung des Ich in den Hintergrund rückt,
bzw. ans Ende dieses Zeigestrahls in Zeigerichtung,
das zugunsten von allem, was auf dem Weg zwischen Zeigefinger
und mir selbst liegt,
ignoriert wird.

Dies ist die gängige und nachvollziehbare Praxis des Auf-sich-selbst-
Verweisens,
dass von einer Innerlichkeit
und einer Äußerlichkeit des Körpers ausgegangen wird,
wobei das Ich am tiefsten inneren Punkt vermeint wird,

während ich alles Äußere tendenziell nicht bin.

Was so **weit von mir entfernt** ist,
mir so sehr äußerlich,
dass ich noch nie davon gehört habe,
beispielsweise die Bewegung von Planeten,
wird selten (und doch in der Astrologie) zur Bestimmung dessen,
was ich bin,
herangezogen.

Viele Menschen definieren sich selbst auch darüber,
was sie besitzen.
Der eigene **Besitz** ist dem Besitzer meist mindestens gedanklich,
oder auch wirklich, nah.
Wirklich nah ist das Haus, das man bewohnt,
gedanklich nah ist möglicherweise Geld, das man besitzt.
Besitz kommt dem Ich aber auch noch äußerlich zu,
es ist etwas, was man ‚hat‘,
nicht, was man ‚ist‘.

Dieses **Haben** drückt die Distanz aus,
die Sein nicht hat.
Haben drückt eine bloße Verbindung zwischen Zweierlei aus,
während Sein auf die Feststellung einer Einheit zielt.

Die **Annäherung** auf der Skala
verläuft nun über das genannte Äußerliche
über die **Kleidung**, das **Gesicht**, die **Haltung**, den Ausdruck des
Körpers
hinein in den Körper,
auf die andere Seite der Wahrnehmungsorgane,
wo **der Wahrnehmende** vermeint wird,
der die **Erinnerungen** ans eigene Leben **aus der ersten Perspektive**
sammelt.

Diese **Persona** und Maske
wird manchmal noch dem Charakter als äußerlich empfunden,
sodass ein alle **Erlebnisse** überdauerndes, ihnen gemeinsames
Wesen vermeint wird,
das der Charakter eines Menschen oder einer Person sei.

Der **Charakter** ist nun entweder das Allgemeine der Persona,
ihre subtilsten Züge
oder das Maß der **Prägung**
gemäß des in ihm waltenden **Verstandes** oder der **Vernunft**,
sodass von einem Menschen wiederum graduell skalierbar gesagt
werden kann,
er habe einen Charakter, oder nicht,
wobei Charakter dann eine positive Wertung ausdrückt.

Im Charakter
(oder wenn weniger durch Differenzen und Prägungen
und mehr als Identität gedacht würde,
dem Nachdenken und -forschen hier also ein Ende gesetzt würde:
die **Seele**),
der nach dem Fernen, dann Besitz, dann Körper, dann Person
die **nächstgrößere Innerlichkeit** ausdrückt,
den nächsten Schritt entlang der Zeigegeste
findet nun die **Auflösung dieser Zeigerichtung** statt.
Sie scheint hinsichtlich der Tiefe der Innerlichkeit an ein Ende gelangt
zu sein,
findet dort aber nicht einen End-Punkt,
sondern öffnet sich nun in eine **richtungslose Weite**,
die zunächst in Kongruenz mit dem Denken, mit Verstand selbst liegt,
sofern sie sich nicht an speziellen Konzepten festhält,
die zwischen feinem Charakter und grober Persona oszillieren.

Der Charakter
prägt sich durch wiederholte gelungene Gedankengänge
gemäß der Vernunft
anhand der Eigenbewegungen des Verstandes, des Denkens.
Verbleibt er in unhinterfragten Überzeugungen,
so identifiziert er sich mit Äußerlichkeiten,
seinem Besitz, seinem Körper, seiner Person,
was aufgrund der Endlichkeit dieser
und aufgrund des Unzutreffens der Identifikation
als schlechter (schlichter) Charakter gilt.
Ein guter, angemessener, bemessener Charakter hingegen
gerät mehr und mehr in Identität mit Vernunft selbst,
weil er nicht in diesen oder jenen speziellen unhinterfragten
Überzeugungen verharrt,
sondern diese wie Fels in der Brandung allmählich abtragen lässt,

sodass der Charakter immer allgemeiner wird,
bis er mit Vernunft selbst kongruiert.
Der gute Charakter ist vernünftig.

Auch hier besteht nun noch die **Gefahr
der Identifikation mit dem Denken, mit Gedanken**, mit dem
Verstand selbst,
die offenbar genau so falsch ist wie die Identifikation mit
äußerlicheren Objekten.
Jeglichem Gedanken gegenüber bin ich noch **Subjekt**,
Gedanken sind mir **Objekte
und so gerät die Selbstbefragung in einen Regress,
der nicht mehr in Zeigerichtung
der Verlängerung des Zeigefingers ins Innere des Körpers,
sondern in überhaupt keiner ausmachbaren einzigen Richtung
liegt,**
auch nicht in vielen Richtungen, auch nicht in keiner.
Der Begriff der Richtung kann hier schlichtweg nicht mehr verwendet
werden.

Es könnte sich nun noch als der Wahrnehmende vermeint werden,
der den Wahrnehmungen sowie dem Denken und dem eigenen Tun
als **Subjekt der Wahrnehmung** gegenübersteht,
aber die **richtungslose Richtung des stetigen Zurücktretens**
hat ihr Ende noch nicht gefunden
und es kann geahnt werden,
dass es keines gibt, jedenfalls keines, das sich nicht **entzieht**.

Ein gutes Wort anstelle des Wahrnehmenden
ist nun **Bewusstsein**.
**Der Begriff Bewusstsein kürzt die Notwendigkeit eines
Gegenübers aus sich heraus,**
sodass mit ihm im stetigen Zurücktreten beim Auf-mich-selbst-
zeigen erstmalig
**ein Begriff gefunden ist, mit dem es möglich ist zu sagen:
Ich bin Bewusstsein.**

**Ich bin nicht, was ich besitze,
ich bin nicht mein Körper,
nicht meine Person,
nicht mein Charakter,**

nicht der Wahrnehmende,
denn selbst der Wahrnehmende
ist eine Vorstellung, die als Gegenüber der Wahrnehmung gebildet
wurde.

Vom Bewusstsein könnte auch behauptet werden,
es stünde notwendig etwas anderem gegenüber,
das ihm bewusst ist,
also irgendwelche Phänomene,
die es als Objekte (der Wahrnehmung oder des Denkens) erlebt.

Bewusstsein ist aber
entgegen dem Konzept eines Wahrnehmenden,
der zusammen mit der Wahrnehmung erscheint,
immer auch bewusst über sich selbst.
Dies kann im Folgenden noch bezweifelt und bewiesen werden,
ist aber unmittelbar offenbar!

Dass ich ich selbst bin,
ist kein Gegenstand der Wahrnehmung,
sondern eine unmittelbare, distanzlose Gewissheit.
Bewusstsein ist auch dann da,
wenn keine Wahrnehmung oder kein Gedanke da ist,
und somit ist Bewusstsein ein guter Begriff für das Ich.

Da Bewusstsein also dasjenige ist,
das auch dann da ist,
wenn kein Gedanke da ist,
ist es kongruent mit dem Nichtdenken!

Und **da Gedanken nur Irrtümliches über das Ich formulieren**
können,
da sie das Ich zum Subjekt gegenüber ihnen als Objekten machen,
ist das Nichtdenken das Einzige,
das Bewusstsein nicht verschleiert!

Da also sowohl Bewusstsein als auch Nichtdenken dasjenige sind,
was unabhängig von Gedanken und Wahrnehmungen da ist
und was dann klar zum Vorschein tritt,
wenn Gedanken nicht da sind,
(obgleich es auch da ist,

wenn Gedanken da sind,
die Irrtümliches über es formulieren können),
ist der Begriff Nichtdenken aus der Sicht des Denkens
die Formulierung für das, was Bewusstsein ebenfalls bezeichnet.
Und da dies hier Denken ist,
ist ‚Nichtdenken' ein guter, angemessener, nachvollziehbarer
Begriff für ‚Bewusstsein'.

Das Nichtdenken ist also Bewusstsein!
Und da ich selbst Bewusstsein bin,
bin ich also das Nichtdenken!

Also bin ich es selbst,
es ist Bewusstsein,
worauf ‚Was ist die Frage?' hinweist!
Und ich bin es selbst,
was durch alle sich zu Unrecht behauptenden Gedanken,
die unhinterfragt Falsches (über mich und die Welt) behaupten,
verschleiert wurde.
Ich bin selbst das Allgemeine des Denkens
und das, worauf alle Gedanken hin ausgerichtet sind!

Und da ich mich selbst als diese Klarheit kenne,
in der alles erscheint und die alles erfasst,
bin ich es selbst,
was das Ungenügen der Gedanken bemerkt und sie vertreibt!
‚Was ist die Frage?' ist hierbei der einzige Gedanke,
den ich mit Wohlwollen auftreten sehe!

Wenn ich aber das Nichtdenken selbst bin,
dann bin ich auch dieser bedingungslos verfügbare Friede,
dieses Glück, dieses gute Gefühl,
nach dem alles Denken und Tun sucht!

Wenn ich aber selbst Glücklichkeit bin,
dann ist diese nicht nur jederzeit verfügbar,
als müsste ich erst auf sie zurückgreifen,
als müsste ich auf die Pausen zwischen den Gedanken,
auf das Abklingen von Gedanken,
auf das Sich-Klären des Himmels,

auf das Zum-Vorschein-treten des Hintergrunds des Denkens
warten,
sondern
dann ist Glück nicht nur verfügbar,
sondern ich bin es selbst!
Ich bin selbst Friede, Wohlgefühl und Glücklichkeit,
die zwischen allen Gedanken und im Hintergrund aller Gedanken
stets der Fall ist!

Heureka!
Deshalb weist ‚Was ist die Frage?‘ mit solcher Strenge
auf die Notwendigkeit hin, dass alle Gedanken verschwinden:
Da sie die Glücklichkeit überschatten,
die ich selbst bin!

Wenn ein Gedanke eine Antwort auf die Frage „**Was tun?**" formuliert
mit dem notwendig mitgedachten letzten Ziel,
dass die Einlösung des Tuns mich glücklich macht,
dann ist **ein jeder solcher aufs Tun bezogene Gedanke sinnlos,**
da ich schon glücklich bin,
da ich selbst Glücklichkeit und Friede bin,
weil ich Ruhe bin und in mir ruhe.
Da Glücklichkeit bedingungslos präsent ist
und höchstens durch das Denken spezieller Gedanken,
die Glücklichkeit vermeintlich bedingen oder Unglücklichkeit
behaupten können,
überschattet werden kann,
ist es ein Widerspruch in sich,
wenn Gedanken nach Glück suchen,
wenn Gedanken Bedingungen dafür formulieren,
was glücklich machen wird.

Dieser Widerspruch wurde offenbar,
wenn in der Suche nach Glück in Gedanken
nur unendliche Angst gefunden wurde!
Der Gedanke an unendliche Angst wiederum
wird immer unmöglicher und völlig undenkbar,
da ich mich selbst als reine Glücklichkeit
und somit auch als die Lösung aller Ängste finde!

Hinsichtlich der Suche nach Glück in Gedanken

oder in der Welt
kann eingewendet werden,
dass Dinge auch um ihrer selbst willen gewollt werden können.
Umso besser!
Dies oder jenes kann gewollt werden,
ich kann auch diese oder jene Ängste haben,
aber über alle Zeit hinweg,
bin ich selbst der Friede, die Ruhe, die mir Sicherheit
und jederzeit verfügbare Zuflucht gibt.

Insofern bin ich gleichzeitig sowohl verfügbar,
weil sich doch von spezielleren Gedanken und Vorhaben
abgewendet werden muss,
um bewusst über mein eigenes Wesen zu sein,
und doch muss ich nicht verfügt werden,
weil keine Gedanken und keine Erscheinungen da sein können,
ohne dass auch ich da bin.

Es ist nun aber eine, und vielleicht die einzige, allgemeinste
moralische Frage,
was daraus zu folgern ist,
dass Gedanken die Tatsache,
dass alles sehr gut ist,
nicht beeinflussen.
Denn dem Schein nach beeinflussen sie diese Tatsache ja sehr wohl.

Diese Einsicht darf nicht geringgeschätzt werden,
denn **einerseits können alle Gedanken im Nichtdenken**
erscheinen,
aber sie dürfen andererseits nicht fokussiert werden,
sodass sie gar nicht erst zu eigenen Gedanken werden,
sondern stets in der Allgemeinheit des Nichtdenkens,
die das Gegenteil von Fokus ist, gelöst verbleiben.
Dein Wille geschehe,
nicht mein Wille geschehe,
denn meiner ist beschränkt
und geprägt durch unzulässige, falsch machende Vergrobung!
Da kein Gedanke weiß,
in welcher Reihe von Gedanken er erscheint,
führt jeder Fokus auf jeden scheinbar noch so harmlosen Gedanken
notwendig in Irrtum,

das ist der Sündenfall!,
und birgt die Möglichkeit zu großem Leid,
wie sie in der irrtümlichen Annahme unendlicher Angst beispielhaft
vorgeführt wurde!
Dies war die Vorstellung reinen Leids,
die die Instabilität des Denkens durch Gedanken
als Übergangszustand hin zur Selbstverwirklichung des Denkens im
Nichtdenken vorgeführt hat.

Nun bleibt dennoch die Frage
nach der Qualität des Glücks,
das im Bewusstsein meiner selbst,
im Nichtdenken besteht,
im Vergleich mit dem Spaß, der Lust, der Freude, dem guten Gefühl,
das in Gedanken liegen mag.

Dies ist zwar offenbar ein Spiel mit dem Feuer,
aber es liegt auf dem Weg dieses Gedankengangs,
dessen Gedanken das Nichtdenken umkreisen,
sodass das Nichtdenken noch bestehende irrtümliche Annahmen
hinterfragt, beendet und in sich eingehen lässt.
Es wurde noch nicht geklärt,
welches Verhältnis zwischen gutem Gefühl durch Gedanken
und dem guten Gefühl des Friedens des Nichtdenkens besteht.
Hier wurde bereits der Verdacht geäußert,
dass das gute Gefühl des Nichtdenkens
im Vergleich zu guten Gefühlen, die Gedanken versprechen,
langweilig und also eine geringere Glücklichkeit sein könnte.

Könnte ein gestattetes Abenteuer darin liegen,
sich auf Grundlage der in mir selbst liegenden Glücklichkeit,
die mir Sicherheit gibt, weil ich sie nur scheinbar verlieren kann,
zum Preis scheinbarer Unglücklichkeit,
die ausschließlich in Gedanken liegt,
spielerisch selbst zu verlieren,
um ein Versteckspiel
und das Auf und Ab
von Lust und Leid,
Hoffnung und Verzweiflung,
eine Achterbahnfahrt der Gefühle
zu erleben?

Die Prüfung dieser Frage
erfordert die Untersuchung des Zusammenhangs
zwischen Nichtdenken, mir selbst,
Wahrnehmung, Fühlen, Denken, Tun
und dem Sein selbst,
was ohnehin zuvor schon als verbleibendes Programm dieses
Gedankengangs formuliert wurde.

Wie ist die Intensität, die Güte des Glücks,
das ich selbst bin,
im Abgleich mit dem Glück der Welt,
das in diesen oder jenen (wahrnehmbaren und tatkräftig
verfolgbaren) Dingen liegen mag,
zu bewerten?

Diese Frage ist zweifach:
Sie ist erstens: **Welche der beiden Glücklichkeiten ist größer?**
Die der Welt, die der Gedanken?
Oder die des Selbst, des Nichtdenkens, des Bewusstseins?

Klar ist: Die Glücklichkeit des Nichtdenkens ist rein und
ausschließlich,
sie wechselt sich mit keiner Unglücklichkeit ab.
Sollte sie aber langweilig sein, von geringerer Qualität als die
Glücklichkeit der Welt, der Gedanken, dann ist der Preis des Leids,
der in der Welt der Gedanken zu zahlen ist, möglicherweise
gerechtfertigt.

Und die Frage ist zweitens: **Bedeutet das Erleben des Glücks im**
Frieden, der ich selbst bin, einen Rückzug aus der Welt, sodass
ihr Sein dadurch übersehen wird und es sich um eine blinde
Glücklichkeit handelt
gleich der durch eine Droge induzierten Glücklichkeit,
die einem Virus gleich
den eigenen Körper als Wirt nutzt und zerstört
und letztlich doch mehr Leid als Freude schafft?

Eine Glücklichkeit wie die des Nichtdenkens,
die unabhängig ist von allen Bedingungen
und also auch unabhängig von der Welt,

steht im Verdacht, diese zu übersehen.
Und eine Glücklichkeit, die sich nur in der Ruhe des Bewusstseins
selbst begründet,
im Bewusstsein über Bewusstsein selbst,
steht im Verdacht, wirklich unbewusst zu sein,
oder zumindest schläfrig oder nur halb wach,
da nicht klar ist,
ob Bewusstsein über sich selbst
eine leere Leere ist, der die Klarheit in der Abgrenzung zur Welt
durch Gedanken und Wahrnehmungen fehlt.

Eine blinde Glücklichkeit wäre nicht attraktiv!
So hoch ist der Wert des Bewusstseins und der Wahrheit,
dass eine angemessene, bewusste Unglücklichkeit
einer unbewussten oder geringer bewussten Glücklichkeit
vorzuziehen wäre!
so groß ist der Wert des Bewusstseins, der Wahrheit und der Welt,
dass er selbst das Gefühl, das Wertungserleben selbst noch
übersteigt!

Bedeutet die Abwendung von Gedanken also
eine Blindheit gegenüber der Welt
oder ist das Nichtdenken dennoch bewusst über die Welt?

Die Antwort auf diese Frage ist offenbar:
**Aus welcher Welt könnte das Nichtdenken den Rückzug
bedeuten?**
Nur aus einer falschen,
**da das Nichtdenken den Irrtum, der in jedem Gedanken liegt, aus
jeder Welt herauskürzt!**

**Nichtdenken geht mit uneingeschränkter Wahrnehmung einher,
sodass die Welt nie angemessener abgebildet wird
als ohne Gedanken, im Nichtdenken.**
Und so wie das Allgemeine des Denkens, das Nichtdenken
alles Speziellere enthält und in sich erscheinen lässt,
ist im Bewusstsein, das sich selbst zum allgemeinsten Gegenstand
hat,
im Bewusstsein über sich selbst
das Bewusstsein über alles andere aufgehoben und enthalten!

In der Ruhe in der Glücklichkeit,
die ich selbst bin,
liegt also keine Blindheit gegenüber der Welt.
Es gibt diese angemessene Unglücklichkeit nicht,
die einer blinden Glücklichkeit vorzuziehen wäre.
Es ist ein nicht zu Ende geführtes Denken,
also ein Denken noch mit (nur ziemlich allgemeinen) Gedanken,
**das sich sowohl als bewusster als auch als unglücklicher
vermeint.**
Bewusstheit geht mit Glücklichkeit einher!

Dennoch ist es erstaunlich.
Wie kann es sein,
dass Bewusstsein,
das sich von der Welt abwendet,
diese besser sieht,
als wenn es sich der Welt zuwendet?

Einerseits ist offenbar,
dass die Zuwendung zur Welt gedanklich ist,
sodass sie die Welt beschränkt und fragmentiert,
während Bewusstsein, die Abwendung von der Welt
den uneingeschränkten und unbeeinflussten, reinen Überblick hat.

Andererseits besteht hier dennoch die Frage
nach dem Wesen des Bewusstseins selbst.
Wie kann Bewusstsein über sich selbst bewusst sein,
wenn es sich selbst doch nicht Objekt sein kann,
**weil es sich sonst selbst als etwas Zweites gegenüberstehen
würde?**

Treten wir einen Schritt zurück und nehmen an,
es wäre nicht offenbar,
dass mir im Nichtdenken,
also dann, wenn Gedanken nicht Gegenteiliges behaupten,
meine eigene Präsenz bewusst ist
und fragen:

Ist Bewusstsein wirklich über sich selbst bewusst?
Oder sind es Gedanken, die sich zwischen Bewusstsein und sich
selbst schieben,

ist es der Gedanke „Bewusstsein",
der sich in einer subtilen Vorstellung von mir selbst als
Bewusstsein,
die, ohne dass ich es merke, mein eigenes Wesen immer noch
verfehlt,
zum Gegenstand der Vorstellung macht?
Gibt es überhaupt Bewusstsein über Bewusstsein?
oder ist Bewusstsein doch
wie ein Wahrnehmender, der nur zusammen mit Wahrnehmung
erscheint,
unbewusst, wenn nichts da ist,
worüber es bewusst sein kann?

Zur Beantwortung dieser Frage muss nach dem Zusammenhang
zwischen Bewusstsein und allem, was darin erscheinen kann, gefragt
werden.
Wie ist Bewusstsein überhaupt,
wie muss Bewusstsein sein,
dass es über Dinge bewusst sein kann?

Es muss einerseits die Eigenschaften aller möglichen Dinge
gleichsam in sich enthalten,
zumindest die Gesamtheit aller möglichen Arten und Weisen,
wie etwas erscheinen kann,
und andererseits darf nichts davon in ihm jemals bleiben oder
sonstwie ersichtlich sein,
sondern es muss leer und klar sein
wie ein Bildschirm,
der keine Flecken enthalten kann,
da er sonst an der Stelle des Flecks den Teil des Films nicht mehr
zeigen könnte,
der auf ihm erscheinen soll.
Es muss also **völlig leer** sein **und dabei das Potenzial zu beliebiger**
Fülle enthalten,
die die Leere aber selbst bei ihrer eigenen Anwesenheit nicht wirklich
füllt,
sondern eben nur erscheint.

Da Bewusstsein das Erscheinen und Vergehen
beliebiger Gedanken und Wahrnehmungen zulassen muss,
und dabei die Bedingung der Möglichkeit jeglicher Erscheinung ist,

muss es einem Auge gleichen,
das an alle möglichen Stellen gleichzeitig
und völlig genau sieht
(sowie fühlt, hört, denkt, riecht, schmeckt usw).

Dafür müsste sich der **Fokus** aber
mit unendlicher Geschwindigkeit bewegen,
sodass die Geschwindigkeit so hoch ist,
dass das Auge in jedem Moment **an jede Stelle gleichzeitig** blickt,
die Stelle des Fokus unbestimmbar wird
und Fokus und Geschwindigkeit sich auflösen.

Da wir hier gerade versuchen,
mit Worten, die im Bewusstsein erscheinen,
das zu beschreiben, worin selbst diese Gedanken
und alles, wofür wir uns halten,
und dieses Buch
erscheinen,
und **da diese Beschreibung immer eine fokussierende** ist,
weil sie gedanklich ist
und nur ein Gedanke zu einer Zeit möglich ist
und das gedankliche Auge somit versucht,
den ihm überlegenen unräumlichen Raum des Bewusstsein zu
definieren,
ist der Parameter der Unendlichkeit das einzige Hilfsmittel,
das hinreicht,
um gemäß den uns zur Verfügung stehenden Mitteln
eine Beschreibung möglich zu machen.

Wenn Bewusstsein Fokus ist,
ein der Wahrnehmung entlehnter Begriff,
wenn es **ein Sehen aufs Sehen ist,**
ein Fühlen des Gefühls,
das Denken der Gedanken,
aufs Hören hören,
Geschmack schmecken,
noch das Sein sein,
eine inneliegende Dopplung,
die sich subtil zwischen alles legt,
sodass es nicht mehr doppelt ist,
dann muss all diese Wiedergabe von allem Sein im Bewusstsein

potenziell beliebig genau sein,
völlig fein,
unendlich subtil.

Die Bewegung eines Fokus müsste von unendlicher Geschwindigkeit
sein,
um überall gleichzeitig zu sein,
denn überall kann etwas erscheinen,
Bewusstsein hat keine (Blick-)Richtung.
Ebenso gibt es keine Pixel,
keine Atome im Bewusstsein,
keine kleinste bewusste Einheit,
sodass Bewusstsein zwischen jeden beliebigen phänomenalen
Einheiten,
und seien sie auch noch so klein,
noch eine Unendlichkeit an weiterer Differenzierung im Zwischen
zuließe.
Bewusstsein gleicht hierin den **Reellen Zahlen,**
die zwischen 0 und 1 beliebig viele Abstufungen zulassen,
ganz egal, wie tief der Zoom ist.

Ebenso hat Bewusstsein **keine Grenzen zu irgendeinem Außen,**
wo es dann aufhören würde,
sodass man wüsste, wozu es sich abgrenzte.
Ein solche Grenze wäre wiederum gedanklich
und damit ein Objekt im Bewusstsein
und nicht Bewusstsein selbst.

Die unendliche Geschwindigkeit (die Gleichzeitigkeit überall),
Genauigkeit (das Überall zwischen) und Weite (die
Grenzenlosigkeit) von Bewusstsein
ist aber reine Präsenz.

Und da sich die Vorstellung der Unendlichkeit,
die hier in mindestens diesen drei genannten Dimensionen
vorliegt,
entzieht,
ist Bewusstsein wesentlich dadurch definiert,
dass es sich entzieht,
denn was sich nicht entzieht,
sind diese oder jene Objekte im Bewusstsein.

Was sich aber entzieht,
enthält und zeigt diese oder jene Objekte vorübergehend,
bevor sie sich in dem,
was **Auflösung und Entzug** ist,
nämlich Bewusstsein,
wieder auflösen.

Dies ist eine mögliche Antwort auf die Frage
„Was ist Bewusstsein?".

Um zu beweisen,
dass Bewusstsein auch bewusst über sich selbst ist,
muss nun auch die andere Seite dieser Zuschreibung
„Ich bin bewusst über etwas",
nämlich das „etwas"
betrachtet werden.

**Gibt es Gegenstände, Phänomene, Arten und Weisen der
Wahrnehmung,
die weniger geeignet sind, im Bewusstsein zu erscheinen,
oder die überhaupt nicht wahrgenommen werden,
sodass diese Dinge wesentlich unbewusst wären?**

**Wie aber könnte dem Bewusstsein irgendetwas entgehen?
Es ist ja gerade sein Wesen, so zu sein, dass es alles erfasst,
nämlich unendlich fein, subtil, genau, schnell, weit usw.**

Kann es etwas geben, das dem Bewusstsein wesentlich entgeht?

**Etwas dem Bewusstsein Gegenteiliges
wäre grob und unveränderlich,
ein Fleck auf dem Bildschirm des Bewusstseins,
der ihn partiell verdunkelt,
ein blinder Fleck,
der Balken im Auge.**

Im Vergleich mit den Zahlenräumen
wäre es das Schauen mit der Maske der **Ganzen Zahlen**,
die den Zwischenraum zwischen den Ganzen Zahlen,
zum Beispiel den Zwischenraum zwischen 0 und 1
völlig ignoriert und also übersieht.

Welche Entsprechung gibt es im Erleben,
dass etwas erlebt wird,
dabei aber auf eine dem Bewusstsein entgegenstehende Weise
erscheint
(also sehr wohl erscheint, nicht einfach abwesend ist),
und somit nicht bewusst wird?

Wenn ein körperloses Bewusstsein vorgestellt wird,
dem keine Gedanken erscheinen und
dem keine andere Wahrnehmungsinformation gegeben wird
außer einer einzigen Farbwahrnehmung,
zum Beispiel die der Farbe Grün,
dann könnte diese
immer gleiche
unveränderliche
und in sich nicht differenzierte
und zu nichts abgegrenzte
Farbwahrnehmung „Grün"
Minuten, Stunden, Tage, Wochen, Monate, Jahre, Jahrzehnte,
Jahrhunderte
andauern
und wenn sie aufhörte,
dann könnte das Bewusstsein nicht sagen,
wie lange sie gedauert hat,
welchen zeitlichen oder räumlichen Umfang sie hatte,
da ihm keine Vergleichswerte, überhaupt kein Koordinatensystem
vorläge,
an dem bemessen die Dauer oder ein sonstiger Umfang bestimmt
werden könnte.

Für einen außenstehenden Beobachter
wäre die Zeit aber vergangen.
Er kann die Dauer der Farbwahrnehmung Grün bestimmen,
da er sie mit anderen Zeit- und Erlebens-Werten abgleichen,
sie messen kann.

Dem Bewusstsein,
das beliebig lange nur die Farbe Grün erlebt,
entgeht also die Information ihrer zeitlichen Dauer,
obwohl es sie gibt.

**Dieses isolierte Bewusstsein
könnte Millionen und Abermillionen von Jahren die Farbe Grün
erleben
und es wäre dieselbe Erfahrung wie das Erleben der Farbe Grün
für nur eine einzige Sekunde.**

Eine solche
in sich nicht differenzierte,
somit grobe, gleichsam glatte, flächige Wahrnehmung
ist **digital** zu nennen,
so wie eine digitale Anzeige
Zahlzwischenräume
analog zu den Ganzen Zahlen im Verhältnis zu den Reellen ignoriert.

Aber gibt es solche digitalen Wahrnehmungen in der Welt überhaupt,
oder hat das Gedankenexperiment
beliebig lang ausschließlich erlebten undifferenzierten Grüns
im Wahrnehmen keine Entsprechung?

**Abgesehen vom Tiefschlaf sind
die Gesamtheit des Bewusstseins einnehmende
digitale, undifferenzierte Wahrnehmungsflächen
im Erleben selten.**

**Aber
das gesamte Reich der Gedanken
ist nichts anderes als eine unendliche Menge
möglicher Vergrobungen,
die für jede beliebige noch so differenzierte und reichhaltige
Wahrnehmungserscheinung
eine Digitalisierung,
eine Einkästelung, Beschränkung, Formhypothese,
eine zu kurz greifende Interpretation,
eine verknappende Deutung,
eine unzulängliche Benennung
anbieten!**

Jeder Gedanke behauptet
durch die endlich genaue, also grobe
Form, durch die er fasst
und mit der er eingrenzt,

zu erfassen,
was er einfasst.

Und jeder Gedanke behauptet sich,
ohne sich selbst zu hinterfragen.

Tatsächlich verfehlt aber jeder Gedanke
in dreifacher Dimension
das, was er behauptet, zu erfassen
um den Faktor Unendlich:

Er vergisst erstens alles,
wozu er sich abgrenzt,
indem er in der Welt einen Fokus setzt,
von dem er nicht weiß,
ob er ihn zurecht setzt.

Er fasst zweitens zwar
durch seine relative Allgemeinheit
dasjenige, was er denkt,
in dem Sinn, dass er es eingrenzt,
er erfasst es aber nicht,
sondern er vergrobt, verkürzt es,
indem er die beliebige Differenzierung
in die Tiefe, ins Zwischen, der Details
nicht zulässt.

Drittens ist die Linie,
die er in der Welt zieht,
mit der er den von ihm gedachten Gegenstand umgrenzt
und daran scheitert ihn zu zeichnen,
nie genau genug, da die Welt beliebig fein ist
(da es keine phänomenalen Atome gibt),
Gedanken aber jederzeit grob sind,
da sie aus anderen atomaren Gedanken und Worten bestehen,
die sich jeweils scharf zueinander abgrenzen.

Also verfehlt jeder Gedanke die Welt
außerhalb von sich
innerhalb von sich
und durch sich selbst.

Deshalb also stellt sich ‚Was ist die Frage?'
gegen alle Gedanken
und fordert das Ende des Denkens mit Gedanken!

Zu Beginn dieses Gedankengangs
wurde das dadurch begründet,
dass **kein Gedanke** (bis auf ‚Was ist die Frage?') **weiß,**
mit welchem Recht er sich behauptet,
und dadurch,
dass **kein Gedanke völlig allgemein** ist,
sondern jeder Gedanke relativ speziell,
sodass jeder Gedanke das Wesen des Denkens verfehlt,
während das Nichtdenken es erfüllt.
Und das dreifache und jeweils unendliche Verfehlen,
das zu erfassen, was jeder Gedanke behauptet zu erfassen,
vervollständigt die unendliche Anmaßung und Perversion,
die durchs Denken mit Gedanken geschieht.

Das Nichtdenken hingegen grenzt nicht ein
und schränkt die Tiefe der in der Wahrnehmung erscheinenden
Differenzierung nicht ein,
weil Einschränkung in jeder Dimension wesentlich digital,
gedanklich geschieht.

Also sind Gedanken in gewisser Weise das Gegenteil von
Bewusstsein,
obwohl sie ausschließlich im Bewusstsein erscheinen.
Sie widersprechen also selbst dem,
was ihnen Leben gibt.
Gedanken sind ebenso das Gegenteil von Denken,
da sie dem Wesen des Denkens entgegenstehen!

Dem von Gedanken abgewandten Denken, dem Nichtdenken
fehlt also auch nichts.
Bewusstsein, das nur auf sich selbst schaut,
ist alles andere als blind,
ihm fehlt nur die Blindheit der Gedanken,
also fehlt nichts,
im Gegenteil fehlt im Denken mit Gedanken alles!
Also ist auch die Glücklichkeit des Selbst vollständig

und sie ist jederzeit auch eine Glücklichkeit mit der Welt,
die die Welt nicht übersieht,
und das vermeintliche Glück in der Welt
verfehlt die Welt jederzeit, weil es wesentlich gedanklich ist
und es verfehlt auch das Bewusstsein,
indem es es hypnotisiert und verdunkelt!

Was auch immer durch Gedanken gedacht wird,
das Denken jedes Gedankens
erzeugt Unbewusstsein,
eine unendliche Vergrobung und Verschleierung,
über das vermeintlich Gedachte und
über alles, wozu es sich abgrenzt.

Das Denken mit Gedanken
verfehlt in jeder möglichen Hinsicht,
das, was es vorgibt zu tun
und schafft sogar sein Gegenteil!
Es gibt also überhaupt kein Denken mit Gedanken.
Denken ist das Gegenteil von Gedanken.
Einzig Nichtdenken ist Denken!

Bewusstsein aber,
worin Gedanken erscheinen,
ist durch sie nur scheinbar beeinträchtigt
(Und Schein ist, wenn einem Gedanken Glauben geschenkt wird),
so wie das Nichtdenken stets den Hintergrund aller Gedanken bildet.
Nur Gedanken können Falsches behaupten.
Falsches kommt nur durch Gedanken in die Welt.
So ist es auch nur eine Behauptung, ein Gedanke,
dass Bewusstsein vermindert werden könnte.
Und das Denken dieses Gedankens
erfüllt seinem Wesen nach das,
was er behauptet: Blindheit, Dummheit, Verdunkelung.

Denn **Nichtdenken, Bewusstsein,**
die Erfüllung des Denkens,
das Gegenteil zur Verfehlung des Denkens durch Gedanken,
das Gegenteil von Gedanken,
die Bewusstsein verschleiern und verdunkeln,
da sie digital sind und vergroben,

muss im Gegensatz dazu also
selbst sein eigener klarster und reinster Gegenstand sein!

Jeder Gedanke behauptet aber nicht nur,
was er explizit speziell selbst behauptet,
sondern **jeder Gedanke behauptet implizit
eine Vielzahl allgemeiner ungeprüfter und falscher Annahmen
gleich mit,**
z.B. dass alles in dieser begrenzten Weise fassbar sei,
dass die Welt in Subjekt und Objekte zu trennen sei
und dass die Blickrichtung nur eine in Richtung der Objekte sei,
**dass das Subjekt deshalb gänzlich außerhalb des Bewusstseins
liege,**
in einer dunklen, unsichtbaren angenommenen Mitte,
in einem Körper, einer Person, einem Wahrnehmenden,
dass Bewusstsein also nicht bewusst über sich selbst sei.
Das Gegenteil ist der Fall.

Die beliebig feine, bis ins subtilste Zwischen differenzierte Art und
Weise des Schauens,
Bewusstsein selbst,
ist nicht nur als Schauendes,
sondern auch als Beschautes
das Gegenteil von Gedanken:
Das beliebig differenzierte Schauen
ist selbst auch das differenzierteste Objekt
(obgleich nicht gegenüber einem Subjekt und in gar keinem
Gegenüber)
und damit **das ewig unerschöpfliche Objekt,**
weil es sich als solches ewig entzieht.
Bewusstsein ist sich selbst
der größte Gegenstand!

So wie das Nichtdenken das Allgemeine des Denkens ist,
selbst aber kein Gedanke,
ist Bewusstsein das Allgemeine des Wahrnehmens,
selbst aber keine Wahrnehmung,
**und so wie durchs allgemeinere Nichtdenken alle spezielleren
möglichen Gedanken mitgedacht und mit erfasst sind,**
enthält Bewusstsein über sich selbst
alle beliebigen Bewusstseinsinhalte,

sodass die Antwort auf die Frage
„Ist Bewusstsein auch bewusst über sich selbst?"
nicht nur
„Bewusstsein ist immer auch bewusst über sich selbst"
ist, sondern
**„Bewusstsein ist jederzeit ausschließlich bewusst über sich
selbst!**

**Bewusstsein über jedes andere beliebige Objekt
ist gedanklich und somit eine Verminderung des eigentlichen
Bewusstseins**
und anteilhaft in reinem Bewusstsein enthalten,
das einzig bewusst über sich selbst ist!"

Dies ist auch nicht verwunderlich,
da Bewusstsein ja jederzeit da sein muss,
während es über irgendetwas anderes bewusst ist,
und da es das Wesen von Bewusstsein ist,
bewusst zu sein und
jede Wahrnehmung zuzulassen,
es sei denn, sie wird gedanklich eingeschränkt.

Bewusstsein ist sich selbst
der bewussteste Gegenstand!

**Denn völlige Bewegtheit und beliebige Feinheit, Sich-Entziehen,
die Unendlichkeit zwischen allem, das Gegenteil von Digitalität,
ist sowohl Bedingung der Möglichkeit von Bewusstsein
als auch Kriterium dafür, überhaupt einen
Wahrnehmungsgegenstand, einen Bewusstseinsinhalt zu bilden.**

Was selbst die Form von Bewusstsein hat,
welche die Abwesenheit und Integration jeglicher Formen ist,
ist reinem Bewusstsein,
das nicht auswählt
und selbst unsichtbar ist,
der liebste Gegenstand.

**Was sich selbst entzieht
(was das Wesen von Bewusstsein ist,
da alles, was sich nicht entzieht,**

Gegenstand, Objekt im Bewusstsein ist),
ist sich selbst der ewig interessante Gegenstand.
Also ist Bewusstsein sich selbst der einzig ewig interessante
Gegenstand,
in dem alles, was erscheint, an diesem Interesse nur teilhat,
sofern und indem es sich entzieht,
indem es also lebendig ist, sich differenziert
und letztlich wieder verschwindet,
in den Hintergrund des Bewusstseins wieder eingeht.

Und also
(Das war hier die Frage!)
ist die Glücklichkeit,
die ich selbst als Ruhe und Friede des Nichtdenkens bin,
keine unbewusste schläfrige Glücklichkeit,
sondern es ist die wachste Glücklichkeit, die es überhaupt gibt!

Es mag jemand immer noch die Freude,
die ein gedanklich gefasster Gegenstand
in Abwechslung mit dem Leid seiner Abwesenheit verspricht,
vorziehen,
aber **jede gedanklich fassbare Glücklichkeit**
geht einher mit meinem eigenen scheinbaren Verschwinden,
kann als Wille zwar verfolgt werden,
einen Schaden nimmt das Bewusstsein dadurch nicht,
aber der Schaden liegt im erlebten und in die Welt gebrachten Leid,
das in der Begrenzung und Verfehlung der Welt durch den Gedanken
liegt
und im verpassten allgegenwärtigen Glück,
das in mir selbst liegt.

Gedanklich vermeintes Glück
erlebe ich also gar nicht wirklich vollumfänglich,
sondern es ist eine Vorstellung von Glück,
die eng an Leid gebunden,
die Wahrheit meiner eigentlichen, wesenhaften Glücklichkeit,
die ich selbst bin,
zusammen mit der Bewusstheit,
die ich selbst bin,
verbirgt.

Da Gedanken Probleme formulieren
und ihre Lösung, ihre Einlösung nicht gedanklich ist,
ist es nicht wahrscheinlicher,
dass das negative Gefühl, das das Problem begleitet,
die Falschheit des Denkens mit Gedanken anzeigt
und den damit einhergehenden Irrtum bedauert
und **dass die Freude der vermeintlichen Erfüllung eines
Gedankens darin besteht,**
dass dieser Gedanke sich wieder auflöst
und der glückliche Hintergrund des Nichtdenkens wieder zum
Vorschein kommen darf,
sodass Denken mit Gedanken nur Abwesenheit
und jede gedanklich vermeinte Freude
**eigentlich nur die Freude des ungedanklichen Bewusstseins
selbst ist,**
sodass es also auch nicht viele verschiedene Freuden gibt,
nicht mehr als ein gutes Gefühl,
sondern nur die Glücklichkeit des Selbst selbst,
an der alles Anteil hat,
sofern es den Blick nicht abwendet?

Die Glücklichkeit,
die ich selbst als Ruhe und Friede des Nichtdenkens bin,
ist die einzige Glücklichkeit, die es überhaupt gibt!

Wenn Gedanken scheinbares Unbewusstsein bedeuten
und jede gedanklich vermeinte Glücklichkeit
stets die einzige Glücklichkeit des Nichtdenkens ist,
dann gibt es die Frage nach den unterschiedlichen Qualitäten
des vermeintlichen Glücks der Welt
und des Glücks des Nichtdenkens
nicht,
und es stellt sich auch nicht die Frage,
ob die Glücklichkeit des Nichtdenkens
langweilig ist,
da das Nichtdenken gar nicht weniger ist
als das Denken mit Gedanken,
**sondern das Denken mit Gedanken ist weniger als das
Nichtdenken,**
es ist die Verringerung der Welt
und im Nichtdenken ist die ganze Welt

und alles Erleben jeglicher Freude
enthalten und gelöst!

Ich bin es, das Nichtdenken,
das wert ist, fokussiert zu werden,
wenn ich nicht das Gegenteil von Fokus wäre!

Die hier geschehende Klärung von Zweifeln,
Beseitigung von Irrtümern,
Befragung unhinterfragter allgemeiner falscher Annahmen
ist es aber,
die den Hintergrund des Denkens, das Nichtdenken
vom Lärm der vielen speziellen irrtümlichen Gedanken freiräumt.

Hierbei ist dieser Gedankengang nach der Entdeckung,
dass unendliche Angst unmöglich ist,
weil ich selbst als Bewusstsein Nichtdenken
und reine Glücklichkeit bin,
dahin abgeschweift,
die Qualität dieser Glücklichkeit
mit der Qualität der vermeintlichen Glücklichkeit der Welt und der
Gedanken abzugleichen.

Die Gedanken, die die Frage
„Wer bin ich?",
„Was ist eigentlich ‚Ich'?" umkreisen,
haben aber mit der Feststellung,
dass ich Bewusstsein bin,
welches auch Nichtdenken genannt werden kann,
möglicherweise noch kein Ende gefunden,
denn im Verlauf der Beantwortung der Frage,
ob Bewusstsein bewusst ist über sich selbst,
kam die Ahnung auf,
dass das Auffinden von mir selbst als Bewusstsein
wiederum ein subtiler, unmerklicher Gedanke sein könnte,
der Gedanke an „Bewusstsein",
welches sich heimlich,
auf welche unsichtbare und sich den Sinnen entziehende Weise
auch immer,
doch noch vorgestellt wird.

Wie kann ich verhindern,
dass auf die Frage
„Wer bin ich?"
nicht doch noch Gedanken erscheinen
statt Stille, die nicht erscheint,
nicht doch noch der Gedanke ans Nichtdenken erscheint,
statt Nichtdenken, das nicht erscheint?

Mit der Entdeckung des Begriffs ‚Bewusstsein' als das,
was ich bin,
wurde die Identität zwischen Nichtdenken und mir offenbar,
nachdem Besitz, Körper und Person
als mir zugehörige, aber gegenüberstehende,
im Bewusstsein erscheinende
gedankliche Objekte erkannt wurden.

Es hätte auch direkt gefragt werden können:
Sieh hin,
überprüfe und bestätige:
Was ist es,
was noch da ist,
wenn kein Gedanke da ist?:
Du bist es selbst!
Ich bin es selbst!
Ich bin dieses Nichtdenken selbst,
ich bin die Leere des Denkens selbst!

Hier wurde aber unser Zurücktreten
in Richtung der Verlängerung des Fingers,
der auf mich selbst zurückzeigt
und sich in der Mitte irgendeines Wahrnehmenden
oder Bewusstseins
in richtungslose Weite aufsprengt,
unterbrochen.

Denn liegt nun die Erkenntnis,
die Realisierung dieses Nichtdenkens,
das hier noch immer durch Gedanken umkreist wird,
in der Entdeckung dieses Begriffs des Bewusstseins,
mit dem ich mich nun in der Identität benenne als
„Ich bin Bewusstsein"?

Welcher Wert liegt darin?
**Ist nicht „Bewusstsein" ebenso ein Wort
und somit nur ein Gedanke
wie auch das Wort „Ich",
sodass beide nicht nur nicht das sind,
was ich bin,
sondern als Gedanken,
in gedankliche Form gefasst
müssen sie sogar notwendig das verfehlen,
worauf sie hinweisen,
weil sie als Gedanken das Gegenteil dessen sind,
worauf sie hinweisen?**

Man könnte sagen,
immerhin weisen sie aber darauf hin,
sind immerhin ziemlich allgemein
und liegen damit in der richtigen Richtung,
Richtung Allgemeinheit,
die die vielen speziellen Gedanken in sich integriert
und letztlich ins Allgemeinste,
das Nichtdenken,
das Gegenteil vom Denken mit Gedanken mündet.

Aber ebenso wie „Nichtdenken" ein Gedanke ist
und also das Nichtdenken wesentlich diametral verfehlt,
so sind auch „ich" und „Bewusstsein" Gedanken,
die nicht nur irgendwie verfehlen,
worauf sie hinweisen,
sondern sogar das Gegenteil,
Verschleierung dessen bewirken,
was sie zu bezeichnen versuchen.

**Selbst kurz vor einem möglichen Ende
des Denkens mit Gedanken
ist das Denken scheinbar also noch weitestmöglich davon
entfernt,
was wirklich jederzeit distanzlos nah ist.**

„Ich" erscheint als Wort oder Gedanke und taucht wieder ab,
es ist im Sprechen wiederholend, aber nicht permanent.

Ich kann an mich selbst denken,
bin aber doch unabhängig davon,
ob ich selbst an mich denke,
da.
Also erschafft die Möglichkeit, an mich selbst zu denken,
doch eher die Möglichkeit der angenommenen Abwesenheit meiner
selbst,
wenn ich nicht an mich denke, oder andere Gedanken denke.

So ist es mit allem Gedanklichen.
Es grenzt sich ab zu Verneinungen und Gegenteilen,
behauptet permanente Gültigkeit,
erscheint aber höchstens mit gewisser Frequenz,
geschieht in Wiederholung.
Das Nichtdenken hingegen zeigt wahrhaftig
das Sein im ewigen Wandel.

Die Aufgabe des Lesers ist es also,
zu prüfen, ob auch die Gedanken dieses Buchs
dergestalt im Wandel bleiben,
dass offenbar wird, dass sie eigentlich vorüberziehen wollen,
dass das Denken leer werden kann,
und dass sie nur erscheinen müssen,
solange sie bestehende unhinterfragte Irrtümer klären müssen,
sodass ein Gedanke durch den anderen beendet wird.

Gerät nicht aber letztlich in Worten, in Gedanken jeder Versuch,
Nichtdenken, Bewusstsein, mich selbst zu fassen,
notwendig in Regresse
und **es muss schlichtweg geschwiegen werden,**
um Bewusstsein, Nichtdenken, mir selbst gerecht zu werden?

So ist es.
Ebenso wie es keine Antwort,
nur Stille als einzige Antwort auf die Frage ‚Was ist die Frage?‘
gibt,
so ist auch nur Stille,
die Abwesenheit von Gedanken,
die einzig aufrichtige Weise
der Benennung
und auch des Denkens des Nichtdenkens.

Wahres Denken,
was wirklich Denken ist, muss leerbleiben.

So zeigt sich also
der Entzug,
das Sich-Entziehen
in der Unendlichkeit der Auflösung in subtile Feinheit zwischen
allem,
die unfassbare maximale Bewegtheit des ins richtungslose All
aufgelösten Fokus.

In der Suche nach mir selbst
führt sich vor,
was übers Bewusstsein nun gesagt wurde.

Das Nichtdenken entzieht sich den Gedanken.
Ich bin nicht einmal Nichtdenken,
weil Nichtdenken ein Gedanke ist,
sodass ich Nichtdenken denke,
wenn das Wort erklingt,
indem ich es mir zum Beispiel als Abwesenheit von Gedanken
vorstelle.

„Bewusstsein" ist auch nur ein Gedanke,
den ich mir möglicherweise als leeren Raum vorstelle,
aber Bewusstsein ist nicht Raum,
es ist nichtmal leer,
denn es müsste irgendetwas sein,
das leer oder voll sein könnte, um leer zu sein.
Es ist aber nichts,
sonst wäre es Objekt.
Und es ist auch nicht nichts,
wenn sich Nichts als Gegenteil von etwas vorgestellt wird.
Bewusstsein wird also notwendig falsch vorgestellt,
wenn es überhaupt vorgestellt oder gedacht wird.

Es wurde in der Sprache schon versucht,
diese Regresse in Wortneuschöpfungen
oder neuen Bedeutungsbelegungen abzubilden,
indem zum Beispiel gesagt wurde:
Ok, Bewusstsein ist Bewusstsein sowohl von etwas

als auch von sich selbst,
aber **Bewusstheit** tritt noch einen Schritt zurück
auf eine Meta-Ebene,
und Bewusstheit ist nur reines Bewusstsein,
niemals von etwas,
sondern immer nur von sich selbst,
dem bewusstesten und ausschließlich bewussten Objekt.

Und analog zur englischen Unterscheidung
zwischen **consciousness** und **awareness**
wurde im Deutschen in Ergänzung zu Bewusstsein
das Wort **Gewahrsein** geprägt,
das wie Bewusstheit eine subtilere Stufe
reinen, objektentbundenen ausschließlichen Selbst-Bewusstseins
bezeichnet.

Diese vokabularen Ausflüchte
begründen sich einerseits in der paradoxen Notwendigkeit,
dasjenige zu bezeichnen,
was nicht bezeichnet werden kann,
weil es sich der Bezeichnung entzieht,
das Undenkbare, das Nichtdenken zu denken,
sodass aus dem Denken heraus
auf es hingewiesen werden kann,
was zwar gelingt,
aber dann verfehlt wird,
wenn dem Begriff nicht Stille folgt,
die eigentlich gemeint ist.

Dies verläuft analog zu ‚Was ist die Frage?‘,
die aufs Nichtdenken hinweist,
sich zunächst selbst bestätigt und behauptet,
deren Hinweis aber nur gelingt,
wenn sie nach ihrem Zeigen
auch noch sich selbst beendet
und abklingt in den leeren Hintergrund des Denkens.

Andererseits sind Bewusstheit und Gewahrsein
seltener benutzte Begriffe als Bewusstsein,
sodass es noch keine Gewohnheiten gibt,

sie in ihre Bedeutung verschleiernden spezifischen Sätzen und
Wortkombinationen zu benutzen.

So bedeutet im Deutschen

„Selbstbewusstsein"

gar nicht „Bewusstsein, das bewusst ist über sich selbst",
sondern „Bewusstsein über die eigenen körperlichen und
persönlichen Fähigkeiten"!

Die Zeige-Geste auf mich selbst zurück
wurde hier also nicht zu Ende gedacht,
sondern hielt bei der verbreiteten unhinterfragten falschen
Denkannahme an,
dass ich identisch mit meinem Körper und meiner Person sei!

Das Englische **„self-conscious"** geht noch weiter
und bedeutet meist eine Unsicherheit oder Hemmnis,
die aus einem den Handlungs-Flow unterbrechenden Denken folgen,
ein Denken mit Gedanken als Gegenteil zum Tun,
das die Wahrnehmung des eigenen Körpers und der eigenen Person
aus der Vergessenheit auf unangenehme Weise hervorbrechen lässt,
was nun zu dem in diesem Buch geführten Gedankengang führen
müsste,
da hierin ein Zurücktreten aus der Identifikation aus irgendwelchen
Gedanken
in die reine Betrachterposition sich selbst gegenüber,
in die Position des Wahrnehmenden geschieht.

Den Begriffen „Selbstbewusstsein" und „self-conscious"
wurden diese Bedeutungen eingeprägt,
da sie **in alltäglichen unreflektierten Gesprächen,**
(die Gedanken als gegeben hinnehmen,
ihre blinden Behauptungen nicht hinterfragen
und das Denken nicht zu Ende denken),
eine nützliche Bedeutung gefunden haben.
Bei genauerer Betrachtung dessen,
was sie eigentlich bedeuten müssten,
wird aber das Unzureichen ihrer Verwendung offenbar,
was sie zu einem guten Hinweis macht,
dass es dort etwas zu entdecken gibt.

Ob nun -heit und Ge- eine Stufe zurücktreten
und weniger eine Hinwendung zu etwas Bestimmtem,
zu erscheinenden Objekten,

bezeichnen als Con-, Be- und vor allem auch -wusst-
als Deklination des Wortes „wissen",
das immer ein Zweites, „etwas" mitdenkt,
das als Objekt gewusst wird,
ob nun also Bewusstheit, Gewahrsein und awareness
das Ich, das Selbst eher aus seiner Opposition
als Subjekt gegenüber Objekten herauslöschen,
da das Ich als Subjekt
selbst als Objekt gedacht ist, da es sich in Abgrenzung zu Objekten
denkt,
all dies sind nur spielerische Windungen
innerhalb einer von vornherein dem Wesen der Sache gemäß
zum Scheitern verurteilten Suche
nach einem Gedanken, der das Nichtdenken denkt,
nach einem Gedanken fürs Undenkbare.

Die Worte Gewahrsein und Bewusstheit sind schön
und können ergänzend benutzt werden,
es kann aber auch beim Begriff ‚Bewusstsein' verblieben werden,
wenn dieser nur genau betrachtet,
aus seinen unzureichenden sprachlichen Gewohnheiten gelöst wird,
die ihm nicht gerecht werden,
und zu seiner eigentlichen Bedeutung zurückgeführt wird,
die dem Wesen des Bewusstseins selbst entsprechend
immer sowohl als Bewusstheit oder Bewusstsein gegenüber allem,
was erscheint,
als auch zeitgleich als Bewusstheit oder Bewusstsein über sich
selbst
gedacht – oder eben nicht gedacht, sondern gewahrt – werden muss.

Die Reflexion,
das Immer-wieder-Nachfragen gegenüber diesen Begriffen
ist aber nützlich,
um sie zu dem zurückzuführen,
worauf sie wirklich hinweisen,
nämlich Stille,
da die Begriffe der Befragung nicht standhalten
und sich also auflösen,
die eine Stelle, die für Gedanken zu einer Zeit da ist, also verlassen,
und danach aber auch keinen anderen Gedanken erscheinen lassen,
da die Stille, das Undenkbare, das Nichtdenken als das erkannt wird,

180

was zuvor zu denken versucht wurde.

Dies ist also ein reines Fragen,
das bloße Fragezeichen „?",
wie es ‚Was ist die Frage?' auch meint,
dem es um die völlige Auflösung aller Gedanken geht.

Diese Hinterfragung, Selbstbefragung und letzte gedankliche
Untersuchung
kann eine **zunehmende Freude** sein,
wenn das regelmäßige Scheitern
und folgende **Aufhören gedanklicher Erklärungsbehauptungen**
als der immer wieder
und **immer häufiger auftretende Erfolg** erkannt wird,
der die **Pause zwischen den Gedanken** ausdehnt.

Die Gefahr besteht jederzeit nur darin,
an irgendeiner Stelle mit der Befragung, mit der Auflösung der
Gedanken aufzuhören,
sich zufriedenzugeben
und irgendeinem Gedanken zu glauben,
der nur lügen kann im Bezug auf die Frage
„Wer bin ich?".

Deshalb wird oft behauptet,
Intelligenz mache unglücklich.
Diese Behauptung wird nur von Menschen vertreten,
die sich deshalb für intelligenter halten als andere,
weil sie über alle Dinge mehr nachdenken,
mehr Gedanken haben als andere.
Aber während solche Menschen sich für intelligenter halten,
bemerken sie gleichwohl,
dass damit nichts gewonnen,
vielmehr scheinbar alles verloren ist,
weil sie unglücklicher sind als weniger denkende Menschen
und aus ihrem begonnenen Denken nicht mehr in den Zustand
der unreflektierten scheinbaren Sorglosigkeit zurücksinken können.

Sich für intelligenter zu halten als andere
ist aber nicht intelligent genug!
Die Unglücklichkeit,

in der sich solche Menschen befinden,
folgt nur aus dem Unzutreffen jeglicher Gedanken,
welches das Denken vorantreibt,
auf dass es
mit dem hier in diesem Buch geführten Gedankengang
zu seinem Ende und zu seiner Erfüllung findet!

Es ist nicht genug,
mehr zu denken als andere,
es ist nicht genug,
überhaupt zu denken.
Das Denken mit Gedanken ist kein Selbstzweck,
es ist Mittel zum Zweck der eigenen Überwindung,
der Überwindung des Denkens,
der Überwindung der Welt,
der Transzendenz.
Das Denken mit Gedanken ist ein Übergangszustand,
in dem nicht verblieben werden darf.
Als denkendes Wesen am Leben zu sein
ist ebenso nicht nur Selbstzweck
und es ist überhaupt nicht Selbstzweck im Bezug aufs Denken,
sondern es gibt im Leben dann wirklich etwas zu tun,
wenn du dich als denkend findest,
weil das Denken ein Ende hat,
einen Zweck und ein Ziel,
das verfehlt werden kann,
wenn bei irgendwelchen unhinterfragten Überzeugungen verharrt
wird,
die die Wahrheit verzerren und verdunkeln.

Es ist nicht genug,
vermeintlich intelligenter zu sein als andere,
es ist nicht genug,
ziemlich oder sehr intelligent zu sein.
Einzig völlige, reine Intelligenz reicht aus,
um sich selbst und dem Denken gerecht zu werden.
Und reine Intelligenz liegt einzig im Nichtdenken,
welches reines,
von Gedanken ungestörtes Bewusstsein ist.

Offenbar gibt es

zumindest beim Menschen
einen Zustand vor dem Beginn des Denkens mit Gedanken,
in dem sich Babys
und Kinder befinden,
die als unbeschwert und glücklich wahrgenommen werden.

Manchen Erwachsenen mag es gelungen sein,
diesen Zustand zu bewahren,
und es ist dann keine Grenze auszumachen
zwischen einem Vorher des Erscheinens sich anbietender Gedanken
und einem Nachher ihrer Überwindung
im Verbleiben im Nichtdenken,
worin sie erscheinen dürfen,
in ihrem Erscheinen aber auch schon in der Auflösung begriffen sind,
da nicht sie gedacht werden,
sondern es ist das Nichtdenken,
das sie mitdenkt,
weshalb sie erst gar nicht erscheinen müssten.

Die meisten Menschen aber,
die aus der Perspektive im Denken befangener Menschen,
die das Denken noch nicht konsequent zu Ende gedacht haben
und die in die falsche Richtung schauen,
als weniger intelligent, aber glücklicher vermeint werden,
sind oft Menschen,
die den Denkvorgang schlichtweg noch früher abgebrochen haben,
die sich noch früher mit irgendwelchen sich selbst behauptenden,
sich selbst nicht weiter hinterfragenden Konzepten zufriedengegeben
haben,
und das sind meist Gedanken,
die mit der Identifikation
des Ich, des Selbst
mit dem Körper oder der eigenen Person einhergehen.

Es erscheint denen,
die weitergedacht,
aber nicht weit genug gedacht haben,
dass, je früher der Denkvorgang abgebrochen wurde,
desto größere Glücklichkeit noch übrig geblieben wäre,
sodass Menschen,
die sich mit ihrem Körper identifizieren,

Tieren gleich,
noch unbeschwerter und glücklicher seien als solche,
die sich mit ihrer Person identifizieren
und diese wiederum glücklicher als solche,
die sich mit ihrem eigenen Verstand identifizieren
und so weiter.

Dies liegt daran,
dass sich das Denken mit Gedanken als Übergangszustand
erst selbst von sich entfernen muss,
um sich selbst wieder nah zu kommen.
Der Turm muss erst möglichst hoch gebaut werden,
bevor sein Einstürzen endgültig sein kann.
Ebenso hat es in der Frage nach unendlicher Angst
erst sein Gegenteil erreicht,
um von einer großen Verlorenheit in Gedanken
sich selbst in Auflösung aller Gedanken im Nichtdenken zu finden.
Insofern ist der Gedanke an Angst vor Angst selbst
vielleicht der allerspeziellste Gedanke,
da er ausschließlich einen Gedanken,
sich selbst als Gedanken
zum Gegenstand hat,
sodass das Denken in diesem Gedankengang
das Allgemeinste zwar umkreist,
in seinem Umkreisen aber auch
bis ins Allerspeziellste hinausgreifen muss,
um das Reich der Gedanken bis ins Gegenteil des Denkens
zu durchfassen.

Es scheint dennoch, als läge in je früherem Aufgeben und Versagen
in der Aufgabe jedes denkenden Wesens,
zu seinem eigenen Wesen zurückzufinden,
oder es zu erhalten,
eine vermeintlich desto größere Nähe
zum Ausgangszustand des kindlichen,
aber meist auch unreifen Nichtdenkens,
des Alpha, das auch das Omega ist.

Und es scheint, als läge
(und hierin liegt die an sich selbst festgestellte Unglücklichkeit
desjenigen,

der vermeintlich intelligenter, aber eben nicht intelligent genug ist)
je größere Unglücklichkeit im Denken,
desto weiter es konsequent verfolgt wurde
und je kürzer vor dem Ziel aufgegeben wurde,
sodass der schlimmste Moment des Abbruchs des Projekts des Denkens
kurz vor seinem Umschlag in die Entdeckung des Nichtdenkens
im an sich selbst festhaltenden Gedanken
größtmöglicher Vereinzelung
im Gedanken an Angst vor der Angst läge.

Wer sagt aber,
dass der Sprung, der Übergang, die Einsicht ins Nichtdenken
nicht an jedem beliebigen Punkt im Denken unternommen
werden kann?

Die Behauptung,
der Gedanke „Nichtdenken"
oder „Bewusstsein"
müsse erst gedacht werden,
bevor ins Nichtdenken, in reines Bewusstsein übergangen
werden könnte,
ist sinnlos und völlig unlogisch,
da diese Begriffe ja als Gedanken durch ihr Gedachtsein das
Gegenteil dessen bewirken,
worauf sie hinweisen!

Dieses Buch hätte auch schon an vielen früheren Stellen
zugeklappt werden können.
Viele Menschen denken ein Mal an den Gedanken des Undenkbaren
als **„Gott"**
und Erfüllen das Wesen des Denkens,
indem sie das Herumwälzen dieser oder jener Philosophien
an einem frühen Zeitpunkt verlassen
und an diesem einen Gedanken festhalten,
der mit demselben Ziel wie ‚Was ist die Frage?',
aber mit größerer Kraft,
alle Gedanken
vor seiner Unvorstellbarkeit
auf einen Schlag beendet.

Diese Menschen,
die von den Menschen, die sich für intelligenter halten,
weil sie mehr Gedanken haben,
beneidet werden,
sind also wirklich gar nicht weniger intelligent,
sondern sie sind völlig intelligent,
habe reine Intelligenz realisiert
und sind deshalb glücklich,
weil sich die wenigen Gedanken,
die sie haben,
im Zustand des Nichtdenkens eingebettet bewegen,
den sie schlichtweg früher erreicht haben
als jemand zweiflerischen Gemüts,
der das ganze Feld alles durch Gedanken Abschreitbaren
durchforsten muss,
bevor er an ein Ende gelangt
(was genau das ist,
was hier in diesem Gedankengang passiert).

Deshalb ist Jesus auf die Schriftgelehrten überhaupt nicht gut zu sprechen.
Diese begehen die einzigen beiden Sünden,
die das Denken ermöglicht:
Erstens, es nicht zu Ende zu denken,
die Aufgabe des Denkens, zum Nichtdenken zu finden,
also nicht zu erfüllen.
Und zweitens, irgendwelche Gedanken, Konzepte und Vorstellungen
anderen vorschlagen zu wollen,
sich selbst damit zu inszenieren
und sich selbst für besser zu halten,
weil sie selbst mehr Gedanken haben,
besser sprechen können,
mehr Worte zur Verfügung haben,
weil sie mehr Gedanken zur Verfügung haben,
von diesem dämonischen Reich also erfüllt sind,
welches sie denjenigen vorschlagen wollen,
die daraus schon ausgestiegen,
ihm entstiegen sind
und ihr Ziel erreicht haben.
**Während die Schriftgelehrten nicht wissen,
wovon sie sprechen,**

weiß es jeder noch so Ungelehrte genau,
indem er im Herzen des Nichtdenkens verbleibt,
ohne dass er irgendetwas Bestimmtes, durch Gedanken
Denkbares versteht.

Es liegt also Unrecht in dieser Unglücklichkeit
und in diesem Neid,
sofern sich jemand beschwert,
denn jedes Wesen hat jederzeit direkten Zugang
zur Glücklichkeit der Ruhe und des Friedens, die es selbst ist.

Und es liegt Gerechtigkeit darin,
dass jemand, der im Denken durch Gedanken verharrt,
unglücklich sein soll,
denn das Teilen der Behauptung von Gedanken,
das sich selbst als Vertreter von Gedanken Inszenieren,
das sich selbst vor anderen Behaupten, wie es Gedanken tun,
und durchs Sprechen, durch die Weitergabe nicht zu Ende gedachter
Gedanken versuchen,
anderen diese Unfertigkeiten aufzuschwätzen,
sie also in Versuchung zu führen,
das ist wahrhaft böse,
denn, wie schon gefunden wurde,
liegt im Denken durch Gedanken nur das Falsche.
Und hier bist du dir selbst der Nächste,
der sich selbst schadet.

Sieh die Kälte, die in der Aussage
„Die Frage ist ‚Was ist die Frage?‘" liegt,
wie sie sich als vermeintlich Richtiges zu einem Falschen
abgrenzt.
Das Prinzip der Notwendigkeit, mit dem sich Gedanken in einem
behaupteten Zusammenhang als logisch behaupten, ist wahrhaft
böse.
Deshalb leiden die Kinder am Mathematik-Unterricht,
deshalb werden Kriege geführt,
weil sich Gedanken behaupten wollen.
Einzig durch Gedanken kommt Böses in die Welt,
jeder Suchtgegenstand ist Gedanke,
jede niederträchtige Idee.

Wenn ein Gedanke nicht aufs Richtige verweist,
dann verweist er aufs Falsche.
Wenn ein Gedanke gar nicht verweist, sondern sich behauptet,
dann verweist er aufs Chaos unendlich vieler spezieller Gedanken,
die nicht voneinander wissen.
Wenn aber wirklich gedacht wird,
verweist das Denken auf sich selbst und aus sich selbst heraus,
es ist in sich gerichtet.
Gedanken werden aber durch wahres Denken hingerichtet.

Wenn aber jemand,
der im Denken schon weiter fortgeschritten ist
jemand anderen im Denken Befangenen,
der im Denken durch Gedanken an einer früheren Stelle aufgegeben
hat
und damit vermeintlich glücklich erscheint,
beneidet,
dann ist dieser Neid unbegründet,
denn auch derjenige,
der sich mit seinem Besitz,
seinem Körper
oder seiner Person identifiziert
und diese Gedanken festhält und hegt,
ist wirklich unglücklich,
da diese Gedanken stets diese oder jene unzutreffenden
Abgrenzungen in der Welt vollziehen,
die Probleme um Probleme formulieren,
die die Wahrheit,
die einzig im Nichtdenken klar zum Vorschein kommt,
mehr und mehr verzerren.

Dennoch nimmt jemand,
der zu einem späteren Zeitpunkt
im Denken durch Gedanken
aufgibt, sich zufrieden gibt und verharrt,
das Unzureichen und Unzutreffen,
in dem er sich befindet,
als leidvoller wahr,
weil es gedanklich stärker fokussiert wird
und der Druck,
das Denken doch noch zu Ende zu führen,

zu seinem Ende hin immer größer wird,
weil sich Gedanken mit fortschreitender Komplexität
immer weiter spezialisieren
und sich also von der unschuldigen Allgemeinheit und Einfachheit
des Nichtdenkens entfernen.

So ist es zum Beispiel
ein verbreiteter gedanklicher Komplex,
eine Stelle im Zurückweisen des Zeigens auf mich selbst,
an dem die Selbstbefragung oft abgebrochen wird,
dass ich also nicht mein Besitz,
nichts, was mir zukommt,
nichts, was ich habe,
sei,
dass ich nicht mein Körper,
nicht meine Person,
nicht mein Charakter sei,
dass ich also Bewusstsein sei,
was so weit alles
(abgesehen davon, dass all das noch gedacht
und also nicht zu Ende gedacht ist)
zutrifft,
dass aber das Bewusstsein,
das ich sei,
in meinem Körper verortet sei.

Hier geschieht eine Verortung des Nicht-Verortbaren,
und auch wenn der Fehler nachvollziehbar ist,
ist er fatal.
Das Zurückweisen auf mich selbst
wird im Zurückzeigen auf meinen eigenen Körper,
wobei der Zeigestrahl Äußeres, Besitz, Kleidung, Körper, Person,
Charakter,
selbst noch Gedanken durchstößt,
in der Mitte des Körpers beendet.

Diese Mitte mag nun zwischen den Augen,
hinter den Augen,
im Gehirn, in der Mitte des Kopfs,
zwischen den Ohren,
unter der Haut

oder in der Brust verortet werden,
sie bedeutet aber,
wo auch immer ich mich empfinde,
das Vermeinen der Gefangenschaft
des Bewusstseins, das ich selbst bin,
in meinem Körper.

Das Zurückzeigen auf mich selbst
wird hier als beendet vermeint,
wo die Linie endet.
Dort wird gleichsam ein Punkt vermeint,
auf den alles einstrahlt,
der ich also sein muss,
dieses Ich,
an das gedacht werden könne,
ich als Dopplung
als Mensch im Mensch,
der aus meinen eigenen Augen schaut
und in meinem Kopf die Gedanken hört
und mit sich selbst spricht.

Dort ist aber kein Punkt,
sonst wäre ich gedacht
und ich kann nicht gedacht sein,
weil ich nicht vorstellbar sein kann,
weil ich mir sonst selbst Objekt wäre.

Das Zurückzeigen muss am Ende der Linie des auf mich selbst
Zeigens
sich in Auflösung in alle möglichen gedanklichen Richtungen
zerstäuben,
die dann keine Richtungen mehr sind, sondern vergehen.
Das ist, was hier geschieht!
Die Befragung, das Stattfinden der reinen Frage,
das Fragezeichen selbst, ohne Aussage,
‚Was ist die Frage?‘.

Eine solche nicht weiter hinterfragte Annahme,
ich sei selbst irgendeine punktuell verortbare Mitte,
führt zu fehlerhaften Gedanken,
es gäbe mir bezüglich ein Innen und Außen,

dessen sichtbare Grenze der Körper sei,
worin es aber beliebig viele Schichten gäbe,
sodass auch meine Person mir noch äußerlich sei
und ich also in der Selbstbefragung zu einer Mitte vorzudringen hätte,
die völlige Innerlichkeit bedeuten würde.

Diese Annahme zeigt in die richtige Richtung,
vergisst aber, dass die richtige Richtung letztlich keine ist,
sondern auch „Richtung" noch ein Gedanke ist.
**Ich kann mich nicht im tiefsten Innen, in der völligen Mitte
befinden,**
ich kann selbst keine Innerlichkeit sein,
ich kann selbst keine Mitte sein,
die durch Meditation erreicht werden müsste,
**weil die Abgrenzung von Innen, Außen, Umgebung und Mitte
gedanklich ist!**
Ich bin aber selbst nicht denkbar,
weshalb mir jede gedankliche Fassung nur im Weg steht
und verdunkelt,
was ich jederzeit im Hintergrund strahlend wirklich bin.

Der Irrtum der Notwendigkeit von Meditation
schaut aber wenigstens in die richtige Richtung,
versucht es wenigstens
und hat Hoffnung,
nur vorübergehend zu scheitern,
denn der richtige Gedanke muss zum Richtigen führen.

Die nicht weiter hinterfragte Annahme,
ich sei Bewusstsein und befinde mich in meinem Körper,
kann aber die weitere Hinterfragung auch völlig wegkürzen und
aufgeben.
Dann kann sich der gedankliche Irrtum
in gedankliches Irrtum verwandeln
und das Erleben zur Hölle machen.

**Wenn ich mich als Bewusstsein als in meinem Körper verortet
vermeine,**
wird der eigene Körper im oben beschriebenen Fall als Tempel,
möglicherweise aber auch als Gefängnis erlebt
und die Wahrnehmungsorgane,

hinter denen ich mich nachvollziehbarerweise als verortet
vermeine,
als Folterinstrumente,
da sie ungefragt diese oder jene Phänomene liefern,
die oft Schmerzen sind,
und dann je öfter schmerzhaft und je schmerzhafter,
desto mehr ich mich als der passive, willenlose und gefangene
bloße Empfänger
der mir auferlegten Wahrnehmungen empfinde.

Dies geht oft mit der Annahme einher,
dass Bewusstsein als das Zweite
nach dem Sein meines Körpers,
welcher dem Bewusstsein gegenüber das Vorgeordnete, Erste
sei,
von meinem Körper nur erzeugt wird,
ein wissenschaftlich nicht nachweisbarer Nebeneffekt
des naturwissenschaftlich durchanalysierten Körpers.
Hierin liegt die nicht weiter hinterfragte Überzeugung,
dass Bewusstsein nur als Mechanismus für die Erhaltung des
Körpers da sei,
dass Bewusstsein durch die Wahrnehmungen als reine
Projektionsfläche entstehe
(, dass es weiterhin auch kein Bewusstsein über Bewusstsein selbst
gebe,
sondern Bewusstsein auch den Wahrnehmungen gegenüber noch
das Zweite sei,
nur gemeinsam mit ihnen erzeugt werde),
und dass Bewusstsein letztlich nur dafür da sei,
die Probleme des Körpers zu lösen,
wenn die Lösung nicht automatisch geschieht,
sodass Bewusstsein letztlich nur im Schmerz hervorgerufen würde
und seine Aufgabe nur darin bestünde,
nach dem Durchleiden der Suche einer Problemlösung
in den unbewussten Schlaf der eigenen Auflösung zurückzusinken.

Dessen letzte Konsequenz
wäre die Überzeugung,
dass ich mich des Erlebens unendlicher Angst nicht erwehren
könnte,
wenn es dem bösen Täuschergeist einfiele,

mich dieser Empfindung, auch auf ewig, auszusetzen.

Worin liegt der Irrtum all dieser Annahmen?
Er liegt nur im Nicht-zu-Ende-führen der Hinterfragung
von unhinterfragt angenommenen falschen Annahmen:

Ich kann nicht innen sein oder innerlich,
denn Innerlichkeit, die sich zu einer Äußerlichkeit abgrenzt,
ist eine Vorstellung.
Ich bin ebensowenig ein Punkt,
der als nulldimensionale Einheit im Raum ebenso gedacht wäre,
ich liege in keiner Richtung,
in keiner Mitte,
ich liege nicht hinter den Wahrnehmungsorganen
als deren Projektionsfläche,
zumal gar nicht alle Phänomene, die ich erlebe, von den
Wahrnehmungsorganen meines Körpers erzeugt werden,
sondern im Traum und in den Wachzustand begleitenden
Vorstellungen aus unverfolgbaren Richtungen entstehen;
ich bin auch nicht der Wahrnehmende,
dem die Phänomene der Wahrnehmung zukommen,
weil selbst meine Bezeichnung als Subjekt
eine gedanklich objektivierte Vorstellung
in einem gedachten Gegenüber zu Objekten ist,
und weil ich mich nicht in einer Richtung befinden kann,
oder in einer Mitte,
auf die gerichtet Wahrnehmungen zukämen,
weil sich auf mich nicht ausgerichtet werden kann,
weil ich nur Auflösung sein kann,
stets in Auflösung, im Sich-Entziehen begriffen,
weil ich deshalb alles gewahre,
weil ich selbst nicht zu meinem eigenen Gegenstand werden
kann
und doch als Gegenstandslosigkeit selbst
jederzeit meine eigene Vergegenwärtigung bin.

So wie ich in keiner Richtung liege,
habe ich auch keine ausmachbare Grenze irgendwohin,
meine Weite ist weit,
ich grenze mich nicht mal zu irgendeinem anderen ab,
selbst Gedanken sind in mir gelöst und enthalten.

Ich bin nicht mal Frage,
ich bin, wonach gefragt wird,
und ewig antwortlos die Antwort.

Ich werde immer verfehlt
und bin jederzeit erreicht,
wenn mich zu erreichen nicht versucht wird.
Auf mich kann nicht verwiesen werden,
und doch ist es besser, wenn Gedanken auf mich verweisen,
als wenn sie das nicht tun,
weil sie dann unmittelbar scheitern
und aufhören,
was sie auch sollen.

Ich habe zu mir selbst keine Distanz,
sodass auf mich gezeigt werden könnte.
Einzig falsche Vorstellungen von mir selbst können so tun,
als läge ich in einer Richtung,
die immer nur die Auflösung dieser Vorstellungen bedeuten kann.

Der Begriff ,Bewusstsein'
muss also wirklich befragt werden,
sodass zu Ende gedacht wird,
wohinein das Denken enden soll,
sodass nicht am Nichtdenken als Gedanke festgehalten wird.

Ich bin nicht ich,
wenn ich „ich" denke,
ich bin nicht Nichtdenken,
wenn ich „Nichtdenken" denke,
ich bin nicht das Unvorstellbare,
wenn ich es mir in Abgrenzung zum Vorstellbaren vorstelle,
ich bin nicht ich selbst,
nicht das Selbst
oder irgendein Selbst,
wenn ich mich so zu begreifen versuche,
bin kein Objekt,
auch nicht das Subjekt,
weil es sich zu Objekten abgrenzt und also denkbar ist,
ich bin nicht wahrnehmbar, keine Wahrnehmung und nicht der
Wahrnehmende,

da diese einen gedanklichen Zusammenhang bilden,
ich bin nicht die Nachfrage „Mh?",
liege nicht hinter ‚Was ist die Frage?',
nicht im Hintergrund des Denkens,
nicht in den Pausen zwischen den Gedanken,
weil ich nirgendwo liege,
weil ich weder liege
noch überhaupt einen Ort habe.
Ich bin nicht Raum, nicht Zeit,
auch nicht Leere.
Ich bin nicht das Nichts,
ich bin auch nicht nicht,
auch bin ich nicht,
ich „bin" nicht mal,
weil „Sein" etwas Zweites wäre,
was mir als Gegenüber zugeschrieben würde.
Ich bin nicht bewusst,
weil mir keine Eigenschaft zukommt,
weil sie gedacht wäre,
ich bin nicht Bewusstsein, nicht Bewusstheit, nicht Gewahrsein,
weil auch das Konzepte sind.
Ich liege nicht am Ende dieser Regresse,
auch nicht in ihrer Unterlassung.
Ich trete nicht klar zum Vorschein
am Ende dieses Buchs,
werde durch den Gedankengang dieses Buchs nicht aufgefunden,
ich werde überhaupt nicht gefunden,
auch nie verfehlt,
nie verloren,
all das trifft auf mich nicht zu,
weil nichts auf mich zutrifft
und es trifft nicht mal zu,
dass nichts auf mich zutrifft,
weil weder diese noch irgendeine andere Aussage über mich
getroffen werden kann.
Ich kann auch nicht befragt oder hinterfragt werden.
Die Gedanken, die hinterfragt werden,
vergehen, und ich bin da,
aber nicht da,
weil „da" räumlich gedacht ist
und überhaupt gedacht.

Ich bin nicht eher überall als nirgendwo
und auch nicht weder überall noch nirgendwo.
Ich bin nicht jederzeit,
nicht einmal zeitlos,
das kann mir nicht zugeschrieben werden.
Ich bin auch nicht nie,
ich bin nicht hier,
ich bin nicht jetzt,
schon gar nicht irgendwann,
ich bin nicht du,
nicht ich,
Gott ist mir nicht nah,
obwohl er allem das Nächste ist,
er ist nichts nah,
weil er keine Distanz kennt,
die ich auch nicht kenne,
nicht zu ihm,
nicht zu dir,
all das wäre gedacht,
es kann sich kein Gedanke halten,
wenn ich mich selbst suche,
der Wind wird stärker,
der nächste Gedanke kommt schon gar nicht mehr auf.

Sei still!
Sei ruhig!
Sei friedlich!
Denke nicht!
?
Selbst ‚Was ist die Frage?' kommt nicht mehr auf.

Die Frage „Wer bin ich?" kommt nicht mehr auf.
Wie ‚Was ist die Frage?' kann sie nur ein Mal gestellt werden.
Danach ist **alles außer Stille eine Abschweifung hinsichtlich ihrer Antwort**.

Aber welche Gedanken kommen noch auf?
Kann dieser Gedankengang und dieses Buch jetzt enden?
Gibt es noch etwas Wichtiges zu denken?

Welche Gedanken auch immer aufkommen mögen,

sie dienen hinsichtlich der Frage, wer ich selbst bin,
einzig der Abgrenzung und Negation, zu zeigen,
was auch immer erscheint,
bin nicht ich selbst,
ich bin unabhängig davon,
es ist also nur da,
um sich wieder
in mir
aufzulösen,
aber nicht einmal „in" mir,
denn nichts erscheint „in" mir,
weil ich keinen Umfang habe, kein Volumen,
sodass etwas in mir sein könnte.
Und nicht einmal „mir",
weil kein Bezug mit mir verknüpfbar ist.

Eine letzte große Frage wurde in diesem Buch aber noch
aufgeschoben.
Es ist die Frage nach dem **Sein**,
die Frage nach dem „**etwas**"
in den Sätzen:
Ich denke etwas,
ich tue etwas,
ich nehme etwas wahr,
ich fühle etwas,
ich bin mir über etwas bewusst,
ich bin etwas.

Man könnte einwenden,
welche Relevanz diese Frage nun noch hat,
da das Denken selbst
und das Fühlen
und Wahrnehmung überhaupt
und Bewusstsein
allesamt sagen,
dass das Denken mit Gedanken aufhören muss
und ins Nichtdenken eingehen muss.

Aber so wie nach dem Fühlen gefragt werden musste,
weil im Gefühl das Wertungserleben liegt,
so muss auch nach dem Sein gefragt werden,

weil nichts einen Wert hat,
wenn es nur Schein ist,
und Denken und Wahrnehmung sind ein bloßer Abschein des
Seins,
eine unzutreffende Dopplung dessen,
was wirklich ist.
Die Frage nach dem Sein ist die Frage:
Was „ist" wirklich?

Denken und Wahrnehmung haben überhaupt nur Wert,
wenn sie dem Sein entsprechen,
das sie abbilden.
Hier ist also die Frage,
gemäß welchen Bedingungen sie das tun.
Bewusstsein hingegen hat selbst einen Wert,
da es stets ich bin,
der sich die Frage nach dem Wert von irgendetwas stellt.

Dies ist also die Frage nach dem Zusammenhang der beiden
wertvollen Gegenüber
Bewusstsein und Sein,
welche durch alle diese verschiedenen Verben
(denken, tun, wahrnehmen)
miteinander verbunden,
aber auch voneinander getrennt werden.

Dass sich jeder Gedanke
im Abgleich mit der Wahrnehmung,
die er zu fassen behauptet,
unendlich irrt,
wurde bereits verdeutlicht.

Dass die Wahrnehmungen,
wenn sie begleitet vom Nichtdenken unbeeinflusst erscheinen
dürfen,
frei von Irrtum sind,
weil sie nicht selbst interpretieren oder beschränken,
wurde auch gesehen.

Welcher Zusammenhang aber noch zwischen den Wahrnehmungen,
überhaupt allen Phänomenen, Vorstellungen, Gedanken

und dem Sein selbst besteht,
wurde noch nicht gefragt.
Betrifft der Irrtum der Gedanken überhaupt auch das Sein?

Und wenn Wahrnehmung, Denken und Bewusstsein das Zweite,
Sekundäre sind
zum Sein, welches das Erste ist, was eigentlich überhaupt nur
existiert,
dann liegt nur im Sein wirklich Wert
und die Suche nach mir selbst
und die Erfüllung des Wesens von Denken, Wahrnehmen und Fühlen
im Nichtdenken
hätte keinen Wert
(nicht mal die des Fühlens, des Wertungserlebens selbst und seines
Gesetzes
„Ich will mich gut fühlen und nicht schlecht"),
ohne den Abgleich mit dem dahinterliegenden Sein.

Denn das Sein sagt:
Ich bin all das,
worauf Gedanken verweisen,
was die Wahrnehmungen zeigen,
was dir im Denken und Nichtdenken erscheint,
was das Bewusstsein gewahrt,
wofür und worin alles Tun geschieht,
worauf sich alle Wertung, jedes Gefühl bezieht.

Während all diese nur auf mich verweisen,
während ich mich im Bewusstsein nur dopple,
das Bewusstsein mir gegenüber das Zweite ist,
während Denken und Wahrnehmung nur auf mich verweisen,
bin ich das,
was wirklich ist!

Ich bin das,
was die Welt wirklich ist,
ich bin das,
worin alles ist,
ich bin das,
was **alles** ist,
was jemals etwas bedeutet hat,

was überhaupt zählt,
ich bin das,
worin deine Liebsten sind,
wohingegen alles Denken nur Ferne ist,
ich bin das jedem Nächste,
ich bin **das,**
worum es im Leben geht,
bin Leben selbst,
bin nicht nur gutes Gefühl
als Abklatsch des Guten,
bin **frei von Irrtum,**
enthalte das Gute und Schlechte und Böse selbst
und bin das Gute selbst.

Dieser ganze Gedankengang,
dieses ganze Buch,
das Denken überhaupt
ist verfehlt, überflüssig, störend und nichtig
gegenüber mir,
dem Sein.

Wenn das Sein verfehlt wird,
wird alles verfehlt.
Dem Sein gegenüber ist alles sekundär.

Ich als Bewusstsein sage sogar:
Ich bin zwar Bewusstsein,
aber ich habe immer auch Sein.
Wenn Sein nicht ist,
ist nichts.

Welche Verbindung besteht also zwischen dem bisher Gesagten,
zwischen Denken, Wissen, Wahrnehmen, Fühlen, Tun und mir
selbst
und Sein?

Was ist überhaupt Sein?

Wie kann diese Frage sinnvoll gestellt werden?
Es ist ungleich schwieriger,
nach dem Sein zu fragen,

da das Sein dasjenige ist,
was unabhängig von Gedanken,
unabhängig von Wahrnehmung,
möglicherweise sogar unabhängig von Bewusstsein ist.

Worüber bisher gesprochen wurde,
war unmittelbar präsent,
da hier offenbar Worte
für Gedanken stehen,
wir uns also im Denken befinden
und der Gegenstand unseres Denkens
das Denken selbst war,
das auch wahrgenommen wird
und von mir wahrgenommen wird,
sodass Bewusstsein auch notwendig
und unmittelbar gegeben ist.

Das Sein hingegen liegt anscheinend unerreichbar
hinter den Wahrnehmungen, hinterm Denken,
gleichwohl direkt vor mir,
aber in unüberbrückbarer Distanz zu den Worten.
Gleichwohl ist es das,
worauf sich alles bisher Besprochene auch bezieht,
alles, was es zeigt,
das Erste, wozu Denken, Wahrnehmen, ich selbst das Zweite zu sein
scheine.

Bewusstsein *ist*,
ich *bin*,
also geht es hier auch um Sein.
Und wenn davon gesprochen wird,
dass Gedanken sich irren,
dann kann das zwar im Abgleich mit den Wahrnehmungen
festgestellt werden,
deren Daten das Denken verfehlt,
aber eigentlich meint man doch,
dass damit auch das,
was die Wahrnehmungen zeigen,
das Sein, das hinter ihnen liegt,
verfehlt wird.

Und wenn vom Tun die Rede ist,
dann meint man doch keinen bloßen Einfluss auf die
Wahrnehmungen,
sondern man geht von einer Einwirkung darauf aus,
wovon die Wahrnehmungen nur zeugen,
was sie aber selbst nicht sind.

Da uns das Sein durch Denken und Wahrnehmungen nur,
wenngleich durch Gedanken verzerrt,
dennoch vermittelt wird,
so kann es doch nicht bezweifelt werden.

Es könnte im Hinblick auf Denken und Wahrnehmungen bezweifelt
werden.
Nur mit Blick aufs Denken und die Wahrnehmungen könnte nie
bewiesen werden,
dass es ein dahinterliegendes Sein überhaupt gibt.
Denken und Wahrnehmungen,
alle Phänomene
könnten auch nur eine leere Show sein,
nur ein Traum,
eine Illusion, eine Simulation,
eine künstlich erzeugte Erfahrung,
gleich einem Film zur Unterhaltung,
der nichts zeigt,
was hinter ihm liegt,
sondern gleich einem Kunstwerk nur sich selbst.

Wie könnte hinterm Denken,
das sich in diesen oder jenen Gedanken irren kann,
noch die Möglichkeit des allgemeinsten Irrtums
eines an sich falschen Bezugs aufs Sein selbst
überwunden werden?

Ich bin als ich selbst
jederzeit notwendigerweise daran gebunden,
von mir selbst auszugehen.
Müsste ich noch mich selbst herauskürzen können,
so wie ich möglicherweise von den Wahrnehmungen und vom
Denken völlig absehen muss,
um

nicht übers Sein etwas zu sagen,
auch nicht unbedingt übers Sein etwas zu wissen,
auch nicht wirklich das Sein wahrzunehmen,
nicht mal um Bewusstsein übers Sein selbst zu erlangen,
aber das Sein selbst irgendwie zu erreichen,
zu realisieren,
zu sein?

Ich selbst,
dem alles erscheint,
dem Denken und Wahrnehmungen erscheinen.
Ich selbst bin Bewusstsein,
aber ich habe auch Sein,
ich bin.

Also liegt es nahe,
dass es auch etwas gibt,
das sich durch die Wahrnehmungen zeigt,
auch wenn ich es nicht bin,
weil ich, obgleich mir auch Sein zukommt,
gewissermaßen das Nichts bin, das ist,
Nichtsheit,
denn ich bin ja reiner Entzug,
reine Auflösung,
das, worüber nichts gesagt werden kann
und was auch nichts Bestimmtes sein kann,
weil jede Einzelheit, die ist,
mir gegenüber Objekt wäre.

Einerseits bin ich also das Einzige,
von dem ich sicher weiß,
dass es ist,
andererseits stehe ich dem Sein anscheinend völlig getrennt
gegenüber,
während ich von ihm aber ebenfalls weiß,
dass es ist.

Eine materialistische Sicht auf die Dinge sagt:
Übers Bewusstsein kann ich nichts sagen,
aber es scheint eng mit dem Denken und den Wahrnehmungen
zusammenzuhängen.

Es entzieht sich jeder Messung,
daher kann es kein Gegenstand der Erforschung des Seins sein
und kann genausogut als notwendiges Nebenprodukt
oder Aspekt der Erscheinungen des Denkens und der
Wahrnehmungen abgestempelt werden,
deren Erscheinung wiederum durch die naturwissenschaftlich
betrachtbaren,
d.h. ermessbaren
Sinnesorgane und das Gehirn erklärbar sind.

Es wurde in den **Naturwissenschaften** schon hinreichend gezeigt,
dass Messungen letztlich vor allem Auskunft über die benutzten
Messinstrumente geben.
Unter gewissen nicht weiter hinterfragten Annahmen,
Prämissen und Axiomen,
können zwar vor deren Hintergrund gewisse Aussagen übers Sein der
Dinge getroffen werden,
**es widerspricht aber dem Vorgehen dieses Gedankengangs ganz
und gar,**
solche nicht weiter hinterfragbaren Annahmen zu setzen.

Die schwerwiegendste und verbreitetste Annahme
ist dabei diejenige,
dass, was existiert,
was ist,
mir als Bewusstsein ganz und gar entgegengesetzt sei,
was **Materie** genannt wird,
woraus alles bestehe,
was ist.

Diese Annahme ist ganz und gar absurd.
Sie stützt sich in ihren Beschreibungen weitgehend
auf ein analytisches Denken immer kleinerer Einzelheiten,
allgemeiner Gedanken, Prinzipien, die nie völlig allgemein sind,
aus denen die Gesamtheit des Seins bestehe,
wobei sich bisher kein kleinstes Unteilbares (**Atom**) zu erkennen
gegeben hat,
das nicht doch noch weiter aufgespalten werden könnte.
Auch ist es ganz offensichtlich ein Wesenszug des Messinstruments
Denken,
dass Gedanken, die sich zueinander abgrenzen,

eine beliebig tiefe Differenzierung alles Seins zulassen,
sodass sie sich selbst überwinden,
weil es **keine kleinste Differenzierungseinheit,**
sondern jederzeit eine Unendlichkeit zwischen allem gibt.

Die Frage für die hier verbleibende Untersuchung ist also:
Kann überhaupt etwas über das Sein gesagt werden,
das nicht von unseren nicht wegkürzbaren Messinstrumenten
Denken, Wahrnehmung, Bewusstsein
beeinträchtigt ist?
Die Antwort ist schlicht: **Nein.**

Möglicherweise muss aber auch gar nichts über das Sein gesagt
werden.
Wer sagt, dass über das Sein etwas gesagt werden muss?
Woher kommt diese Annahme?
Auch diese Behauptung ist noch zu hinterfragen!
Diese Annahme ist die größte geteilte Annahme aller Gedanken und
Wahrnehmungen überhaupt:
Dass übers Sein gedacht und gesprochen werden muss!
Die Wahrnehmungen scheinen selbst ohne Gedanken laut zu
schreien,
dass es ein Sein ist, das sie zeigen.
Hinterfragt werden muss dies aber eben noch:
Dass es etwas gibt, was ist, ist offenbar,
denn ich selbst bin
und was ist, ist.
Aber:
Muss über das Sein überhaupt etwas gesagt werden?
Ich weiß es nicht.

In diesem Fall folgt aus dem „Ich weiß es nicht" aber,
dass ich noch nicht still sein kann,
weil sonst alles, was in diesem Gedankengang bisher gesagt wurde,
mindestens unvollständig,
möglicherweise zweifelhaft,
wahrscheinlich ganz und gar nichtig wäre.

Ich kann mich mit dem Nichtwissen übers Sein nicht begnügen,
weil es allgemeiner ist
als alles bisher Besprochene zusammen.

Es ist so allgemein,
dass das Wort „ist" zu einem bedeutungslosen Bindewort,
das in fast jedem Satz auftaucht, verkommen ist,
bedeutungslos deshalb,
weil es nichts Spezielles ist,
was dieses oder jenes bedeutet,
sondern weil es so präsent ist,
dass es allenthalten übersehen wird,
so selbstverständlich,
dass jede Frage danach absurd ist.

Vielleicht „bin" ich sogar noch offenbarer,
als dass ich „ich" bin.
Bin ich nicht sogar als Bewusstsein
noch eher Sein als Bewusstsein,
weil „Ich bin Bewusstsein" mit mir offenbar etwas Zweites
„Bewusstsein" nach etwas Erstem „bin" verbindet,
während „Ich bin Sein" eine Tautologie ist,
in der „bin" und „Sein" als scheinbar Zwei bei genauerem Hinsehen
in Eins verschmelzen:
Ich bin bin, Ich Sein Sein.

Allerdings ist „Ich" auch dasselbe wie „Bewusstsein",
sodass im selben Satz „Ich bin Bewusstsein"
auch „Ich" und „Bewusstsein" nur scheinbar zwei sind:
„Ich bin ich" und „Bewusstsein ist Bewusstsein"
sind in der eigentlichen Bedeutung der Worte
dieselben Sätze wie „Ich bin Bewusstsein".

Es ist aber hier nicht die Frage
nach irgendeiner Identität,
die auf **„Ich bin"** folgen kann,
diese minimalste aller Feststellungen,
die im „Ich" Bewusstsein benennt
und im „bin" das Sein,
welche jeweils gedoppelt werden können
durch **„Ich bin Bewusstsein"**
oder durch **„Ich bin Sein",**
sondern es ist hier die Frage nach dem Sein,
da übers Bewusstsein schon gesprochen wurde.

Ist es überhaupt wichtig,
zu klären,
was zuerst ist,
was allgemeiner ist,
was die Henne, was das Ei,
Sein oder Bewusstsein?
Bewusstsein ist mir näher,
Sein ist aber allem näher.

Das Sein ist aber das ganz und gar Fraglose,
das in diesem Sinne sehr wohl dasjenige ist,
worüber wirklich nichts gesagt werden muss!
Dem Sein ist es egal,
was über es ausgesagt wird.
Das Sein ist unabhängig von allen Gedanken über es.
Da wir uns hier aber im Denken befinden,
wird es gerade dadurch,
dass es dasjenige ist,
was sich völlig entzieht,
zum interessantesten Gegenstand.

Dass sich etwas entzieht,
kenne ich aber bereits von mir selbst.
Ich bin mir selbst auch der interessanteste Gegenstand,
weil ich mich der Denkbarkeit entziehe,
weil ich selbst der Hintergrund des Denkens
und als reines Denken, als Nichtdenken selbst Undenkbarkeit bin.

Das Sein entzieht sich aber auf andere Weise.
Es drängt seine Denkbarkeit förmlich auf!
Es ist wie der Sand,
der jede beliebige Form annimmt,
die sich gedanklich anbietet!
Und es nimmt viele Formen gleichzeitig an,
obgleich es selbst keine Form haben kann.
Im Gegensatz dazu nimmt Bewusstsein,
das selbst auch keine Form hat,
jederzeit (in jedem Gedanken) nur eine einzige angenommene Form
an,
nämlich die des Subjekts,
welche eine einzige ist

gegenüber Objekten,
die viele sind.

Während dem Bewusstsein auch jegliche Vielheit erscheinen kann,
wird es doch als Einheit gedacht,
die sich als Einheit oder Einzelheit (ich) entzieht.
Das Sein hingegen wird als die Vielheit gedacht,
die zwar auch Einheit hat,
aber **es ist seine Vielheit, sein Reichtum, der sich entzieht.**

Das Sein zeigt sich jederzeit als reich und viel
und suggeriert dabei, dass es noch unendlich viel mehr ist,
was dir jederzeit entgeht.
Beliebig viele spezielle Fassungen nimmt es an oder stößt es ab.
Es lässt sich formen, und zerfällt wieder.
Aber im Allgemeinen entzieht es sich,
Paradigmen müssen immer wieder verworfen werden
und als Bewusstsein,
welches dem Denken das Allgemeinste ist,
erscheint es mir gegenüber in unüberbrückbarer Distanz,
zumindest wenn ich ans Sein anderer Gegenstände denke,
wenn ich es also denke.
Mein eigenes Sein hingegen ist mir doch nah.

Die Bestimmung des Bewusstseins
ist ungleich einfacher,
weil vom Bewusstsein klar ist,
dass es nicht bestimmt werden kann,
dass nur alles negiert werden muss
(Neti neti!),
um es nicht zu verfehlen.

Die Bestimmung von mir selbst ist einfacher,
weil nach der Frage nach mir selbst
unmittelbar offenbar ist,
wer oder was ich selbst bin,
nämlich ohne weitere mögliche Bestimmung ich selbst.

Das Nachdenken und Hinweisen aufs Bewusstsein ist einfach,
weil über die Gedanken, die hier erscheinen,
nur gesagt werden muss,

dass sie verschwinden müssen,
um Bewusstsein übrig zu lassen,
das jetzt aber auch schon da ist.

Das Sein kann nicht auf dieselbe Weise negativ bestimmt werden.
Das Sein ist vielmehr das positive Pendant zum Bewusstsein.
Während das Bewusstsein zwar das Integral aller
Erscheinungsmöglichkeiten ist,
ist es doch deren völlige Abwesenheit, Klarheit und Leere.
Bewusstsein ist Leere.
Das Sein hingegen
ist Fülle,
es ist das Integral all dessen,
was ist,
was war
und was jemals sein wird.
Was hier ist,
dort ist,
oder irgendwo ist.
Das Sein integriert selbst alles,
was nicht ist und nie sein wird.
Selbst irrtümliche Gedanken haben Platz im Sein,
selbst Schein hat Sein,
weil sich Schein zum Sein als Zweites denkt
wie das Nein zum Ja.

Sein ist gleichsam das Ja zu allem,
indem es identisch ist mit allem,
während Bewusstsein das Nein ist zu allem,
indem es selbst nicht sein kann,
was es zeigt,
weil es diesem gegenübersteht.

So ist Sein gleichsam
die Liebe zu allem
und Bewusstsein die Freiheit in oder von allem.

Es ist einfacher,
im negativ aufzufindenden Prinzip, dem Bewusstsein

die Messinstrumente des Denkens aus der Messung
herauszukürzen,
da das Bewusstsein die Negation aller Messung und des Denkens
durch Gedanken ist.
Um übers Sein zu sprechen,
müssen diese räumlichen Kategorien der Abgrenzung, der Nähe
und der Distanz
mindestens zunächst angenommen werden.
Entweder können sie sich nachher wieder herauskürzen,
sodass sie wie das Floß zum Überqueren des Flusses hinter uns
gelassen werden können,
oder sie können als Krücken akzeptiert werden,
da, wenn über das, worüber vermutlich gar nichts gesagt werden
müsste,
etwas gesagt wird,
die Mittel des Sagens nunmal benutzt werden müssen.

Und die Mittel des Sagens sind Abgrenzung und Differenzierung.
Wozu grenzt sich das Sein ab?
Zu Bewusstsein.
Aber auch zum Nichts.
Als Einheit zu all seinen Einzelheiten.
Und auch zum Schein.

Die Verfolgung dieser ziemlich allgemeinen Begriffe
führte aber zu diesen oder jenen Philosophien,
wenn sie nicht System und Methode hat,
wenn sie nicht dem Kriterium dieses Buchs,
völliger Allgemeinheit,
dem „Ich weiß es nicht" folgt,
das nicht zu tief in gedankliche Konstrukte eintauchen lässt,
sondern stets nur das Nichtdenken umkreist.

Eher als nach dem Was
ist also nach dem Wie zu fragen,
da „Was?" konkrete gedankliche Antworten fordert,
während „Wie?" nach allgemeineren
und subtileren, sich entziehenden Zusammenhängen fragt.

Die Frage ist also eher
„Wie ist Sein?"

als „Was ist Sein?".

Also: Wie grenzt sich das Sein ab?
Wie kann es sein, dass ich sage,
Bewusstsein ist allem gewissermaßen fern,
Sein ist allem das Nächste?

Dass ich sage,
Bewusstsein habe zu allem eine gewisse Distanz,
weil seine Inhalte, die Phänomene der Wahrnehmung und des
Denkens,
auf etwas hinter sich verweisen,
etwas Erstes, das Sein,
dass ich also sage,
Bewusstsein sei zum Sein etwas Zweites,
denkt eine Distanz zwischen dem Zweiten und dem Ersten,
wobei das Erste auch ohne das Zweite sein kann
und nicht andersherum,
sodass das Erste keine Distanz zu sich hat,
das Zweite aber zum Ersten,
sodass das Zweite notwendig überhaupt Distanz hat.

Auch wird Bewusstsein als Nichtdenken,
also als die reine Form des Denkens entdeckt.
Das Denken birgt aber die größtmögliche Distanz zu allen Dingen,
denn wenn alle Phänomene,
alle Wahrnehmungsarten und das Denken
auf einer Skala
hinsichtlich ihres Potenzials,
eher das Nahe oder das Ferne zu zeigen,
abgetragen würden,
dann wäre das Denken dasjenige Phänomen,
das eher das Ferne zeigt
und das Nächste tendenziell verfehlt,
wenn es versucht, es zu fassen.

Die Skala aller Phänomene hinsichtlich des Aspekts nah-fern
entfaltet sich so:

Was mir am nächsten ist,
mein Körper,

fühle ich,
wenngleich nicht immer jede Stelle gleichzeitig,
aber was mir am nächsten ist,
kann ich willentlich **erfühlen**
und unwillentlich kann die **Empfindung** jeder beliebigen Stelle
meines Körpers jederzeit beginnen.
Was sich mir annähert, andere Körper,
kann ich ebenfalls fühlen,
wenn sie mir nah genug kommen, dass ich sie **berühren** kann.
Dann erfühle ich tendenziell nur deren Oberfläche
in Kontakt mit meiner eigenen
und empfinde in meinem Inneren aber auch,
wie dieser andere Körper ist.

Fast genauso nah ist,
was ich **schmecke**.
Dies ist ein besonderes Gefühl
auf der Zunge,
das mit der Möglichkeit der Auflösung
eines anderen Körpers in mich zu tun hat.

Eng verbunden mit dem Schmecken ist das **Riechen**,
das nun aber eine erste Distanz zulässt.
Zwar mögen Schlangen
und andere eng mit dem Boden verbundene Tiere
Erschütterungen auf weite Distanz erfühlen,
sodass diese Skala flimmert,
doch wird dann der Boden zur Erweiterung des eigenen Körpers
oder die Information der Distanz ist eine gedankliche Interpretation.
Jedenfalls würde die Erschütterung im eigenen Körper empfunden,
wie auch der Wind ein Gefühl auf der Haut hinterlässt,
das eine Information aus der Ferne herträgt.
Wenngleich dem Fühlen Informationen über Fernes entnommen
werden können,
ist die Gefühlsempfindung, die diese Information birgt, selbst
ihrem Wesen nach als nah empfunden.
Der **Geruch** wird aber als **Wolke meiner Umgebung** empfunden,
die **mir nie völlig nah** sein kann.
Der eigene Geruch entgeht der eigenen Nase,
er würde eine Störung des Sinns bedeuten.
Die Nase riecht sich nicht selbst,

während die Haut sich aber selbst fühlt.
Das Riechen erlebt einen gewissen umgebenden Raum,
sodass der Geruch
nach Gefühl und Geschmack
die erste Wahrnehmungsart auf der Skala ist,
die etwas Fernes,
wenngleich stets noch ziemlich Nahes zeigt.
Man kann beinah abschätzen,
dass die Quelle eines Geruchs selten mehr als ein paar Meter
entfernt empfunden wird
und die Geruchsvorstellung selbst
umgibt nur meinen nächsten Raum.

Manchmal **höre** ich weiter,
als ich sehe.
Aber was ich sehe,
geht mir nicht so nah,
wie, was ich höre.
Das Hören fühlt noch die Töne,
Rhythmus und Bass verschwimmen mit Gefühl,
und da ich das Licht von fernen Sternen sehen kann,
die so weit entfernt sein können,
dass sie nicht einmal mehr existieren,
bevor ihr Licht bei mir ankommt,
und da ich von diesen Sternen nie etwas hören werde,
weil ihr Geräusch gleich einer Geruchswolke verfliegt,
während ihr Aussehen
linear in alle Richtungen
und auch in meine Richtung strahlt,
ist das **Sehen** die Wahrnehmungsart,
die tendenziell größere Ferne zeigt als das Hören.

Auch liegen **Fühlen, Schmecken, Riechen, Hören, Sehen**
auf dieser **Skala von nah nach fern**
in Kongruenz mit durch andere Aspekte bezifferten Skalen,
der Flächigkeit und Linearität (bis hin zur Dimensionslosigkeit) hin zur
Ferne,
der Räumlichkeit und Aufgelöstheit (bis zur Vieldimensionalität) hin
zur Nähe,
der Klarheit, Kommunizierbarkeit und gedanklichen Fassbarkeit hin
zur Ferne,

und der Diffusität und des Sich-Entziehens hin zur Nähe.

Das Sichtbare ist eher gedanklich fassbar und also auch eher kommunizierbar.
Über Gefühle zu sprechen,
bedarf oft langer Zeit, ausschweifender Romane und scheitert nicht selten.
Es kann in Gedichten nur zwischen den Zeilen übermittelt werden.
Ein Wort kann aber auf etwas ziemlich eindeutig umrissenes Sichtbares zeigen.

Aufs Sichtbare kann gezeigt werden
und das Sichtbare zeigt deutlichere Konturen
als Geräusche, Gerüche, Gefühle.
Dies eint das Sehen mit dem Denken,
denn **das Denken fährt die Grenzen, die das Sehen in seinen Konturen zieht,**
gleichsam doppelt nach
und erdenkt sich darüber hinaus eigene,
die es aus Addition und Subtraktion,
aus Multiplikation und Division,
aus Abgleich der Identität oder Differenz
gesehener Grenzen erdenkt,
sodass es in der Vorstellung Sichtbares schafft,
das vom menschlichen Auge nie gesehen wurde.

Eine lange gesehene Linie
kann in die Unendlichkeit verlängert gedacht werden,
nie aber in ihrer unendlichen Länge gesehen werden.
Es kann beliebig weit in den Raum,
bis hinein in den Raum der Möglichkeiten
und mathematischen und philosophischen Denkbarkeiten hinein
gedacht werden,
ebenso beliebig weit zurück geforscht
bis an den **Anfang des Universums**.
Das Denken fasst also noch größere Ferne als das Sehen,
sodass die Skala zwischen
eher Nahes oder eher Fernes anzeigenden Phänomenen so verlauft:
Fühlen – Schmecken – Riechen – Hören – Sehen – **Denken**.

Wohl deshalb bezieht das Denken in seinen Aussagen scheinbar
größere Gewissheit aus dem Sehen oder Hören als aus dem Fühlen,
weil es als Fernes dem Fernen nahe ist.
Das Fühlen ist sich als Nahes selbst gewiss.
Ich vermute weniger Irrtum darin, was ich fühle,
solange ich nicht gedanklich interpretiere, was ich fühle.
Wenn sich aber das aus der Ferne blickende, das Denken,
aufs Nahe bezieht, wird alles unscharf.
Seine Schärfe kongruiert nur mit der Schärfe der groben Ferne,
wenn das Denken über Gesehenes urteilt
und mehr noch, wenn das Denken in Mathematik und Philosophie
sich selbst zum Gegenstand nimmt.

So paradox es auch ist,
in der Ferne scheinen die Informationen gewisser.
Man mag sich zwar irren über das Ferne,
aber das scheint zunächst konsequenzlos.

Das Nahe ist sich selbst gewiss,
aber dem Denken ist das Nahe ungewiss.
Dem Denken entzieht sich das Fühlen.
Und noch näher, noch gewisser als das Fühlen
ist das Sein.

Sein ist das völlig Nahe,
das distanzlos Nahe,
da mein Sein mir noch näher ist als, was ich fühle,
und so muss es auf dieser Skala von nah nach fern also noch vor dem
Fühlen angeordnet werden.

Die Skala der Erscheinungsweisen hinsichtlich der tendenziellen
Anzeige von Distanz ist also von nah nach fern:
Sein – Fühlen – Schmecken – Riechen – Hören – Sehen – Denken.

Hierbei muss noch überprüft werden,
ob Sein überhaupt eine Erscheinungsweise ist.
Fühle ich mein Sein gerade noch so,
ist es eine Art Fühlen,
oder von welcher Art Gewissheit und Nähe ist es?

Muss nun Bewusstsein ans gegenüberliegende Ende dieser Skala gesetzt werden,
sodass Bewusstsein und Sein durch die Wahrnehmungsarten zwar verbunden erschienen,
sich tatsächlich aber an gegenteiligen Enden dieser Skala befänden,
sodass Sein stets näher als nah,
Bewusstsein stets ferner als fern wäre?
Aber ich bin doch Bewusstsein selbst,
es ist mir also genauso nah wie mein Sein.
**Mir selbst sind sowohl Sein als auch Bewusstsein distanzlos nah,
aber hat Bewusstsein nicht eine notwendige völlige Distanz zum Sein,**
um es abzubilden?

**Aber spaltet sich diese Skala nicht innerhalb des Denkens in wiederum gegenteilige Verläufe auf,
da das Denken mit Gedanken
dem reinen und nur eigentlich wirklichen Denken des Nichtdenkens entgegengesetzt ist?**
Spaltet sich nicht diese Skala innerhalb des Denkens
in die speziellen, das Wesen des Denkens verfehlenden Gedanken
und das Allgemeine des Denkens auf, das sein Wesen erfüllt?
Und fasst nicht das Allgemeine des Denkens, das Nichtdenken
sehr wohl das Nahe, indem es dessen Sich-Entziehen zulässt,
während das Spezielle, das Denken mit diesen oder jenen Gedanken,
in seinen Festsetzungen das lebendig bewegte Nahe nur verfehlen kann?

Da es Gedanken sind,
die an den zeitlichen oder räumlichen Anfang und ans Ende des Universums,
also ans völlig Ferne, denken,
**da es also das Denken mit Gedanken ist,
das das Ferne fasst,**
muss die Skala dann nicht eher so aussehen?:
Sein – Fühlen – Schmecken – Riechen – Hören – Sehen – **Gedanken**

**Denn vom Nichtdenken kann nicht gesagt werden,
dass es (nur) das Ferne fasst.**
Es schaut nicht in die Ferne,
es schaut überhaupt nicht,

oder es schaut überhaupt nur,
teilt aber nicht ein in nah oder fern.
Es denkt nicht gedanklich, interpretiert nicht.
Etwas als fern zu sehen, heißt, es von etwas Nahem abzugrenzen.
Das Nichtdenken grenzt aber nicht ab.
Es lässt alle Wahrnehmungen erscheinen,
ohne weiteren Einfluss auf sie zu nehmen.
Es ist völlig allgemein und fasst also sowohl Nahes als auch Fernes.

Wenn das Nichtdenken auf dieser Skala also nicht
zusammen mit dem Denken durch Gedanken,
das dem Nichtdenken entgegengesetzt ist,
abgetragen werden kann,
kann es überhaupt auf dieser Skala abgetragen werden,
oder liegt es orthogonal zu ihr?

Während Gedanken wild spekulativ
Behauptungen über das Ferne aufstellen
und in ihren Behauptungen übers Nahe
selbst das Nahe noch entfernen,
gibt es in der Wissenschaft die Maxime des genauen Hinsehens,
die noch in den kleinsten Zwischenräumen differenziert.
Die ist zwar nie genau genug,
weil einzig das Nichtdenken völlig genau ist,
sie ist aber als Methode die **Analyse und also Auflösung
unhinterfragter Alltagsannahmen.
So bestätigt das Mikroskop
und das Schauen durch immer feinere Mikroskope**
erst der Biologie, dann der Chemie und schließlich der Physik,
dass sich die Zwischenräume stets weiter differenzieren lassen,
dass es die vom Sehen mit dem bloßen Auge
und von Gedanken behauptete flächige Klarheit, gedankliche
Fassbarkeit, lineare Begrenzbarkeit in der Welt eigentlich nicht gibt,
sondern **umgrenzende Linien sich auflösen,
je näher man hinsieht,
sodass klar wird,
dass es eigentlich überhaupt keine Linien oder Grenzen im Sein
gibt,
und Abstände zwischen allem erweitern sich,
je näher der Zoom,
desto mehr Nichts zwischen allem,**

217

alles löst sich auf,
verschwindet vorm immer genauer hinsehenden Auge,
sodass da eigentlich nur reine Auflösung ist,
völliges Sich-Entziehen,
eine Unendlichkeit zwischen jedem noch so kleinen Teil in allem.

Dieses Sich-Auflösen gedachter Grenzen
gibt es aber sowohl im Nichtdenken
als auch im Gefühl.
Ich fühle eine Sache nie so scharf umgrenzt,
wie sie aussieht.

Ein Gedanke, der sich selbst fokussiert,
wie es die Mathematik tut,
die scharf umgrenzte, innerhalb ihrer Grenzen völlig sichere
Aussagen trifft,
ist sich seines Gegenstands gewiss.
Ein Beispiel ist der Gedanke an diesen Satz, der seinen Gegenstand
klar vor sich hat.
Aber welcher Gegenstand ist das?
Nur ein gedachter,
mit ausschließlichem Bezug zur Form des Denkens,
ohne Bezug zum Sein,
dessen Gegenstände sich entziehen.

Das Nichtdenken allerdings erfasst diese Gegenstände, die sich
entziehen.
Das Nichtdenken erfasst das Sein,
indem es nichts über es aussagt,
indem es es nicht fasst,
indem es es nicht denkt.

Das Nichtdenken fällt also mit dem
dem Denken mit Gedanken gegenüberliegenden Ende
der Skala in Eins!
Das Nichtdenken schaut eher aufs Gefühl
als mit den Augen,
eher mit dem Herzen
als mit dem Verstand in diesen oder jenen Begriffen.
Das Nichtdenken lässt die Wahrnehmungen zu,
wie sie sind,

aber es kürzt die Deutungen sich unhinterfragt behauptender
Gedanken heraus
und somit auch mögliche Irrtümer
in der Interpretation dieser oder jener Wahrnehmungsinformationen
durch Gedanken.

Wenn das Nichtdenken aber, ebenso wie das Sein,
am dem Denken mit Gedanken gegenüberliegenden Ende dieser
Skala
anzuordnen ist,
sodass diese beiden Aufzeichnungen der Skala
von nah nach fern
von Auflösung zu Abgrenzung
Gültigkeit haben:

Sein–Fühlen–Schmecken–Riechen–Hören–Sehen–Gedanken

Nichtdenken–Fühlen–Schmecken–Riechen–Hören–Sehen–Gedanken,

dann fällt also
das Nichtdenken mit dem Sein in Eins!

Dann springt also das Nichtdenken
als die Überwindung des Denkens mit Gedanken,
als die Erfüllung des Denkens selbst
aus dem entferntesten Wahrnehmen
zurück zur Nähe selbst,
und da diese Nähe völlige Allgemeinheit ist,
überfliegt und überblickt und integriert es in dieser Zurückbiegung
der Skala zu einem Kreis das Ferne ins Nahe, das Grobe ins Feine.

Dann ist es kein Wunder,
dass im entferntesten Gedanken,
in der konstruierten Vorstellung eines anderen, isolierten
Bewusstseins,
das irgendwo, völlig fern von allem und hilflos,
in **einem Zustand unendlicher Angst** gefangen wäre,
der sich am gedanklichen Selbstfokus ‚Angst vor Angst' festhielte,
die größtmögliche Entfernung
von der Wahrheit des Seins besteht
und somit die größtmögliche Täuschung und Illusion!

Und es ist kein Wunder,
wenn in dieser künstlich durch den Selbstfokus verhärteten Grenze
im Sein,
sich das Gefühl, ja die Eigenbewegung des Seins selbst
derart staut,
dass das Gefühl die Enge erlebt,
die dieser Gedanke vorstellt.

Und es wundert nicht,
dass im Nichtdenken Friede liegt,
da das Fühlen selbst in Frieden gelassen wird.

Ist die Skala der Wahrnehmungsarten zwischen Nähe und Ferne,
die Nichtdenken und Sein in Kongruenz bezüglich ihrer Nähe findet,
also auch eine zwischen Wahrheit und Illusion,
wobei Wahrheit mit Nähe
und Illusion, Irrtum mit Ferne einherginge,
Wahrheit mit Auflösung unhaltbarer Behauptungen
und Illusion, Irrtum mit dem sturen Beharren auf unhinterfragten
Annahmen?

Täuscht man sich nicht auch eher
im Sehen als im Geschmack,
täuscht man sich nicht eher in Gedanken als im Gefühl?
Ist nicht das Sein völlig fraglos offenbar
und Gedanken nichts weiter als ein Haufen Zweifel?

Das Nichtdenken als Erfüllung des Wesens des Denkens
schließt diese Skala zu einem Kreis,
indem es als allgemeinster Gedanke,
die Ferne zum Nahen hin zurückbiegt.

Bewusstsein hat Sein vermeintlich zum Gegenstand,
sodass eine Distanz zwischen beiden besteht.
Das ist aber nur ein Gedanke.
Tatsächlich geht Bewusstsein offenbar untrennbar mit dem Sein
einher.

Nichtdenken, Bewusstsein ist das unsichtbare Integral aller
Erscheinungsmöglichkeiten,

es kürzt jede Möglichkeit von Irrtum aus der Skala angenommener Entfernungen heraus.

Ist dann aber Bewusstsein ein Aspekt des Seins,
oder ist es nur seine wahrheitsgemäße Abbildung?
Ist Nichtdenken dasselbe wie Sein,
oder geht Nichtdenken nur mit der freien Entfaltung des Seins einher?

Wenn Bewusstsein identisch ist mit Sein,
dann ist deren Einheit **die Allgemeinheit,**
die auch das Spezielle der Wahrnehmungen in sich zulässt
und es ist **die Wahrheit,**
die auch Illusionen in sich zulässt.

Wenn ich nach einem Unterschied
zwischen mir selbst als Bewusstsein
und mir selbst als Sein
suche,
kann ich ihn dann außerhalb dieser gedanklichen Konzepte,
außerhalb der Gedanken ‚Bewusstsein' und ‚Sein' finden?

Wo wäre die Grenze zwischen meinem Bewusstsein und meinem Sein?
Entziehen sich nicht beide auf dieselbe Weise selbst,
sodass sich auch ihre angenommene Grenze, jede gedachte Abgrenzung entzieht?

Sind es nicht die Wahrnehmungen und das Denken,
die überhaupt erst Gröbe, Ferne, Behauptung und mögliche Täuschung suggerieren?
Wenn die Behauptung, es gäbe Behauptungen,
die Behauptung von Ferne, Gröbe, Isolation und möglicher Täuschung,
der Glaube an Illusion hinterfragt wird,
wenn diese Gedanken auch noch aufgegeben werden,
der gedankliche Zweifel an gedanklicher oder nichtgedanklicher Repräsentation oder Nichtrepräsentation,
die Bezweiflung der Präsenz
die Entzweiung des Seins
der Zweifel im Offenbaren

das vermeinte Zweite im Einen,
das sich entzieht und also immer eher nicht ist, als dass es ist,
aber gerade noch so ist,
dass nur gerade so nichts über es ausgesagt werden kann,
während es das unendliche Potenzial zu beliebig vielen irrtümlichen
Aussagen und Gedanken birgt,
wenn der Versuchung nicht widerstanden wird,
es so zu belassen, wie es offenbar ist, –
wenn dies aber unterlassen wird,
was ist dann da?

**Ich kann keine Grenze zwischen Bewusstsein und Sein finden,
die nicht bloß behauptet ist,**
die sich nicht bloß in gedanklich interpretierten scheinbaren
Wahrnehmungsgrenzen spiegelt.

**Es scheinen die Wahrnehmungen zu sein,
die eine Trennung zwischen Bewusstsein und Sein behaupten.**
Das Gefühl sagt, es ist etwas, das ich fühle,
der Geschmack, es ist etwas, das ich schmecke,
der Geruch, es ist etwas, das ich rieche,
das Gehör, es ist etwas, das ich höre,
das Gesicht, es ist etwas, das ich sehe,
**aber
es liegt nicht in den Wahrnehmungen,
das sind Gedanken!!**

Diese **Täuschung** ist so sehr versteckt,
so **subtil liegt sie in den ältesten versteckten unhinterfragten
Grundannahmen des Denkens mit Gedanken,**
dass die alltägliche gedankliche Interpretation der Wahrnehmungen
selbst nicht mehr wahrgenommen wird!
**Das Falscheste ist so nah an mich herangerückt,
dass ich es nicht mehr sehen kann.**

**Wahrnehmungen,
ohne dass sie durch Gedanken begleitet würden,
die sie interpretierten,
behaupten überhaupt nichts!**

Und sie behaupten nicht die Grammatik der Minimalsätze

‚Ich denke etwas, sehe etwas, fühle etwas, nehme etwas wahr' usw.,
sie sind weder transitiv noch reflexiv noch konstativ.
Nicht mal die Prädikation ‚Ich bin' ist eine valide Feststellung,
da sie eine Zweiheit einführt, die vor diesem Satz da nicht war.

‚Ich' und ‚bin' sind auch nicht identisch,
erstens weil sie nicht zwei sind,
die in einer Identität geeint werden könnten,
zweitens weil niemand nach einer Identifizierung gefragt hat.

Das Denken, von dem hier ausgegangen wird,
weil dies ein Buch ist und es Gedanken enthält,
stellt sich von vornherein zwischen „mich" und „etwas",
es ist immer das „Ich denke etwas".
Das „denke" verbindet nicht, wie zuvor angenommen, „ich" und
„etwas",
es stellt sich zwischen sie!
Es ist das Denken, das die Trennung zwischen mir und etwas
suggeriert.
Ohne Gedanken ist kein Unterschied zwischen Bewusstsein und Sein
auffindbar.
Es bin zwar immer ich, als Bewusstsein, der nach dem Sein sucht,
aber was auch immer ist, nennt sich selbst auch ich.
Und es nennt sich selbst eben nicht „ich",
wenn es nicht denkt,
und es sagt nicht,
dass es sei,
wenn es nicht denkt,
und es sucht sich nicht.

Und ebensowenig wie die Begrenzungen durch Gedanken zutreffen,
finden sie in den Wahrnehmungen statt.
Doch mit ihnen ist die gedankliche Behauptungskraft viel
hinterlistiger, weil flüsternd leise, überhaupt nicht offensichtlich,
wie sie es in hingeschriebenen Worten,
die für Gedanken stehen, sind.

Bezieht sich das Denken aufs Denken selbst, also letztlich aufs
Nichtdenken,
und geht den Weg seiner eigenen Überwindung konsequent,

dann entlarven sich die ansonsten unhinterfragt angenommenen
Irrtümer.
Bezieht sich das Denken aber auf die Wahrnehmungen oder
Gedanken
und verbleibt also im Denken mit Gedanken,
dann versteckt sich der Teufel heimlich in der Welt.

Doch sieh hin:
Ohne einen es begleitenden Gedanken,
der diese Trennung behauptet,
sagt Gefühl nicht, dass es etwas sei, das es fühle,
Geschmack nicht, dass es etwas sei, das es schmecke,
Geruch nicht, dass es etwas sei, das es rieche,
Gehör nicht, dass es etwas sei, das es höre,
Gesicht nicht, dass es etwas sei, das es sehe,
ein Gedanke nicht mal, dass es etwas sei, was er denkt,
wenn ihm nicht geglaubt wird,
sodass er vorbeizieht
wie eine Wolke, die gar nicht erst entsteht, bevor sie sich schon
auflöst
vor der Sonne der Klarheit des alles befragenden Blicks.

Kein Gedanke behauptet an sich,
dass du es bist, der ihn denkt,
und dass es ein Sein hinter ihm gäbe,
das er denkt.
Kein Gedanke behauptet an sich,
dass du vor, dass ich vor,
und etwas hinter ihm stünde,
worauf er verweist.

Die Behauptungskraft aller Gedanken
liegt stets verwiesen in anderen Gedanken,
in allgemeineren, grundlegenderen Irrtümern,
die diese oder jene Behauptungen formulieren würden,
die es dann aber doch nicht tun,
weil ihre Sätze in Worte und ihre Worte in Buchstaben
und ihre Buchstaben in Linien und ihre Linien in Punkte
und die Punkte ins Weiß des Papiers und das Papier ins Buch
und das Buch in die Hände und die Hände in die Augen
und die Augen ins Selbst und das Selbst ins Sein

und das Sein ins Selbst
und das ins ins ins zusammenfallen.

Kein Gedanke behauptet sich selbst,
ohne dass du ihm glaubst!
Versuchung besteht nicht für sich selbst,
es muss jemand versucht werden,
der Virus braucht einen Wirt.

Wenn du aber die Gedanken versuchst,
dann glauben sie dir
und deiner Behauptungskraft,
die du nicht brauchst,
weil du fraglos bist
und als Frage nur allem entgegenstrahlst,
was etwas anderes behauptet.

In dieser reinen Frage
nach mir selbst
im doppelten Sinn von ,selbst',
des reinen auf mich Zurückweisens,
das sich nicht zu früh mit Gefundenem zufriedengibt,
finde ich mich
und finde mich nicht
als **Sein und Bewusstsein,**
die sich dieselben Eigenschaften
der Auflösung, des Sich-Entziehens und der distanzlosen Nähe
teilen!

Die Allgegenwart
der Verweise aus diesem Moment heraus in jedem Moment,
ins Dort
nicht vom Hier heraus, sondern
im Hier,
die Einbettung des Speziellen,
das die Gesamtheit der fragmentiert erscheinenden
Wahrnehmungsarten in einem Moment ist,
ins Allgemeine,
der möglichen Täuschung ins Offenbare,
dieser oder jener Gedanken ins Nichtdenken,
liegt jederzeit in mir,

nicht integriert, weil ich nicht ganz bin im Verhältnis zu Teilen,
geschweige denn bestimmbaren Teilen,
als Sein
als Bewusstsein.

Heureka!
Ich bin das Offenbare!
Ich bin Sein, Bewusstsein, Glücklichkeit, Friede.

Das Leid,
die Angst,
die ich gedanklich vermeinen kann,
ist Illusion, die in der Wahrhaftigkeit des Nichtdenkens nicht
überdauern kann,
sondern in die Ruhe, die hier herrscht, eingeht.

Was aber ist mit dem Leid,
das die Wahrnehmungen zeigen,
das andere zu allen Zeiten und an allen Orten erleben,
die dieser Einsicht gegenüber in Dunkelheit wandeln,
da sie nicht das Glück hatten,
die richtige Frage zu stellen?
Was ist mit denjenigen,
die sich im Irrtum befinden?
Was kann dieses Buch für sie tun?

Gilt das hier Entdeckte nur für mich?
Und gilt es nur jetzt für mich,
da ich es fokussiere?
Brenne ich die versteckten falschen Überzeugungen gerade mit aller
Kraft aus mir heraus,
könnten sie dennoch wiederkommen,
wenn ich von dieser Befragung abschweife,
sodass ich ein anderer, dunklerer würde,
der ich schon einmal war,
da ich so vielen Gedanken unbemerkterweise Glauben geschenkt
habe?

Die Frage nach anderen ist auch die Frage
nach mir selbst zu einer anderen Zeit,
denn ich kann doch gar nicht bestimmen,

wer ich selbst bin
und in welchen Umständen ich mich befinde
und wie sich diese wandeln mögen.

Ich kann zwar allgemein mit Bestimmtheit sagen,
dass ich als Bewusstsein identisch bin oder in Kongruenz liege mit
Sein,
die beide dieselben Eigenschaften der Unbestimmtheit teilen.
Aber **ich kann nicht bestimmen,**
wie viele Unwahrheiten mich noch umgeben
und umgeben werden.

Wie ist es also mit Wesen in anderen, diesen oder jenen Umständen?
Dieses Buch kann jedem, der er liest, den richtigen Weg im Denken
aus den Gedanken heraus weisen,
aber **wie stelle ich sicher,**
dass das Denken
ein für alle Mal
so aufgeklärt wird,
dass es sich nie wieder
durch die versteckte Vorherrschaft falscher Prämissen
verdunkeln kann?

Hierfür muss ich zunächst wissen,
ob das,
was in diesem Gedankengang gefunden wurde,
für jedes Wesen gilt,
oder ob es zum Beispiel nur durch Worten denkenden Wesen
zugänglich ist,
mir also in einem Traum oder Rausch-Zustand genommen werden
könnte,
oder in einer nicht auszuschließenden Reinkarnation
als Pflanze oder Tier
wieder in ewige Vergessenheit geraten könnte.

Diese Frage ist allerdings schnell beantwortet:

Wenn ich fragte,
wie ist es,
dieser andere Mensch zu sein,
dieses Tier zu sein,

diese Pflanze zu sein,
dieser Stein zu sein,
dieser Wind zu sein,
dieser Ozean zu sein,
usw.,
dann könnte ich die Distanz,
deren gedankliche Behauptung das Erscheinen der Wahrnehmungen begleitet,
versuchen zu überbrücken,
indem ich mich schrittweise annäherte,
indem ich von fern an diesen Gegenstand dachte,
ihn dann ansähe,
ihm zuhörte, wie er klingt,
ihn röche, möglicherweise schmeckte,
ihn berührte, ertastete, erfühlte, mich in der Vorstellung in ihn einfühlte,
mir schließlich vorstellte,
wie es sich anfühlen würde,
er zu sein,
wie sich dieses andere Wesen wohl fühlt,
und wenn ich dann in meiner Annäherung
dabei ankäme,
mich zu fragen,
wie es ist, dieses andere zu sein,
unabhängig davon, ob es selbst überhaupt wahrnimmt,
so wie man dem Ozean oder dem Wind oder einer Pflanze nicht unterstellt,
dass sie sehen oder hören könnten,
so wäre die Frage nach dem Sein dieser Sache
dieselbe Frage wie die Frage nach meinem eigenen Sein,
denn ich denke mich ja nun als dieses andere,
sodass ich mich frage,
was ist das Sein dieses anderen, wenn ich es wäre?
Und da diese Frage unabhängig ist davon,
was ich bin,
und was es ist,
da sie nicht nach Gedanken fragt,
da es nichts gibt, was das Sein so sehr verfehlt wie Gedanken,
ist die Feststellung **unmittelbar offenbar,**
dass sich diese Frage
und **das Sein irgendeines anderen Wesens**

in keiner Art und Weise unterscheidet
von meinem eigenen Sein.

Denn jedes Wesen
erlebt sich als sich selbst.
Das Selbst eines jeden Wesens,
wenn es nach sich selbst fragte,
enthüllte sich also auf dieselbe Weise
als ein und dieselbe Sache,
die keine Sache ist,
sondern die Identität von Sein und Bewusstsein
in der sich entziehenden Art und Weise.

Jedem Wesen ist sein eigenes Sein
unmittelbar präsent.
Und sei es auch gedanklich überschattet,
eine falsche Überzeugung
ändert die Wahrheit nicht.
Es ist gar nicht nötig,
dass eine unzutreffende Annahme über mein eigenes,
ein anderes oder das Sein überhaupt
richtiggestellt würde
oder von niemandem mehr geglaubt würde.
Was der Fall ist, ist unabhängig davon,
ob es jemand feststellt, der Fall.
Was wahr ist, ist unabhängig von möglichen Irrtümern
auch im Irrtum wahr.
Schon vor und während der Suche ist alles ewig gefunden,
aber nie gefunden, weil nie verloren,
nie erinnert, weil nie vergessen,
nie erinnert, weil nie veräußert,
nie verdunkelt, weil stets offenbar,
nicht nur verfügbar, sondern wahl- und alternativlos Universalgesetz.

Du musst es nicht zugeben,
aber im Eingeständnis
liegt die Bestätigung
des Offenbaren:
Auch im Gedanken an Angst vor Angst
war unendliche Angst nicht.
Kein Leid hatte je Bestand,

kein Unglück war je umfassend,
keine Wunde ist je nicht geheilt,
kein Fleck im Bewusstsein hat je überdauert,
keine Blindheit wurde je übersehen,
kein Wesen war je nicht eingebettet in umfassenden Frieden,
kein Schrei war je verlassen von Beruhigung,
kein Selbst war je entselbstet.

Unendliche Angst ist unmöglich,
weil ihre Annahme,
ebenso wie die Annahme von isoliert bestehendem Bewusstsein,
gedanklich ist.
Sie misst sich an einer Grenze
zwischen sich und einer restlichen Welt.
Dabei ist diese Grenze, selbst wenn sich an ihr ein als umfassend
empfundenes negatives Gefühl in Vertretung der verdrängten
Wahrheit staut,
selbst ein Objekt zum Sich-daran-Festhalten,
selbst der Gedanke an unendliche Angst gibt noch Sicherheit,
selbst die Angst spendet noch Ruhe, da sie ein fixes Etwas als
Gegenüber ist,
gegenüber dem ebenso gedachten Subjekt,
das sich zusammen mit jedem vermeinten Zustand
in den Pausen seines noch so hochfrequentischen Flackerns
auflöst und als Glücklichkeit weiß.

Dass Leid vergeht,
wie Schmerz abklingt und Zeit heilt,
ist, was im Beweis der Inkonsistenz unendlicher Angst gezeigt wurde.
Es gibt keine Dauer im Leid.
Was dauert,
ist, was immer jetzt ist,
und nicht mal jetzt,
weil sich Jetzt zu Vorher und Nachher abgrenzen würde,
welche Grenze nicht auffindbar ist.
Was ist, ist Friede,
aber er ist nichtmal
und nichtmal Friede,
weil selbst ein guter Gedanke die Klarheit des Selbst noch stört.

**Gibt es nun außer der Vervollständigung dieses Gedankengangs
noch etwas zu tun,
gibt es innerhalb dieses Gedankengangs noch etwas zu tun?**
Gibt es noch tiefgreifende unhinterfragte Annahmen zu entwurzeln?

Die Frage nach dem Tun
ist die Frage nach der Einflussnahme
des Ich aufs etwas,
des Bewusstseins aufs Sein.

**Aber wie könnte das,
was miteinander Eins ist,
sich selbst beeinflussen?
Hier kann es nur darum gehen,
auch noch unter diesem Begriff bestehende Irrtümer zu
beseitigen.**

Die gedankliche Unterstellung,
dass es in der Welt etwas zu tun,
etwas zu erreichen gibt,
hat die Menschheit zu komplexen Interpretationen
übers Sein und seine unterstellten inneren Zusammenhänge geführt.

Dem Sein,
in dem bei genauem Hinsehen keine Grenzen ausmachbar sind,
wird gedanklich unterstellt,
eine Menge aus voneinander abgegrenzten Einzelheiten zu sein,
die in der Gesamtheit das Sein überhaupt bilden.

Hierbei werden die Einzelheiten innerhalb von allem so bewertet,
dass dem denkendem Wesen
der höchste Wert beigemessen wird.
Dies begründet sich in der Allgemeinheit der Gedanken,
die zwar bis aufs Nichtdenken alle relativ speziell sind,
in ihrer relativen Allgemeinheit das denkende Wesen aber dazu
befähigen,
die Welt zu ordnen und zu beherrschen.

Aus dieser Einsicht in die Macht gegenüber anderen Gegenständen
und Wesen
folgt die Frage,

ob das Maximum dieser Macht schon erreicht ist.
Diese Frage, dieses Verlangen, dieses Vorhaben
hängt zusammen mit der Feststellung,
dass ich etwas weiß,
und der daraus folgenden Frage,
ob nicht **noch umfassenderes Wissen** zu erlangen ist,
dass ich Wahres erfasse,
und ob nicht **die ganze Wahrheit** realisiert werden kann,
dass ich glücklich bin,
und ob ich nicht noch glücklicher und **umfassend unendlich
glücklich** werden könnte.

Dies ist auch die Frage
nach dem Umfassen
dieses Seins
und dieses Bewusstsein,
worauf der Gedankengangs dieses Buchs
hinweist.

Wenn das Selbst
jedes Wesens
diese Eigenschaften teilt,
dass es Friede, Glücklichkeit, Bewusstsein und Sein ist,
sind diese dann dennoch voneinander getrennt,
obgleich jedes selbst
keine Grenze seines Daseins ausmachen kann?
Denn alle Wesen
erscheinen in gedanklicher Unterstellung
und gedanklicher Interpretation der wahrgenommenen Welt
ja als voneinander getrennt
und es handeln auch alle Wesen
(zumindest kongruiert diese gedankliche Interpretation mit einer
Vielzahl an Wahrnehmbarem),
so,
als wären sie voneinander getrennte Einzelheiten in einem
Weltganzen,
worin sie sich ihren Platz erkämpfen müssten.
Das ist neben dem Verdrängen nebeneinander wachsender Pflanzen,
der Jagd von Raubtieren auf ihre Beute,
im Leben der Menschen allenthalben präsent.

Während von diesem oder jenem Tun
schon festgestellt wurde,
dass es ohne Gedanken besser gelingt
als mit Gedanken,
so bleibt doch die ultimative Frage nach dem Tun,
nach dem wichtigsten Tun,
der grundlegenden Art und Weise,
wie das Leben zu führen ist,
welche eine, alle kleineren Tätigkeiten überschattende
Entscheidung
oder gedankliche Einsicht zu finden ist,
die in ein das restliche Leben andauerndes Tun mündet,
in dem sich der Sinn des eigenen Daseins letztlich erfüllt.

Was ist überhaupt zu tun?

In dieser Frage
antworten Religionen allgemein:
Es ist Gott zu gefallen,
d.h. das eigene Denken und die eigenen Taten
sind nicht egoistisch, zugunsten des eigenen Körpers, der eigenen
Person,
eines kleinen isolierten Ichs in meinem Körper auszuführen,
sondern vor dem Hintergrund der Gesamtheit des Seins überhaupt
auszuführen,
sodass sein Wille geschehe
und nicht mein gedanklicher eigener,
der sich irren kann hinsichtlich der Frage,
was eigentlich geschehen soll.

Nun gibt es unterschiedliche Ansichten,
wie ein Zustand Gott-gefälligen Tuns zu erreichen ist,
ein Daseinszustand, der im Einklang mit allen Wesen, der Welt, dem
Sein überhaupt in Harmonie mit allem lebt.

Viele Religionen empfehlen,
das eigene, gedanklich gesteuerte Tun
in Gottes Hände zu legen,
also in einen Zustand des Nichtdenkens überzugehen,
was mit der Ausrichtung dieses Gedankengangs offenbar
kongruiert,

jedoch noch nicht abschließend die hier noch bestehende Frage
beantwortet,
worin dieses Tun genau besteht,
worin dieser Übergang ins Nichtdenken genau besteht,
ob hierbei nicht doch noch etwas übersehen worden ist,
sodass dieses Nichtdenken vollumfänglich realisiert werden kann.

Ausführlich wurde in buddhistischen Vorstellungen
die Welt in Stufen unterteilt,
die abgeschritten werden müssen,
oder schon abgeschritten wurden,
um zum Höchsten zu gelangen.

Diese Stufen ordnen die Einzelheiten,
die einzelnen mutmaßlich voneinander getrennten Wesen der Welt
hinsichtlich der Nähe zu einem letzten zu erreichenden Zustand,
der die Einheit mit allem
und das Ziel alles Tuns
und somit auch das Ende alles Tuns bedeutet
und die Antwort auf die Frage gibt:
Was ist überhaupt zu tun?

Dies setzt die Prämisse,
dass das Sein jedes Wesens
(trotz ihrer offenbaren Identität hinsichtlich der Art und Weise)
irgendwie vom Sein aller anderen Wesen getrennt ist.
Durch die Wahrnehmungen, die die Welt als Vielzahl von mir selbst
getrennter Anderer interpretierbar machen, wird diese Annahme
gestützt.

Diese Trennung gilt es schließlich zu überwinden,
sodass das eigene Sein spurlos ins Sein Gottes,
ins Sein überhaupt eingeht.

Es leuchtet unmittelbar ein,
dass das Sein Gottes,
das Sein überhaupt,
dasjenige ist,
das umfassend wissend, wahr und glücklich ist,
da es in jedem Moment die Freude an der gesamten Schöpfung
erlebt.

Dieser Wille nach Einheit mit Gott
ist als Suche nach Erleuchtung
die eine
und letzte große Tat,
deren gedankliche Annahme ihrer Notwendigkeit und Möglichkeit
hier noch überprüft werden muss.

Wenn es einzelne voneinander getrennte Wesen in der Welt gibt,
wie unterscheiden sich diese voneinander,
sodass man letztlich von einem sagen könnte,
es hat alles Tun erfolgreich durchschritten
oder die eine richtige Tat der Hingabe begangen,
sodass sie sich in Einheit mit allem, mit Gott aufgelöst hat?
Und können einzelne voneinander getrennte Wesen
weiterhin hinsichtlich des Fortschritts auf diesem Weg,
sofern es ihn gibt, unterschieden werden?

Wenn es das Wesen dieses letzten Wesens ist,
Einheit mit allem erreicht zu haben,
dann muss dieses alle anderen Wesen in sich enthalten.

Das Gegenteil dieses Wesens wäre ein solches,
das sich völlig zu allen anderen Wesen, zum Rest der Welt abgrenzt.
Dieses ist aber der Glaube an den Gedanken unendlicher Angst,
also der Zustand völligen Irrtums,
in dem die vollständige Trennung vom Rest der Welt
als isoliertes
nur zum Leiden bestimmtes Bewusstsein vermeint wird,
und in dem die gesamte restliche Welt
gegen das eigene maximal vereinzelte Selbst gerichtet erscheint,
indem vermeint wird, man sei als punktuelles und durch die Sinne
des Körpers erschaffenes Bewusstsein von diesem abhängig und nur
dazu da,
das unweigerliche Sterben und den Verfall des Schönen zu erleiden.

Dass das Gegenteil der Einsicht in die umfassende Wahrheit des
Seins
der Zustand völliger Verlorenheit und Irrtums und reiner Illusion ist,
erstaunt allerdings nicht
und beantwortet auch nicht die Frage,

was zu tun ist,
sofern es überhaupt möglich ist,
die Einheit mit allem zu erreichen.

Es bestätigt aber zumindest,
dass **das eigene Sein,**
das in Identität mit Bewusstsein und Friede gefunden wurde,
diesem umfassenden Sein Gottes nicht fern ist.
Aber es ist die verbleibende Frage,
wie sich mein Sein zum Sein Gottes verhält,
welche Trennung hier möglicherweise besteht
und welche die eine Entscheidung oder Tat wäre,
diese Trennung zu überwinden.

Wenn der Zustand unendlicher Angst der Zustand völliger
Vereinzelung ist,
so kann gefragt werden,
welche unterschiedlichen Zustände von Vereinzelung es in der Welt
überhaupt gibt,
sodass das Erreichen der Einheit mit allem Sein
als Überkommen jeglicher Vereinzelung aufgefasst werden könnte
und also eine **Skala von völliger Vereinzelung**
hin zu völliger Einheit durchschritten werden müsste.

Blickt man auf die Welt als Ganze mit der Frage,
inwiefern sich in ihr einzelne Wesen voneinander unterscheiden
lassen,
so findet sich eine Kongruenz der Skala zwischen
Einfachheit und Komplexität
und Einheit und Vereinzelung,
sodass zunehmende Komplexität,
welche in einem eigens auf sich selbst ausgerichteten, in sich
geschlossenen, systematisch organisierten Sein besteht,
zunehmende Vereinzelung bedeutet.

Wenn also auf alles als Einheit geschaut wird,
worin sich Einzelheiten herauslösen
und sich hinsichtlich zunehmender Vereinzelung staffeln und
hierarchisieren lassen,
so beginnt die Vereinzelung mit einer geringen,
die sich noch nah an völliger Einheit befindet

und die Entfernung von Einheit hin zu zunehmender Vereinzelung erst andeutet.

Von dieser Skala

Einheit – geringere Vereinzelung – zunehmende Vereinzelung – (vermeintlich) völlige Vereinzelung (Gedanke an unendliche Angst)

ist jetzt schon offenbar,
dass sie mit der Skala zwischen Nähe und Ferne kongruiert,
da Gedanken mit Vereinzelung einhergehen und beide gemeinsam überwunden werden:

Sein–Fühlen–Schmecken–Riechen–Hören–Sehen–**Gedanken**

Denken–Fühlen–Schmecken–Riechen–Hören–Sehen–**Gedanken**

Nichtdenken –Fühlen–Schmecken–Riechen–Hören–Sehen–**Gedanken**

Bewusstsein –Fühlen–Schmecken–Riechen–Hören–Sehen–**Gedanken**

Einheit–Fühlen–Schmecken–Riechen–Hören–Sehen–**Vereinzelung**

Ein Wassertropfen im Ozean,
ein Sandkorn am Strand
sind kaum von der größeren Einheit, in der sie sich befinden und
derer sie ein Teil sind, zu unterscheiden
und wenn sie sich aus ihr herausbewegen,
so lösen sie sich bald wieder in ihrer größeren Einheit auf.
Sie sind einfach, wenig komplex und gehen in ihrer Umgebung auf,
grenzen sich nicht stark von ihr ab.
Das gilt für den **Wassertropfen** sogar noch mehr als fürs **Sandkorn**
und für einen **Wind** oder einen Bereich **Luft** noch mehr als für den Wassertropfen.

Bäume im Wald,
Grashalme oder **Blumen** auf einer **Wiese**
stehen individuell.
Man verliert sie,
wenn man sie einmal als einzeln **abgegrenzte Individuen** fokussiert,
nicht so schnell wieder aus dem Blick,
und doch gehen sie noch,

wenngleich unter geringerer Auflösung,
von weitem betrachtet
unsichtbar in die Gesamtheit des Waldes, der Wiese, der Blumenwiese ein.
Sie haben eine **größere innere Komplexität als Steine oder Wassertropfen,**
sodass sie sogar die **innere Eigenbewegung eines Organismus** haben.

Wenn diese innere Bewegung,
diese in Abgrenzung zum Sandkorn oder Wassertropfen
von der Umgebung unabhängige Eigenbewegung,
ihre eigene Regelmäßigkeit
hin zu einer größeren Komplexität
der Bewegungsverläufe aufbricht,
sodass die **Eigenbewegung auf besondere Ereignisse der Umgebung**
reagiert, sodass der Organismus handelt,
dann ist dafür eine **Wahrnehmungsschnittstelle** vonnöten,
in der sich die Umgebung spiegelt, also gleichsam verdoppelt.
Hier könnten nun verschiedene **Tiere**
hinsichtlich ihrer Wahrnehmungsarten miteinander verglichen werden.

Offenbar geschieht mit zunehmender Komplexität
eine **zunehmende Vereinzelung der immer komplexeren Einzelwesen**
sowohl in ihrer äußeren Erscheinung,
denn **Menschen,**
deren Innenleben potenziell das ganze Universum in sich spiegelt,
indem Gedanken alles Mögliche denken können,
zeigen noch stärkere Individualitätsmerkmale als Tiere,
die sich wiederum im Vergleich zu Pflanzen
unabhängig von der Zugehörigkeit zu ihrer Art
frei bewegen und individuell entwickelte Verhaltensweisen verfolgen können.

Der Zustand völliger Vereinzelung
besteht darin,
ans ganze Universum

oder an Gott
zu denken.

Der Zustand völliger Vereinzelung
besteht darin,
(den Gedanken) an vollkommene Einheit,
an das Gegenteil von Vereinzelung
zu denken.

Ans Universum zu denken,
bewirkt völlige Trennung vom Universum.
An Gott zu denken,
verfehlt ihn notwendig.
An Einheit zu denken,
bewirkt das Gegenteil von Einheit,
nämlich Trennung, Zersplitterung.

Denn ein Gedanke fasst (und verfehlt unendlich)
auf komprimierte Weise, was auch immer er denkt,
als Gegenüber zu einem im gleichen Atemzug erschaffenen,
ebenfalls gedachten, vereinzelten Denker,
der vom Gedanken unterschieden ist.
Jeder Gedanke unterliegt
dem allgemeinen Gedanken der Auftrennung, Abgrenzung
innerhalb der Welt.

Deshalb ist unendliche Angst,
das Gegenteil von Glücklichkeit,
auch das Ergebnis der Suche
nach Glück innerhalb des Denkens.

Der Gedanke an Glück
bewirkt Leid,
weil das Glück als Gedachtes
von mir als Denker getrennt ist.

Die Sicherheit im vermeintlichen Glücksfund
von ‚Was ist die Frage?' als Glücksformel,
an der man sich festhalten kann,
weil sie im Denken immer gilt
und als immer schon gelöstes Problem

als Lösung ohne Problem
ewige Freude bereiten könnte,
diese vermeintliche Sicherheit
bewirkt erst die Angst,
zu der sie sich abgrenzt.

Angst entsteht notwendig im Denken,
das an Glück denkt,
weil der Gedanke an Glück,
etwas braucht,
wozu er sich abgrenzt,
im Verhältnis wozu er Glück und Sicherheit spenden kann.

Ängstlich
ist also auch das Wesen,
das den Gedanken an Gott, das Universum, die ganze Schöpfung
in einem kleinen Gedanken
in sich selbst
als Spiegel von allem
als Dopplung von allem
als verlierbaren Schatz
festzuhalten versucht
in einem kleinen durch diese Aufgabe isolierten Selbst,
das sich als von allem getrenntes Bewusstsein denkt,
von allem getrennt,
woran es denkt,
und es denkt an alles.

Wenn die **Evolution der Vereinzelung innerhalb der großen Einheit,**
das zunehmende Sich-Abgrenzen
durch zunehmende Komplexität,
welche in **Eigenbewegtheit** besteht,
die alle möglichen Umgebungen so spiegelt,
dass auf sie reagiert werden kann, weil sie bekannt sind,
weil die Umgebung diesen aus sich herausgelösten Teil prägt,
wenn diese (nicht notwendig zeitlich gedachte) Evolution
eine teleologische **Sukzession von Bewegtheitsgraden** ist,
sodass sich Luft und Wasser mit ihrer Umgebung bewegen,
Steine einzeln aus dem umgebenden Sand herausgeweht werden
könnten,

Pflanzen eine zur Umgebung abgegrenzte eigene Bewegung in
sich haben,
Tiere sich sogar selbst bewegen und die Bewegung der Umgebung
spiegeln
und Menschen das Potenzial in sich tragen, das Allgemeinste
überhaupt,
das ganze Universum, Gott, alle Zeit, allen Raum, jede
Möglichkeit
in sich zu spiegeln und gleichsam zu verdoppeln,
als sei der ganze Ozean in einem seiner Tropfen untergebracht,
dann ist diese Evolution auf einer **Skala** abtragbar,
an deren Anfang das Einfache, noch kaum Vereinzelte, aber
Vereinzelbare ohne eigene Bewegung liegt,
zu deren Mitte hin die Eigenbewegung der Wesen zunimmt,
sodass **an ihrem Ende ein Wesen mit völliger innerer Bewegtheit**
liegt.

Die völlige innere Bewegtheit dieses Wesens
liegt im Durchdenken und dem Versuch,
alles in sich zu erfassen.
Dies ist ein gedanklicher Versuch.
Es ist der Versuch dieses Gedankengangs,
der längst von sich weiß,
dass er scheitern muss,
um zu gelingen.

Denn das gedankliche Halten
dieser völligen Bewegtheit,
die alle denkbaren, alle möglichen Bewegungen in sich integriert,
sodass die ganze Welt in ihr gefasst ist,
staut sich gegen das denkende Wesen,
das diese Energiekugel zu halten und behalten versucht
und brennt ein Loch ins Herz der Welt,
das implodieren muss.

Im Loslassen dieses Gedankens an alles,
der alles wirklich nur verfehlt,
innerhalb der Evolution der Vereinzelungen,
dem Gang des Denkens
und dieses Gedankengangs
aber notwendig

und notwendig das Letzte scheint,
im Loslassen dieses Gedankens
liegt der Übergang von völliger Vereinzelung,
der Übergang vom Fokus des nulldimensionalen Punkts,
des Ichs als Gedanke
zur beliebig-dimensionalen Einheit des Nichtdenkens, des Ich,
Bewusstseins, wahren Selbsts.

Und wie zuvor schon festgestellt wurde,
sind die Eigenschaften des Nichtdenkens identisch
mit den Eigenschaften, die der Gedanke ans All, ans ganze
Universum, an die größte Einheit, an Gott denkt!
Der Gedanke an alles ist der Gedanke an völlige Bewegtheit.
Dieser grenzt sich ab zu diesen oder jenen Bewegungen in der
Welt.

Das Nichtdenken ist aber selbst völlige Bewegtheit
und fasst wirklich alle Bewegungen der Welt als Allgemeines in
sich!

Völlige Bewegtheit
ist völliges Sich-Entziehen.
Ebenso ist Nichtdenken völliges Sich-Entziehen.
Der aufgelöste gedankliche Fokus,
der sich mit unendlicher Geschwindigkeit durch den Raum
möglicher Punkte bewegt,
bewegt sich überhaupt nicht mehr,
völlige Geschwindigkeit ist Allgegenwart und Ruhe,
dieser Fokus ist keiner, er ist Klarheit
und identisch mit Bewusstsein selbst.
Und doch ist diese Ruhe andersherum völlig bewegt,
alles ist in ihr und kann in ihr erscheinen,
jede beliebige Linie, Richtung und Bewegung
ist in völliger Bewegtheit enthalten,
obwohl diese keine Bewegung mehr ist,
weil Unendlichkeit nicht verfolgbar ist,
einzig im fokuslosen Nichtdenken erfüllt,
sie ist das Integral aller Formen.
Der unendlich schnelle Fokus
läuft in jedem Moment jede beliebige bemerkbare seibare Stelle ab,

aber unendliche Geschwindigkeit des Fokus ist nur die gedankliche
Vorstellung völliger Bewegtheit,
sie ist Allgegenwart, Präsenz.

Diese Gegenwart ist allgemein und permanent,
sie ist die Rechtfertigung des Daseins der Gedanken, des Daseins
des Falschen in der Welt,
da Gedanken ein Übergangszustand sind,
da das Falsche zum Richtigen führt,
denn wenn es überhaupt eine Entwicklung gibt
(und es gibt keine Entwicklung),
dann geschieht sie vom Speziellen zum Allgemeinen hin
und das Zweitallgemeinste (der Gedanke ans Allgemeine)
ist dabei das Speziellste und aus dieser Inkonsistenz, aus diesem
Paradoxon heraus
sprengt er sich hinein ins Allgemeinste,
welches schlichtweg das Allgemeine ist,
welches das Nichtdenken ist,
was immer schon da war
und nur der Abwesenheit von Gedanken, des Falschen, von Irrtum
und Illusion bedarf,
aber dass es dieser Abwesenheit bedürfe,
ist nur ein Gedanke,
dessen Abwesenheit es bedarf.

**Wenn also die Gesamtheit alles Seins,
in die hinein Buddha in Einheit mit Gott oder mit allem erwacht,
die Einheit mit Gott, die Jesus erlebt,
die angestrebte Einheit mit Jesus,
wenn diese in der Abwesenheit von Gedanken, im Nichtdenken
liegt,
und wenn diese die Form völliger Bewegtheit hat,
da sie als völliges Sein
die Vollständigkeit alles Seins in sich aufhebt,
da sie selbst die starre Unbewegtheit der sich gegen alle
lebendige Existenz
stauenden, ihr Fortdauern vermeintlich anhaltenden,
hemmenden Gedanken
in sich zulässt und integriert,
dann ist die Form des Seins als ganze,
welche diese völlige Bewegtheit ist,**

identisch mit der Form
meines eigenen Seins
und des Seins jedes Wesens
und der Form des Bewusstseins
und des Nichtdenkens selbst.

Diese Form,
die einzig nicht Form ist,
da sie einzig überhaupt nicht starr,
merkbar, denkbar, aufzeichnbar, unbewegt ist,
sondern völlig im Fluss,
reiner Entzug,
einziges Sich-Entziehen,
diese Form der Nicht-Form
ist nicht nur die Art und Weise eines vermeintlich einzelnen Seins,
meines Seins oder deines Seins,
sondern **es gibt nicht mein oder dein Sein,**
es gibt nur Sein überhaupt,
denn das Sein als gesamtes
hat die identische Art und Weise
mit dem Sein aller Wesen,
die es vermeintlich enthält!
Und die Art und Weise ist nicht identisch
wie auf zwei Seiten einer Gleichung,
sondern sie ist Eins!
Wenn ich in meine eigene Tiefe schaue,
ist dort nicht Vereinzelung,
finde ich mich dort nicht als den isolierten Gedanken „Ich",
sondern ich finde mich selbst
als das Selbst
und als Das selbst,
als Sein überhaupt.

Völlige Bewegtheit enthält zwar alles, was erscheint,
aber sie enthält sich selbst nicht als etwas Zweites,
also enthält sie sich überhaupt nicht selbst,
denn es kann nicht von Enthalten gesprochen werden.
Völlige Bewegtheit ist auch nicht identisch mit sich selbst,
denn sie ist nicht fassbar,
sodass sie auf zwei Seiten einer Gleichung festgehalten werden
könnte.

Sie ist das Wesen des Nichtdenkens,
das ebenso unvergleichbar mit irgendeinem vermeintlich anderen Nichtdenken oder Bewusstsein,
nicht identisch,
sondern ein und dasselbe ist!

Was für völlige Bewegtheit, das Nichtdenken, reines Denken, reine Präsenz gilt,
gilt auch für Bewusstsein, mich selbst.
Siehe:
Dass sich mein Fokus mit einer bestimmten endlichen Geschwindigkeit an Gegenständen entlangbewegen könnte, ist nur ein Gedanke!
Überprüfe das!
Die gedanklichen Sprünge sind beliebig schnell,
es gibt keine kleinste bemerkbare phänomenale Einheit,
der Fokus ist fragmentiert, alles flimmert und entzieht sich,
ist einzig im Absehen von der Welt
im Nichtfokus auf und nicht auf mich selbst offenbar.

**Es ist kein Wunder,
dass sich alle Wesen ‚Ich' nennen.
Sie meinen alle dasselbe.**

Gilt es das zu erkennen,
zu realisieren,
zu verwirklichen?
Dieser Gedankengang gibt es vor
und **die Möglichkeit des Irrtums
verlangt das Ende des Denkens durch Gedanken,
die allesamt notwendig irren.
Aber ebenso irrt der Gedanke daran,
dass irgendetwas nötig sei,
um die Wahrheit wahr zu machen.**
Der Gedanke, dass ein Gedanke an irgendetwas etwas ändert, ist falsch.
**Gibt es etwas zu erkennen?
Nein, du bist erkennendes Bewusstsein selbst
und was du erkennst, wird als getrennt von dir vermeint
und ist alles verkürzender und verfehlender Gedanke,
sodass es kein Erkennen außerhalb von Selbsterkenntnis gibt.**

Wenngleich in vielen anderen, vorübergehenden und letztlich
gedanklichen Hinsichten sehr wohl
kann sich in dieser Hinsicht
auch das Selbst Gottes von irgendeinem Selbst nicht
unterscheiden!

Ist dies das Heureka,
mit dem dieser Gedankengang
und dieses Buch schließt?

Nein!
Es gibt kein Heureka!
Es wurde nichts gefunden,
es gibt nichts zu finden.
Was gefunden werden müsste,
war nie verloren
und es gibt nichts, was gefunden werden könnte
und nicht nur vorüberzieht.

Niemals kann jemand behaupten
„Ich bin Eins mit Gott,
ich bin Eins mit allem,
ich lebe in Einheit mit Gott,
ich habe die Einheit mit allem realisiert" oder etwas Ähnliches,
denn es gibt kein ‚Ich',
das das behaupten kann,
da es in jeder Aussage,
und also auch in diesen,
getrennt ist von dem,
womit es nach seiner Abspaltung vermeintlich wieder in Verbindung
gebracht werde.

Ja,
das Sein jedes Wesens ist identisch mit dem Sein selbst.
Dass es etwas Seiendes gäbe,
das als einzelnes Wesen bloß Anteil am Sein hätte,
ist eine ungeprüfte und unhaltbare gedankliche Unterstellung.
Das Bewusstsein jedes Wesens
ist identisch mit dem eigenen Sein
und Sein selbst.

Das Bewusstsein jedes Wesens
ist also auch identisch mit Bewusstsein überhaupt,
Bewusstsein und Sein sind Eins
und **es gibt niemanden,**
kein Ich,
das im Verweis auf sich selbst
nicht auf ein und dasselbe zeigt
wie jeder andere,
da Bewusstsein und Sein
allgemein feststellbar
die nicht wieder individualisierbare, nicht an eine Persönlichkeit
knüpfbare
(da sie sonst gedacht, Objekt wäre),
gemeinsame Eigenschaft haben,
sich zu entziehen.

Und nein,
diese Einsicht liegt nicht in Gedanken oder Worten.
Gedanken und Worte haben ihr Wesen
als dasjenige, was alles unendlich vergrobt und verfehlt,
als reiner Schein, als einziges Gegenteil vom Sein, das kein Gegenteil
hat,
als dasjenige, was stets Falsches bis hin zu der Wahrheit
Entgegengesetztem zeigt,
längst offenbart.
Worte und Gedanken stehen in ihren unzulänglichen und abwegigen
schiefen Abbildungen fest nebeneinander,
so wie jedes Wort hier seinen eigenen Platz auf dem Papier
beansprucht,
und behaupten eine Verknüpfung ihrer vermeintlich voneinander
getrennten Einheiten miteinander.
Wo ist die Grenze ihrer Verbindung?
Wo malen sie ihre erdachten Linien ineinander?

Worte und Gedanken
sind nur dafür da,
sich gegenseitig aufzulösen.

Da Sein und Bewusstsein Eins sind
und Nichtdenken Bewusstsein ist
und das Denken durch Gedanken das Verfehlen dieser Wahrheit ist,

worin liegt wohl Wissen,
worin Wahrheit?

Wohl kaum in Wahrnehmungen oder Gedanken,
denn die Annäherung ans Sein eines anderen
würde zu ein und demselben Sein führen
wie die Annäherung zu meinem eigenen Sein,
während Wahrnehmungen und Gedanken
die Andersartigkeit des anderen suggerieren,
zumindest wenn Wahrnehmungen gedanklich interpretiert werden,
was immer dann der Fall ist,
wenn nicht ausschließlich der fokuslose Fokus auf mich selbst,
Nichtdenken besteht.

Wenn Wahrheit und Wissen etwas übers hinter Gedanken liegende
Sein
und über die Verbindung zwischen einem gedachten
Wahrnehmenden,
einem Wissenden und der Welt aussagt,
was ist über Wahrheit und Wissen zu sagen,
wenn es dieses Verhältnis gar nicht gibt,
weil Bewusstsein und Sein nicht Zweierlei sind,
sondern beide nur dann erfasst sind,
wenn sie nicht erfasst sind,
wenn sie als Sich-Entziehen begriffen werden,
wenn sie also nicht begriffen werden,
sondern wenn das Sich-Entziehen
dich ergreift,
der du selbst unbegreiflich und unergreiflich ergriffen bist,
wenn du es erlebst,
dich selbst gemeinsam mit etwas vermeintlich Erfassbarem
entziehst,
wenn die Suche nach irgendetwas
sich mehr und mehr als identisch mit der Suche nach dir selbst zeigt?

Was ist über Wahrheit und Wissen zu sagen,
als dass sie jeweils als Gedanken keinen Sinn machen,
dass sie sich auflösen, wenn nach ihnen gesucht wird,
dass aber das, wonach sie suchen,
die unendliche Feinheit der Abbildung,
ebenfalls in Auflösung begriffen ist,

in ewiger Auflösung,
sodass sie sehr wohl Halt finden im Haltlosen,
da der Wissende, das Wissende, Bewusstsein,
sich selbst weiß, indem es sich nicht weiß und nichts weiß,
und da es wahr ist und währt,
da nicht aufhören kann, was Aufhören selbst ist,
ein ewiges gehaltvolles Aufhören,
da diese Auflösung
nicht abhängig ist von irgendetwas,
welches sich auflöst,
sondern, was auch immer sich auflösen kann,
ist abhängig von diesem enthaltenden und immer wieder
lebendigmachenden auflösenden Hintergrund,
der alle Sehnsucht einlöst.

Es würde nicht schaden,
davon zu sprechen,
dass sich auch das Wesen der Wahrheit und des Wissens im
Nichtdenken erfüllt,
so wie sich das Wesen des Denkens und der Wahrnehmung im
Nichtdenken erfüllt.
Erfüllt sich nicht das Wesen von allem im Nichtdenken,
dem **eigentlich Wesentlichen** selbst,
da dessen Eigenschaften mit den Eigenschaften des Seins und
Bewusstseins in Eins fallen?
Es lohnt aber mehr,
als diese Identitäten anzunehmen
und somit in der Freude über einfache, wenngleich allgemeine,
Gedanken zu verharren,
wenn das Fragen,
das **Ich-weiß-es-nicht-Prinzip** dieses Buchs,
der **positive Zweifel** (weil er weiß, wohin er führt),
beibehalten wird,
und sich nie mit gedanklichen Identitäten begnügt wird,
sondern gesehen wird,
Bewusstsein und Sein teilen ihre Eigenschaften,
sind Eins,
und doch kann ich nicht denken oder sagen,
dass sie Eins seien,
denn dafür müsste ich sie zuerst als Zwei denken.
Wahrheit und Wissen mögen sich im Nichtdenken erfüllen,

und doch gibt es keine Wahrheit außerhalb von Stille
und schon gar **kein Wissen,**
das gewusst werden könnte.

Dasselbe gilt fürs Tun.
Wo sollte das **Wesen des Tuns** liegen,
wenn nicht im Sein,
wo alles geschieht, was geschieht,
wo getan oder unterlassen wird,
was getan oder unterlassen werden kann?

Außerhalb des Seins gibt es nichts,
außer vermeintlich **das Reich der Gedanken,**
die **nicht mehr als eine unendliche Menge möglicher falscher**
Annahmen sind,
die behauptet oder geglaubt werden können, wenn sie gefallen.

Überprüfe das,
wo ist die Grenze deines Einflusses,
wo beginnt dein Tun gegenüber dem,
was sich dir entzieht,
was automatisch
oder vermeintlich durch andere Kräfte
oder vermeintlich durch die Kräfte anderer
geschieht?

Welchen Einfluss hast du auf deinen eigenen Körper,
deinen eigenen Organismus?
Welche Muskeln kannst du ansteuern,
jeden Zeh einzeln bewegen,
den Blutfluss beschleunigen oder stoppen,
das Herz schlagen lassen?

Der **Atem** ist eine interessante Schnittstelle.
Du kannst ihn übernehmen
oder nur beobachten
oder ganz außer Acht lassen.
Wenn du ihn durch deine Beobachtung
oder deine bewusste Führung
ins Stocken bringst oder verzerrst,
warst es dann du selbst,

der dies veranlasst hat
oder war es der Fokus
der gedanklichen Hemmnis?
War es gewollt,
dass du den Atem auf die Weise beeinflusst?
Wann kam der Gedanke dazu auf und lag die Entscheidung
vor oder nach dem Gedanken?

Wenn du deinen Atem anhältst,
wo ist die Grenze des Tuns beim Weiteratmen?
Wenn du deine Hand hebst
oder einen Finger bewegst,
schau genau hin,
wo ist die Entscheidung,
wo ein Gedanke?

Da ist nicht kein Tun,
Tun ist untrennbar verbunden mit dir.
Aber ein gedanklicher Einfluss aufs Tun
ist stets nur gedanklich behauptet!
Alles geschieht im Sein,
das du selbst bist!
Da ist keine gedankliche Entscheidung,
die dich zum Täter deines Tuns macht,
sodass es auch nicht dein Tun ist,
weil Tun wie Wahrnehmen, nur andersherum,
als Einflussnahme eines Tuenden aufs Sein gedacht
und wesentlich gedacht ist.

So wie es nichts an der Wahrheit ändert,
wenn Irrtümliches über sie geglaubt wird,
so wie es nichts am Sein ändert,
wenn es falsch wahrgenommen wird,
so ändert es auch nichts am Sein,
wenn vermeint wird, dass Gedanken,
die sich, wie dieser Gedanke selbst,
in allem irren und innerhalb des Seins erscheinen,
einen isoliert bestehenden und somit initiierenden, tuenden Einfluss
aufs Sein hätten.

Du bist nicht der Tuende,

weil es einen Tuenden nicht gibt,
weil er gedacht wäre,
und kein Tun,
nichts Getanes
und nichts, was jemals geschehen wäre.
Sieh genau hin,
wenn der Atem lange genug beobachtet wird,
ist Tun, Wahrnehmen, Sein in Identität
untrennbar vom Bewusstsein oder Sein des Atmens.

Welche Art Tun könnte schon
im Denken mit Gedanken liegen,
in einer vermeintlichen Wahl zwischen Gedanken,
die vom vorigen und nächsten nicht wissen?
Ein teuflisches Tun,
welches das Falsche in die Welt bringt?
Aber wie könnte das Scheinbare Einfluss haben aufs Sein?
Ist nicht die Annahme eines Einflusses des Scheinbaren aufs Sein
selbst nur ein Gedanke, selbst nur Schein,
der sich auflöst,
wenn auf die rückhaltlose Auflösung des Seins selbst geschaut wird?

Dies ist gleichwohl das Mysterium:
Wie kann es sein, dass es überhaupt
Schein,
Täuschung,
Illusion,
Irrtum
gibt?
Und in welchem Sinn des Wortes „gibt" gibt es diese?
Ist, dass es Schein gibt, nicht nur ein Gedanke,
während, dass es Sein gibt, auch ein Gedanke, aber im Gegensatz
zum Sein auch etwas Offenbares, Außergedankliches ist?
Ist nicht dieser oder jener Irrtum notwendig gedanklich,
da er durch einen anderen ihm widersprechenden Gedanken,
oder durchs Offenbare widerlegt werden kann?
Es bleibt nichts mehr,
als diese Annahmen zu prüfen
und wo sind sie zu prüfen
als vor dem Sein und im Bewusstsein selbst,
wo sich eine Antwort auf die Frage entzieht

und einig das Offenbare offenbar bleibt?

Die Illusion ist,
dass es Illusion gäbe.
Die Täuschung ist,
dass es Täuschung gäbe.
Der Irrtum ist grundlegend,
dass es Irrtum gäbe,
der Schein ist,
dass es Schein gäbe,
der Glaube an Gedanken ist
der Glaube daran, sie würden sich behaupten,
doch sie gefallen dir nur.

Dieser Gedankengang führt aber dazu,
dass sie aufhören,
dir zu gefallen,
denn sie sind nicht wirklich gefällig,
da sie das Gegenteil dessen erschaffen,
was sie behaupten.

Aber sie sind gerichtet,
aufs Allgemeine hin ausgerichtet.
Ist nicht das Hämmern dieses Gedankengangs
auf ein und dasselbe,
das Nichtdenken,
genug, um zu zeigen und zu verwirklichen,
dass auch das Falsche, das Denken mit Gedanken,
das im Kegel des Denkens notwendig aufs Eine,
aufs Undenkbare ausgerichtet ist,
zum Richtigen führt?

In diesem Richtigen treffen sich die Fragen nach allen Dingen,
den allgemeinen wie den speziellen.
Die Frage danach, was irgendetwas wirklich ist,
ist die Frage danach, was es wirklich ‚ist‘,
denn ‚**was**‘ es wirklich ist,
verliert sich in gedanklicher Analyse,
aber was es wirklich ‚ist‘,
ist bei genauem Hinsehen,
‚**wie**‘ es wirklich ist,

das ist, wie es ‚ist'
und fragt nach dem Sein,
der ungedoppelten, bezuglosen Wahrheit einer Sache.

Dies gilt für diese oder jene Dinge, über die ich spreche,
und für diese allgemeinen Begriffe,
fürs Sein, Bewusstsein, Denken, Wahrnehmen, Tun
und auch fürs Fühlen.

Da sich das Wesen des Denkens, Wahrnehmens und Tuns im
Nichtdenken trifft,
ist es nicht auch plausibel,
dass im Nichtdenken das Wesen des Fühlens erfüllt sein könnte?
Und ist nicht diese Frage vielleicht noch relevant,
da das Fühlen
als die Wahrnehmung des Nächsten,
als das dem Unmittelbaren, dem Sein Nächste,
als das dem eigentlich Wichtigen Nächste,
als die mir nächste und erste Wahrnehmungsart
das Wertungserleben enthält?

Als zuvor übers Fühlen
und dessen Prinzip
‚Ich will mich gut fühlen und nicht schlecht'
gesprochen wurde,
wurde das das Nichtdenken begleitende Gefühl
als Stille, Ruhe, Friede gefunden.
Und es wurde gefragt:
Ist dieser Friede langweilig?
Gibt es im Denken noch eine größere Glücklichkeit zu entdecken,
gegenüber der die Glücklichkeit des Nichtdenkens geringer wäre?
Gefunden wurde im Denken nur Angst und Verzweiflung,
aber die Angst platzt als Enge in Weite aus sich selbst heraus
und Verzweiflung entwirrt im zweifelnden Fragen
die Gedanken bis zur völligen Auflösung des Verstandesgewebes.
Dennoch ist die Frage noch nicht abschließend geklärt,
ob es sich bei der Stille, der Ruhe, dem Frieden des Nichtdenkens
um eine langweilige Glücklichkeit handelt.

Unter genauerem Hinschauen
aufs Gefühl im Nichtdenken

zeigt es sich als untrennbar vom Sein.
Bin ich, was ich fühle,
oder fühle ich, was ich bin?

Es zeigt sich auch als verbunden mit Tun.

Schon früh wurde in diesem Gedankengang
Tun als das Sich-Einlösen,
also auch als eine Art Auflösung
von Gedanken in die Verwirklichung,
die Welt, das Sein gesehen.

Und ist nicht das Wohlgefühl beim Tun
das Abklingen gedanklicher Hemmnis, des Zögerns, der
Anstrengung,
die Einlösung des Durchdenkens
und auch das Abklingen der Enge, der Angst,
der Negativität der Begrenzungen durch Gedanken?

Überprüfe,
sieh nach:
Was ist Gefühl?
Was ist gutes, was ist schlechtes Gefühl?

Begleitet von Gedanken
liegt die Bewertung in Gedanken,
auch wenn die Wertung im Fühlen erlebt wird
und der bedeutete Wert im Sein liegt.

Aufregung kann sich ähnlich anfühlen,
aber von unterschiedlichen, bis hin zu gegensätzlichen Gedanken
begleitet werden.
Ein ähnliches Gefühl der Aufregung
kann von einem Gedanken der Vorfreude
oder von einem Gedanken der Angst begleitet
unterschiedlich bewertet werden.

Es interessiert aber auch mehr die Frage,
wie ich mich ohne Gedanken fühle
und ob der schon gefundene Friede dort
langweilig ist im Vergleich zur Freude an diesen oder jenen Dingen.

Beim Denken mit Gedanken
sind es die Gedanken, die fokussiert werden,
sodass hier etwas dem Sein Entgegengesetztes,
eine in sich undifferenzierte, glatte, digitale Fläche
das Bewusstsein einnimmt und es gleichsam verschleiert und
hypnotisiert,
und während es diese fokussierte gedankliche Fläche ist,
die sich zu einem nichtfokussierten lebendigen Rest der
Wahrnehmungen abgrenzt,
staut sich dieser Rest in seiner Bewegung und Bewegtheit
gegen diese starre, unbewegte gedankliche Fläche,
und dieser Stau ist Anspannung im Gefühl und im Sein,
was je nach Dauer der gedanklichen Behauptung
als Leid empfunden wird,
was in einem Gefühl der Leere bezüglich dem, was man sieht,
nämlich dem Gedanken, der nicht ist,
und in einem Gefühl des Leids in dem, was man nicht sieht,
nämlich das ganze Sein, das von den Gedanken ausgegrenzt
wurde,
erlebt wird.

Das Nichtdenken ist nichts anderes als
das Ausbleiben dieser Ausgrenzung des Seins
und somit auch das Ausbleiben dieses Staus,
dieses sich Wehrens des Seins gegen falsche Überzeugungen.

Das Nichtdenken ist das Ausbleiben des Fokus auf Gedanken,
es ist der fokuslose Fokus aufs freie Erscheinen der
Wahrnehmungen,
es ist das unbeeinflusste Erscheinen der Wahrnehmungen.

Wird aber Gefühl fokussiert,
dann entzieht es sich,
es entschwindet.
Es kann weder festgehalten
noch irgendwohin verfolgt werden.
Es **verflüchtigt sich,**
ganz im Gegensatz zu Gedanken,
die sich aufeinander,
oder auf sich selbst beziehen

und sich in diesen Bezügen erübrigen und gegenseitig erhalten.
An Gedanken ist nichts,
was sich entziehen könnte,
denn sie sind grob und leer,
sie haben kein Sein, welches wesentlich Lebendigkeit, völlige
Bewegtheit, Sich-Entziehen ist.

Wenn **gutes Gefühl**
mit der Einlösung eines gedanklichen Vorhabens einhergeht,
dann **liegt** es **in der Auflösung des gegen den Gedanken
angestauten Seins.**

**Gutes Gefühl ist also seinem eigenen Wesen überlassenes
Gefühl,** das
entgegen der Starre der Gedanken, die Fernes zeigen, das sich nicht
schnell ändert,
Nahes und das Lebendige zeigt,
das immer genauer beschaut werden kann
und dabei nie erfasst ist,
weil sich unendliche Zwischenräume öffnen
und die Bewegung des Fokus,
die keine kleinsten Schritte kennt,
in dem Verfolgen des Gefühls,
das keine kleinsten Teile, keine Gefühls-Atome kennt,
mit der Verfolgung in Eins fällt,
wenn sich Fokus und Gefühl
gemeinsam in völliger Bewegtheit finden,
welche völlige Auflösung
und auch Auflösung des Fokus ist,
sodass nun richtungslos überall geschaut ist.

**Dass sich der Fokus,
die Aufmerksamkeit
im Blick auf Gedanken oder auf Gesehenes tendenziell erhalten,
während sie sich beim Blick aufs Gefühl auflösen,
zeigt,
dass Fokus und Aufmerksamkeit gedanklich sind!**

**Sie sind das leere Mit-Gedanken-denken,
sie sind die Form des Denkens mit Gedanken,**
indem sie die Welt abgrenzen in etwas,

dem Aufmerksamkeit geschenkt wird,
das fokussiert wird,
und einen Rest.

Es ist eine der unhinterfragten
und falschen
Prämissen des Denkens,
dass der Wegfall von Aufmerksamkeit und Fokus
mit dem eigenen Tod
oder mindestens mit dem Rückfall in eine
vermeintlich niedere, unbewusste Daseinsform einherginge.

**Aufmerksamkeit und Fokus konstituieren Bewusstsein aber
nicht,
überprüfe das!,
sondern ihr Wegfallen
lässt Bewusstsein selbst übrig!**

**Es ist möglich,
sich über die eigene Aufmerksamkeit,
über den eigenen Fokus
bewusst zu sein!
Bewusstsein ist allgemeiner als Fokus und Aufmerksamkeit!
Bewusstsein grenzt nicht ab und schränkt nicht ein.**

Da es aber Gedanken sind,
die das Nichtdenken hier umkreisen,
ist das Sprechen in diesem Gedankengang
stets ein abklingender Fokus,
stets ein Eingehen
des Starren, Unbewegten
in die Auflösung reiner Bewegtheit.

Als diese Auflösung und reine Bewegtheit,
als dieses Sich-Entziehen
findet sich auch das Wesen des Fühlens
und das Wesen des guten Gefühls!
Überprüfe das!
Sich selbst überlassenes Gefühl
fühlt sich dann gut an,
wenn es verfliegt

und es fühlt sich dann nicht gut an,
wenn es sich gleich einem Klumpen hält,
der sich aber nur dann halten kann,
wenn er nicht fokussiert wird,
sondern wenn stattdessen eine gedankliche Interpretation dieses
Gefühlsklumpens fokussiert wird,
die ihn am Sich-Auflösen hindert,
denn im Fokus würde er aufgrund seiner Ungedanklichkeit
entfokussiert.

**Die reine Inakzeptierbarkeit negativen Gefühls
liegt im Wesen des Fühlens!
Im Versuch der Akzeptanz eines Leids,
welcher im versuchten Fokus des Leids liegt,
löst es sich auf.**

**Dann schwingt sich das Fühlen wieder ins Sein ein
und es findet sich,
dass das Wesen des Fühlens
und das Wesen des Sich-gut-Fühlens
in Eins fällt**
mit dem Wesen des Seins und des Bewusstseins,
welches jeweils darin besteht,
sich zu entziehen,
d.h. lebendig zu sein,
völlige Bewegtheit,
reines sich Auflösen zu sein.

**Wenn ich also selbst das Wesen des Sich-gut-Fühlens bin,
wenn Glücklichkeit im Sich-Auflösen des Fokus liegt,
was auch ich selbst bin,**
ich bin auch selbst die Auflösung des Fokus auf mich selbst,
**dann ist es kein Wunder,
dass ‚Was ist die Frage?‘ diese Auflösung so sehr verlangt!**
‚Was ist die Frage?‘ verlangt das Ende des Leids,
das sich im Irrtum des Denkens mit Gedanken begründet!

Und ‚Was ist die Frage?‘ findet im Nichtdenken
eine Glücklichkeit, die **nicht langweilig** genannt werden kann,
weil sie **nicht irgendeine Glücklichkeit** ist,

die sich nur in der Abwesenheit wesentlich unruhiger Gedanken
begründet,
sondern **die Glücklichkeit des Nichtdenkens
ist das Wesen der Glücklichkeit selbst!**

Denn diese Glücklichkeit
hat keinen bestimmten Wert,
der gedanklich bestimmbar wäre,
diese Glücklichkeit hat kein Ende,
das gedanklich bestimmbar wäre,
sondern **diese Glücklichkeit ist Glücklichkeit selbst,
die wesentlich unendlich sein muss,
weil sie nicht aufhören kann,
sie selbst zu sein
und weil ihr nichts mangeln kann!**

Wenn Glücklichkeit und gutes Gefühl
vom Sich-Einlösen von Gedanken,
vom Erreichen von Zielen,
vom Erlangen von Besitz,
vom Gelingen von Unterfangen,
von der Lösung von Problemen
abhängig wäre,
dann müsste sie entweder in Gedanken liegen,
oder ihr Wesen müsste dergestalt an Gedanken gebunden sein,
dass nur Gedanken die Bewegung zwischen gutem und schlechtem
Gefühl in es hineinlegten,
während das Fühlen selbst
ohne gedankliche Begleitung neutral wäre.
Gedanken sind aber wesentlich unbewegt
und das Gefühl entflieht,
wenn es gesucht wird!

Im freien Sich-selbst-Überlassen des Gefühls,
das einzig in der Abwendung von Gedanken
und im ehrlichen Hinschauen auf das,
was ist und was erscheint,
im Hinschauen aufs Gefühl ist,
wobei sich auflöst, was sich findet,
sind Glücklichkeit und die Freude an sich selbst unendlich,
denn wo liegt das Ende

des sich auflösenden Fokus,
der nichts anderes ist als Auflösung selbst?

Es gibt kein Ende der Auflösung,
es gibt kein Ende des Sich-Entziehens,
es gibt kein Ende in völliger Bewegtheit,
denn das müsste relativ bewegungslos sein,
um aufgefunden werden zu können,
es dürfte sich nicht entziehen, sich nicht auflösen,
es müsste gedanklich fassbar sein,
aber es ist ja das Nichtdenken,
worum es geht.

Es kann kein Ende der Auflösung geben,
weil Sein und Bewusstsein diese Auflösung, dieses Sich-
Entziehen selbst sind,
und wo ist mein Ende?
Ich habe keine Grenze irgendwohin,
denn die stünde mir gegenüber
und würde als Objekt gedacht, dem gegenüber ich mich als
Subjekt denken müsste.

Nichts dergleichen ist der Fall!
Es kann kein Ende der Auflösung geben,
denn was sollte das sein?
Ein wiederum starrer Zustand, der der völligen Bewegtheit der
Auflösung entgegenstünde?
Ein vermeintliches Ende der Auflösung
wäre nicht aufgelöst.
Auflösung ist kein Mittel zum Zweck, nicht nur Methode, es ist
Prinzip.

Wenn es aber kein Ende der Auflösung gibt,
die ich selbst bin,
dann gibt es auch kein Maß der Glücklichkeit,
die ich selbst bin,
denn mit jeder weiteren Auflösung
steigt meine Glücklichkeit und erhält sich
und es gibt keine letzte Auflösung.
Ich bin das Gegenteil unendlicher Angst!
Ich bin nicht Enge, in mir staut sich nichts,

ich bin Freiheit und Weite!

Ist Auflösung, Sich-Entziehen, völlige Bewegtheit nicht auch
das Wesen von Freiheit?
Dann wäre ich selbst auch reine Freiheit.

Was könnte Freiheit sonst sein?
Freiheit kann nicht in Gedanken liegen,
denn ich wähle Gedanken nicht aus,
sondern sie bieten sich an und ich fokussiere sie,
weil sie mir gefallen, oder nicht.

Freiheit kann nicht in der Wahl zwischen Gedanken liegen,
denn zwei Gedanken erscheinen nie gleichzeitig,
weil es, wie hier ein Wort nach dem anderen steht,
nur eine Stelle für Gedanken zu einer Zeit gibt.
Jede **Wahl ist** also **Illusion.**
Ich wähle das, was mir besser gefällt.
Aber ich wähle nicht zuvor, was es ist, was mir besser gefällt,
denn ich habe diese Welt nicht selbst erschaffen.

Es ist die Meinung verbreitet,
Freiheit läge in der Möglichkeit,
sich jeden beliebigen Wunsch zu erfüllen,
also im Sich-Einlösen von Gedanken.

Eine solche Freiheit
kann eingeschränkt werden,
indem mein Körper oder meine Handlungsmöglichkeiten,
die Möglichkeiten des Sich-Einlösens beliebiger Wünsche
eingeschränkt werden.
Dies kann verstärkt werden,
indem mein Körper in einem Gefängnis eingesperrt wird.
Körper und Person befinden sich aber stets in gewissen sozialen und
natürlichen Grenzen.
Die eigene Freiheit ist durch die Freiheit der anderen
und auch durchs Bestehen der Naturgesetze beschränkt!

Dies ist aber ohnehin eine bloß gedachte Freiheit.
In einer gedachten und auf diese Weise gedachten Freiheit
liegt selbst keine Freiheit,

selbst wenn sie bestehen würde.
Selbst wenn ich jeden beliebigen Willen oder Wunsch,
der sich notwendig gedanklich formulieren müsste,
unmittelbar einlösen, erfüllen könnte,
dann hätte ich noch immer den Willen oder den Wunsch selbst
nicht gewählt oder erschaffen,
da dies gemäß der Gesetzmäßigkeit des Wollens, Wünschens und
Denkens selbst,
die nicht anders sein kann,
nicht möglich ist,
und wäre also in dieser Hinsicht völlig unfrei gegenüber meinem
Wollen.
Es ist ein Gedanke zu einer Zeit
und ich habe keinen Überblick über alle möglichen Gedanken,
sodass ich unter ihnen auswählen könnte.

Allerdings
kann ich anscheinend wählen
(oder bin es ich, der das wählt?),
ob ich einen Gedanken denke, oder nicht.
Wähle ich selbst zwischen Nichtdenken und dem Denken mit
Gedanken,
oder führt das Denken durch seine eigene Gerichtetheit
in diesem Gedankengang notwendig aufs Nichtdenken hin,
das es umkreist?

Oder wähle ich entweder,
und dann wähle ich mich,
oder wähle nicht,
wenn ich von mir selbst absehe
und mit Gedanken denke?
Habe ich also nur die übergeordnete Wahl,
mich selbst und die Wahrheit,
oder gar nicht zu wählen?

Kann es bei meiner eigenen Verdunkelung
im Denken durch Gedanken
überhaupt meine eigene Entscheidung sein,
wenn ein Gedanke gefällt,
ihn eine Weile zu fokussieren
und wenn er sich nicht einlöst, erfüllt,

dann auch wieder zu vergessen?
Oder wird er fokussiert,
bis er sich einlöst?

In beiden Fällen und unabhängig von möglicher Hypnose
dient **die Welt als Wunscherfüllungsmaschine,**
denn es gibt kein Gegenteil zur Erfüllung von Wünschen.
Ein Wunsch wird entweder erfüllt, oder nicht.
Aber es gibt unendlich viele potenzielle Wünsche
und also sind **mit Blick aufs Denken jederzeit alle Wünsche
unerfüllt**
und mit Blick auf die Welt jederzeit alle Wünsche erfüllt.

Es liegt aber keine Freiheit
in der Erfüllung von Wünschen,
da Wünsche Bedingungen formulieren,
da Wille Bedingungen formuliert,
Freiheit aber unbedingt sein muss,
denn Bedingtheit heißt Begrenztheit
und Freiheit ist das Gegenteil von Begrenztheit!

Da Gedanken aber wesentlich begrenzen,
kann Freiheit nur im Nichtdenken liegen.

Und während Grenzen starr und unbewegt sind,
hat Freiheit stets mit Bewegung zu tun.
Und während Gedanken gehemmt sind,
hat Freiheit stets mit Tun zu tun.
Und während Gedanken mit sich selbst identisch, in sich
undifferenziert und unveränderlich, erstarrt und tot sind,
hat Freiheit stets mit Veränderung und Leben zu tun.

Reine Freiheit
liegt also in der völligen Veränderlichkeit
des Sich-Entziehens,
welche reine Veränderung und reines Leben ist.
Reine Freiheit
liegt in völliger Bewegtheit,
welche zeitgleich der unverfolgbare schnelle Fokus ist,
der den Wunsch nach Bewegung und Entgrenzung
im selben Moment erfüllt, wie er ihn nicht fasst oder denkt

(Das ist **die Freiheit zu allem**, die Ausrichtung auf alles hin,
Bewusstsein aufs Sein),
und zeitgleich die Allgegenwart des unendlich schnellen Fokus,
der so schnell ist, dass er an allen Punkten gleichzeitig ist,
weil seine Geschwindigkeit unendlich ist und seine Richtungen völlig
unbestimmt
(Das ist **die Freiheit von allem**. Das ist, wie mir das Sein und alle
Wahrnehmung zukommt.
Und das ist die gegenteilige Weise wie die in unendlicher Angst
angenommene,
in der das fehlerhafte Sein, einem von ihm getrennten Bewusstsein
Wahrnehmungen als diese Erlebender auferlegt.
Diese Trennung besteht nicht.
In der Einheit von Bewusstsein und Sein
kommt keines der beiden dem jeweils anderen zu.)

Die Freiheit,
die ich also selbst bin,
ist also,
was man sich wünschen sollte,
wenn man einen Wunsch frei hätte,
was man wollen sollte,
wenn man die Wahl hätte.

Denn diese Freiheit ist auch
reine Glücklichkeit,
da sie Erfüllung, Einlösung ist.

Aber man muss sie sich nicht wünschen,
man muss sie nicht wollen,
weil sie der Fall ist.
Man muss sie nicht mal einsehen,
aber es lohnt,
sie zu gewahren
und nicht im gedanklichen Irrtum zu verharren,
der zu ihr Gegenteiliges behauptet.

Der Wille, der gewollt werden sollte,
ist also kein Wille.

So wie ‚Was ist die Frage?' jeden Gedanken beendet,

beendet sie also auch jeden Willen,
indem sie darauf hinweist,
dass schlichtweg nichts mehr gewollt werden könnte
als das, was schon und immer der Fall ist,
weil nur darin **Freiheit als Erfüllung** ist
und weil darin außerdem **Freiheit als Wunschlosigkeit** ist,
und sie weist darauf hin,
dass jeder gedanklich formulierte Wille,
den ich gleichwohl haben kann,
nur ein Spiel ist,
ein Versteckspiel
mit mir selbst,
mit der Wahrheit
und mit dem Sein.

Das gute Gefühl,
das ich selbst bin,
ist also nicht langweilig,
es ist Freiheit
und Glücklichkeit selbst.

**Und während reine Glücklichkeit im Sich-Auflösen von Gedanken
(in Wunschlosigkeit) liegt,
geschieht der Nebeneffekt,
dass die mindere Freiheit des Sich-Einlösens von Wünschen
(Erfüllung) doch geschieht
und die Glücklichkeit des Sich-Einlösens von Gedanken ebenfalls
erlebt wird,
wenn ihr Sich-Auflösen
mit ihrem Sich-Einlösen kongruiert.**

**Nichtdenken
ist in diesem Sinne
Wollen, was ist,
statt zu wollen, was nicht ist
und es ist somit
die dauerhafte und jederzeit ungestörte Freude
an dem, was ist!**

**Denn, was der Fall ist,
bietet sich in jedem Moment als Gedanke an,**

der in seinem Aufkommen (in seinem möglichen, von negativem
Gefühl begleiteten Willen)
schon abklingt,
der sich schon im Nichtdenken auflöst,
bevor er gedacht wird,
sodass alles, was ist,
als eine endlose Reihe
sich erfüllender Wünsche erlebt wird
analog zu einem immer schon gelösten Problem!

Das Gegenteil dazu ist
zu wollen, was nicht ist,
und nicht zu wollen, was ist.

Das ist das Wesen des Denkens mit Gedanken.
Und es ist auch das Wesen von Leid.

Zu wollen, was nicht ist,
kann dabei als Zielgerichtetheit, als Interesse, auch als Spiel
aufgefasst werden,
und es fühlt sich auch nicht so schlecht an,
weil der Gegenstand des Willens, des Interesses, des Spiels
schön erscheint, ablenkt und keinen Raum für Empfindung lässt,
den durch ihn verursachten und ignorierten Schmerz verdrängt.
Fällt das Ziel des Willens, das Objekt des Interesses, das Spiel aber
weg,
sei es, weil das Ziel erreicht wurde, das Spiel beendet,
sei es, weil es gewonnen wurde,
sei es, weil es verloren wurde, irgendetwas oder jemand verloren
wurde,
sei es, weil etwas geendet hat oder etwas unerreichbar ist,
dann bleibt entweder der leere, leblose Gedanke an das
weggefallene Objekt
zusammen mit der Anspannung bezüglich des Interesses, des guten
Gefühls,
der Bewegung, der Lebendigkeit des Spiels mit dem Objekt oder dem
darauf Hinarbeiten,
wobei der Entzug des (digitalen, leeren) Objekts als leidvoller Entzug
erlebt wird,
oder es verbleibt Nichtdenken und die glückliche Auflösung des
zuvor

Gewollten, Gespielten oder Fokussierten.
Diese ist jederzeit möglich und verfügbar,
du bist diese Einsicht selbst.

Nicht zu wollen, was ist,
ist hingegen das Wesen von Leid.
Es besteht im Wegfall des Gewollten, was nicht ist,
bei gleichzeitigem Verbleiben des Gedankens
an das, was gewollt wurde.
Dieser ist leer, sodass er keine Ablenkung mehr bietet,
das Spiel ist aus, das Objekt des Interesses entzogen, das geliebte
Gegenüber genommen.
Die Erfüllung des Gedankens ist vorbei,
es verbleibt der leere, unerfüllte Gedanke,
der nun nicht mehr sagen kann:
Ich will das, was (noch) nicht ist und noch nicht vollständig gewesen
ist.
Er sagt kaum noch mehr als:
Ich will nicht das, was (jetzt noch, ohne diesen Gedanken) ist.
Das ist aber jederzeit,
was überhaupt ist!

Nicht zu wollen, was der Fall ist,
ist also nicht zu wollen, was überhaupt ist.
Dies ist aber das Wesen unendlichen Leids.
Es ist wie zu sagen, ich will nicht, dass es jetzt ist.
Hier wirst du zu einem Geist,
zu einem allgemeinen versteckten Problem.
Das Wesen des Dämonischen ist Angst vor dem Guten.
Der Entzug dessen, was nicht ist (das Gedankliche, Leere, Digitale),
ist leidvoll, solange, was nicht ist,
fokussiert wird, statt fokuslos auf das zu schauen, was ist,
was reiner Entzug ist,
sodass der leidvolle Entzug des gedachten Objekts
unter Wegfall aller Gedanken und Objekte
in den reinen Entzug ewiger Auflösung, reinen Wandels eingehen
kann.

Denn siehe:
Selbst wenn gedankliche Unternehmungen gelingen,
selbst wenn alles so wird oder ist, wie du es willst,

dann lebst du nicht wirklich,
sondern nur in Gedanken,
du nimmst nicht teil,
schaust durch eine Maske,
siechst süchtig,
siehst fern oder ins Internet,
denn dort ist tendenziell Formulierung und Erfüllung dessen, was
nicht ist
in ein und derselben Sache.

Eine Folge einer Serie
verlangt die nächste
und ist die Erfüllung der vorigen.
Dies gilt für Bilder, Videos, Klicks.

Hier bist du wie besessen,
beliebig viele Menschen rezipieren das Identische.
Allerdings nur scheinbar,
denn es gibt diese Geister nicht, die dich besitzen,
du bist selbst der einzige Geist
und du bist heilig!
Siehe!:
All das geschieht nur mit Gedanken.
Es ist ein Entweder Oder.
Wenn Gedanken wegfallen, dann löst sich jede Anspannung auf.
Glücklichkeit ist völlige Bewegtheit
und Nichtdenken reine Auflösung, die völlige Bewegtheit, reinen
Wandel bedeutet.
Und es gibt keine Gedanken,
die aufzulösen wären.
Das ist nicht deine oder irgendjemandes Aufgabe.
Sieh: Es gibt keine Gedanken,
es ist jederzeit nur Auflösung,
nichts bleibt gleich,
da ist kein Fleck im Sein!
Also ist jeder Wille, jede Enttäuschung, jeder Schmerz, jedes
Leid, jede Störung
nur eines:
Die Chance, dass es eingehe in das,
was ist.
Und was ist,

ist nicht,
es entzieht sich,
löst sich auf
und mit dieser Freiheit gehst du einher
als die völlige Lebendigkeit und das völlige Bemerken,
das **in diesem nichtleeren Reichtum** liegt,
der so voll wäre, wenn nach allem Wandel irgendetwas für immer
bleiben würde,
der also so leer ist,
dass er frei und reich zugleich ist.

Was auch immer aufkommt,
es erfüllt sich entweder,
indem es sich einlöst,
oder, indem es sich auflöst.

Alles, was ist,
ist eine endlose Reihe
sich erfüllender Wünsche
und sich auflösender Nicht-Wünsche
begleitet vom immer schon erfüllten Wunsch nach Glücklichkeit,
Liebe, Freiheit,
begleitet von willenloser, wunschloser Erfüllung.

Das damit einhergehende Gefühl von Dankbarkeit,
da all das, was nie gewünscht wurde,
dennoch erfüllt wird,
bildet die Grundlage
für die Liebe.
Denn du musst zuerst geliebt werden,
bevor du lieben kannst
und du wirst zuerst geliebt.

Welch größere Liebe könnte dir widerfahren,
als so geschaffen zu sein,
dass du selbst reine Glückseligkeit bist?

Gibt es eine andere Grundlage dafür,
auch andere gut zu behandeln,
als mit sich selbst im Reinen zu sein
und sich selbst wohlzufühlen

und selbst dankbar zu sein?

Muss nicht andersherum
das böse Verhalten gegenüber anderen
eine gedankliche Grundlage haben?

Niemand,
der genau hinschaut und wahrhaftig ist,
will anderen etwas Böses.
Es gibt überhaupt niemanden,
der anderen etwas Böses will.
Es ist das Nebenprodukt vom Denken durch Gedanken,
das durch seine Begrenzungen das Böse in die Welt bringt!
Es ist das Sich-behaupten-Wollen von Gedanken,
das anderen auferlegt wird
und es ist die Behauptung von Gedanken im eigenen Geist,
der dadurch eng, zwanghaft, besessen, irrend und irr wird.
Auch deshalb verlangt ‚Was ist die Frage?‘ das Ende des Denkens mit
Gedanken!
Es ist die Austreibung böser Geister,
die es nicht gibt!

Der Friede im Nichtdenken
ist nicht nur nicht langweilig,
denn die Welt hört im Nichtdenken nicht auf,
und bestehende Gedanken lösen sich auf oder ein,
der Friede im Nichtdenken
ist auch nicht blind!

Auch das wurde der friedlichen Glücklichkeit des Nichtdenkens
unterstellt:
Dass sie möglicherweise blind sei.
Dass sie die Augen verschließe
vor Problemen, die gelöst werden müssten,
und die für ihre Lösung zuvor gedanklich formuliert werden müssten.

Doch Probleme müssen nicht gedanklich formuliert werden,
um sie zu lösen.
Ihre Lösung liegt gerade nicht in Gedanken,
sondern in deren Auf- und Einlösung
oder darin, dass Gedanken überhaupt nicht aufkommen,

denn Nichtdenken liegt in völliger Kongruenz mit dem Sein selbst,
worin gelöst wird, was problematisiert werden könnte.

Das Nichtdenken ist in seiner Kongruenz mit dem Sein selbst
also auch nicht blind, sondern sehend,
es weiß davon, was ist,
während jeder Gedanke sehr wohl blind ist gegenüber dem, was ist,
weil er es unendlich verkürzt und verfehlt.

Das ist die Sorge darum,
dass alles verfehlt wird,
indem es negiert wird.
Aber es sind Gedanken,
die alles verfehlen!
Und in der Negation aller Gedanken
liegt das aufrichtige und rechte Sehen,
die Bejahung all dessen, was ist.
**In dieser Negation von allem bleibt alles übrig
und tritt erst dadurch klar zum Vorschein!**

Deshalb wird der Glücklichkeit Leid vorgezogen,
wenn es angemessen ist,
wenn es sich aufs Sein bezieht,
wenn der Grund dafür wahr ist.

Wenn die Frage gestellt würde:
Willst du dich gut fühlen in einer Situation, in der etwas schlecht ist,
oder willst du mitleiden in einer Situation, die schlecht ist,
wird die Wahrheit gegenüber der Lüge gewählt.

Es ist wesentlich der siechende, süchtige Zustand,
der das gute Gefühl über die Wahrheit stellt,
der sich selbst, Körper und Geist, und andere zugrunderichtet,
das Sein zugunsten eines von ihm entkoppelten Gefühls schädigt.
Und das ist der Zustand des Denkens mit Gedanken,
die das gute Gefühl in dieser oder jener Bedingung suchen,
die sich vom Rest der Welt abgrenzt und von ihm absieht.

Es wurde dem Nichtdenken unterstellt,
ein solcher Suchtgegenstand zu sein,
der aus sich selbst heraus gutes Gefühl verspricht,

das immer wieder verfügt werden könnte,
sodass die restliche Welt ihm gegenüber vergessen
und zugrundegehen würde.

Das Gegenteil aber ist der Fall:
Das Nichtdenken grenzt sich zur Welt nicht ab,
einzig der Gedanke ans Nichtdenken wäre so.
Sie erzeugt keinen vergessenen Rest,
Gedanken tun das.

Gedanken (und Entspannung oder Glück bringende Substanzen)
wollen sich immer wieder selbst,
weil sie den Rest oder ihr Ausbleiben zu einem leidvollen
machen,
und im durch sie verzerrten und gestauten Sein
sind sie selbst die Betäubung durch Ablenkung.

So zeigt sich das Wesen des Nichtdenkens als das Wesen des
Guten.
Denn es ist nicht irgendein verfügbares gutes Gefühl,
es ist das Sich-Gutfühlen des Seins selbst,
das unbedingt ist,
weil es mit sich selbst identisch
und auch mit Bewusstsein, dir identisch ist!

Auflösung, Sich-Entziehen, völlige Bewegtheit
zeigt sich also als das Wesen alles Guten
und das Wesen von allem überhaupt
mit Ausnahme von Gedanken,
die aber selbst nur scheinbar sind,
sodass auch sie integriert sind und sich einlösen in allem.

Es ist das Wesen
des Seins,
was ich bin,
des Bewusstseins,
was ich bin,
des Fühlens, des Wahrnehmens, des reinen Denkens,
der Freiheit, der Liebe, des Guten.

Dabei gibt es hierin niemanden,

der gut oder frei ist, niemanden, der nur liebt und nicht geliebt wird,
niemanden der existiert oder bewusst ist,
schon gar niemanden, der denkt, fühlt oder wahrnimmt,
das ist das Wesen der Auflösung selbst,
der all diese Eigenschaften zukommen,
ohne dass sie ihr als etwas Zweites zukommen.

Es kann nicht gesagt werden,
Sein ist Eins mit Bewusstsein,
da sie zuvor getrennt gedacht werden müssten.
Es kann nicht gesagt werden,
Liebe, Freiheit und das Gute gehen miteinander einher.
Liebe und Freiheit sind das Gute selbst!
Es kann nicht gesagt werden,
reines Denken, Nichtdenken
ist Freiheit, ist Liebe, ist Güte, ist Sein.
Das klingt,
als handelte es sich dabei um einen Zustand,
der erreicht und begonnen, in den eingetreten werden könnte.
Dabei ist diese Feststellung
eine übers Universalgesetz,
über die Art und Weise,
das Wesen
des Seins überhaupt.

Es kann auch nicht anders sein!
Trau dich!
Sieh hin!

Wenn du dich in einem Gedankenspiel
in die Rolle des Schöpfers von allem versetzen würdest
und du wärst noch vor der Schöpfung selbst
mit der Frage konfrontiert,
wie alles sein soll,
welchen Universalgesetzen alles gehorchen soll, –
welche Gesetze würdest du entwerfen?

Ist es überhaupt denkbar,
dass die Universalgesetze andere wären?
Wäre es seibar,
dass sie andere wären?

Die **Naturgesetze** unterscheiden sich stark,
je nachdem, wie genau hingesehen wird,
ob über den Mikro- oder über den Makro-Kosmos geurteilt wird.
Die Gesetze der Menschen, die die Gesetze der **Moral**
auf viele Spezialfälle des Legalen zu übertragen versuchen,
müssen mit der sich verändernden Welt stetig angepasst
und in jedem Fall vom Allgemeinen ins Spezielle durch Richter
ausgelegt werden.
Selbst innerhalb desselben Fokus
unterliegen die **Naturwissenschaften** Paradigmenwechseln,
an ihren Axiomen kann gerüttelt werden.
Selbst die Mathematik begründet sich nicht auf eine Weise selbst,
wie ‚Was ist die Frage?' es tut.
Philosophien verwerfen alle vorherigen und schließlich sich selbst.
Die Wortlaute dieses Gedankengangs vergehen,
aber kann das Universum,
das Sein,
was ist,
je anders sein?

Es wird hier doch gar nichts Spezielles gesagt übers Sein.
Wenn kein Bewusstsein da wäre,
stellten sich diese Fragen nicht.
Das Sein selbst ist still.
Können Gedanken, Wahrnehmungen, irgendwelche Phänomene
je ohne Bewusstsein da sein
und gilt, was hier übers Bewusstsein und Sein festgestellt wurde,
nicht für Bewusstsein und Sein an sich
unabhängig von dieser oder jener Prägung dieses oder jenes
Universums?

Das Universum,
wie es sich Gedanken vorstellen,
ist in seinen angenommenen (unhinterfragten und falschen)
Gesetzen
dem Universum, dem Sein, wie es ist,
völlig entgegengesetzt.
Gedanken irren sich nicht nur irgendwie,
sie irren sich unendlich
und ihre Prämissen formulieren das Gegenteil der Wahrheit!

Die vorherrschende Prämisse des Denkens mit Gedanken,
auf die alle anderen seiner Prämissen einwirken,
ist:
Alles ist schlecht.

Alles ist schlecht
und muss durch Gedanken verbessert werden.
Es bestehen **Probleme,**
die durch Gedanken gelöst werden müssen,
es gibt **etwas zu erreichen,**
es gilt, **glücklich zu werden (Das heißt, ich bin es noch nicht**
und unabhängig von Gedanken nicht),

Und die Prämisse „Alles ist schlecht",
die das Denken mit Gedanken prägt,
enthält die Prämisse:
Alles enthält die Möglichkeit, sogar sehr schlecht zu werden!

Gedanken können vermeinen,
das Universum enthalte einen Fehler,
gar, man sei selbst dieser Fehler.
Gedanken können vermeinen,
es sei besser,
wenn gar nichts existieren würde!
Dass es viele Bewusstseins gäbe
(wobei die Plural-Bildung dieses Wortes schon grammatisch nicht
funktioniert),
dass alle Wesen isoliert und getrennt voneinander seien,
dass selbst Gott noch einsam wäre,
dass Bewusstein irgendein nützliches Nebenprodukt von Materie
wäre,
dass die Schöpfung überhaupt nur Zufall wäre
und bald wieder zugrundegehen würde,
so wie auch der eigene Körper zugrundegeht
und ich sei als Bewusstsein in ihm gefangen
und nur dafür da,
seinen Schmerz zu erleben und zu leiden,
alles zu erleiden, was phänomenal auf mich zukommt,
alles steuere nur auf den Tod zu, die Nichtung all dessen, was
existiert,

und diese Angst wird auch aufs Nichtdenken projiziert,
dass alles, Ich, Welt, Wahrheit, Wissen, Tun von Gedanken abhängig seien
und mit ihnen verschwinden würden
(Dabei ist Verschwinden doch gerade das Wesen von allem und also deren Anwesenheit!).

Deshalb müsse ich Gedankenlosigkeit verhindern
und gegen die Welt, die mir entgegensteht,
etwas tun, Vieles wissen,
neue Gedanken finden,
die mir vermeintlich etwas erklären,
oder mir sagen, was ich tun kann,
oder an denen ich mich festhalten kann.

Das Denken mit Gedanken sucht wegen der Prämisse,
dass ohne Gedanken alles misslingen würde und schlecht wäre,
das Gute nicht überall,
sondern in etwas speziellem Einzelnen.
Gedanken können überhaupt nur Einzelheiten fassen,
sie zertrennen die Einheit des Seins in Einzelheiten.
Die Suche nach dem Guten in Einzelheiten
ist aber notwendig die Suche nach Sicherheit,
denn Einzelheiten sind habbar, man kann ihrer habhaft werden
und Einzelheiten grenzen sich ab zum Raum der Unsicherheit,
der außerhalb von ihnen bestehen muss, um ihnen Sinn zu verleihen.

Dabei hat die Suche nach Glück und größtmöglicher Sicherheit im Denken
den Hintergrund unendlicher Unsicherheit und Angst nicht nur enthüllt,
sondern überhaupt erst in die gedankliche Vorstellung gerufen und somit erschaffen.

Das Wesen von Gedanken ist es dabei,
jede noch so fehlgeleitete schlimme Überzeugung
zu behalten und nicht zu hinterfragen.
Gedanken müssen die Notwendigkeit ihrer Fokussierung stark behaupten,
da sie kein Sein haben, ohne einen lebendigen Geist zu befallen.
Ihre Prämisse ist: Du musst diese Gedanken denken!

Deren Befragung rührt aus dem verdrängten Sein.

Die Logik des Denkens ist auch,
zuerst das Negative zu fokussieren,
weil es dringlich und notwendig ist,
es zu lösen,
versteht aber nicht,
dass das Negative nicht da wäre,
wenn keine Gedanken da wären.

Der Pessimist sagt:
Ich nehme lieber das Schlechte an,
und bin dann erleichtert,
wenn es sich nicht bestätigt.
Lieber das,
als optimistisch zu sein
und zu erschrecken
oder enttäuscht zu werden.

Das meint allerdings gedanklichen Optimismus,
der nur enttäuscht werden kann,
weil Gedanken sich irren.
Der Pessimist ist dennoch nie leicht.
Leicht und frei von Irrtum ist nur reines Denken, ohne Gedanken, das
Nichtdenken.

Gedanken irren sich ihrem Wesen nach.
Sie verfehlen in jedem Zeitpunkt die ganze Welt,
indem sie alles ignorieren, wozu sie sich abgrenzen,
indem sie in sich nicht differenzieren und somit die Unendlichkeit
zwischen allem verfehlen,
indem sie vergroben und ungenau umzeichnen, was sie zu fassen
versuchen,
und indem sie Anteil haben an den Prämissen der Gedanken im
Allgemeinen,
dass nicht alles gut sei.
Sie übersehen zu jeder Zeit die Schönheit ihres Gegenteils,
den nichtgedanklichen Nichtfokus, der Glücklichkeit selbst ist.

Somit sind Gedanken nicht nur manchmal falsch,
sie sind auch nicht nur meist oder irgendwie falsch,

sie sind auch nicht nur völlig falsch,
sondern sie sind wesentlich falsch
und formulieren wesentlich das Gegenteil zur Wahrheit!

Die Wurzel des Prinzips „Alles ist schlecht"
ist das Vermeinen des Ichs als Einzelheit in allem,
als der denkbare Punkt infinitesimaler Ausdehnung
statt der uneinheitlichen Einheit, die es wirklich ist.
Als solches wird dieses kleine, falsche Ich oft **Ego** genannt.

Es ist das Ego,
das gefangen im Körper, gefangen in der Person und in der Welt
an der Welt leidet und sich gegen die Welt stellt,
sich selbst arrogant und ignorant mit Sicherheiten anreichert,
welche Mauern die gedanklich veräußerte Angst nur steigern.

Das Paradoxon des freien Willens,
Freiheit selbst, das Schöne, Gute und Liebe selbst
werden alle gedanklich vermeint und verfehlt.
Das Denken mit Gedanken vertauscht alle Prinzipien,
indem es das Falsche liebt,
d.i. das vom Sein gelöste gute Gefühl,
das es gedanklich nur in Einzelheiten finden kann,
es vermeint Freiheit in Gedanken,
die selbst Gefangenschaft bedeuten,
es fokussiert das Ferne und übersieht das Nahe,
es versucht das Erleben fernzuhalten,
sich durch immer schnelleren Wechsel
und komplexere Bewegungen in seinen sich selbst
stabilisierenden
verschränkten Systemen
selbst zu hypnotisieren und zu betäuben.

Gedanken fokussieren Zukunft und Vergangenheit und
vergessen, was jetzt der Fall ist, nämlich Auflösung und Entzug,
Nichtdenken.
Sie lieben den Schein und hassen, was ist, weil, was ist, ihre
Auflösung bedeuten würde.

Gedanken fordern,
dass ihr beschränkter Wille erfüllt werden solle,

obgleich er dem Willen des Seins,
das in sich keine Schranken kennt
und sich selbst kennt,
nur widersprechen kann.

Und ist es nicht auch das,
was Gedanken erhält,
obwohl sich die Stille und Wahrheit des Nichtdenkens gegen ihre
Unruhe und Falschheit stellt,
dass Gedanken schön erscheinen,
obwohl sie als Verminderung der Schönheit überhaupt
das einzig Hässliche sind?
**Liegt nicht die Attraktivität, die Hinterlistigkeit der Täuschung der
Gedanken darin,**
**eine Verbindung zum Nichtdenken, zum Sein selbst zu
behaupten,**
und diese Verbindung heißt Wille?

Erscheinen Gedanken nicht deshalb,
weil ich will, dass sie erscheinen,
oder weil ich ihr Erscheinen akzeptiere,
sodass sie (wie lange auch immer) kurz bleiben,
weil ich mit ihnen interagiere,
weil sie faszinieren,
weil sie einen Teil aus dem Ganzen herausheben, herausreißen?

Und würde man nicht deshalb sagen,
das Denken kann nicht enden,
weil Gedanken,
obgleich klar ist, dass sie ihren Gegenstand verfehlen,
dennoch Sätze formulieren,
die mir wichtig sind und mir gefallen,
weil ich durchaus dieses oder jenes will,
und dieses oder jenes andere nicht will?

Ist es aber immer die behauptete Verbindung
zwischen Denken und Sein,
und also letztlich die Liebe zum Sein,
die einen speziellen und also gedanklichen Willen erhält?

Aber der Wille zu ‚Was ist die Frage?'

ist doch ein unmittelbar erfüllter Wille,
der sich in einem Gedanken erfüllt?

Ist nicht der Wille zu ‚Was ist die Frage?‘ als Gedanke
ein Wille, der seine eigene Erfüllung ist?

Nein!
Das wurde im infinitesimal engen Punkt unendlicher Angst vermeint,
unendlicher Weite, Freiheit und Glücklichkeit des Nichtdenkens
entgegengesetzt,
die eigentlich ist, was ‚Was ist die Frage?‘ will!

Das aber ist das Wesen des Wollens!
Das Wollen will sich selbst
und leidet daran.
Das Wollen hat seinen Lohn schon gehabt!
Es gibt keine Erfüllung des Wollens außerhalb seiner Auflösung,
denn selbst seine Einlösung (seine Erfüllung) ist Auflösung.

Wenn Sicherheit im Gedanken ‚Was ist die Frage?‘,
der sich zunächst selbst bestätigt
und im Denken also immer gilt,
vermeint wird,
dann ist der Wille nicht seine eigene Erfüllung,
sondern dem Willen fehlt seine Erfüllung völlig!

Nicht nur hinsichtlich des in den Gedanken formulierten Irrtums
ist im an sich selbst denkenden Denken also
der instabile Zustand völligen Irrtums,
durch den sich das Denken selbst überwindet, erreicht,
sondern die Instabilität zeigt sich auch in ihrer Unerträglichkeit
in der völligen Ferne und Unmöglichkeit
der Erfüllung dessen, was gedacht wird,
und im völligen Übersehen der Tatsache,
dass Erfüllung jederzeit da ist,
wenn nur die Verdunkelung des Scheins der Gedanken nicht da ist.

Die Elemente des Wollens sind zwei:
Wille und seine Erfüllung.
Der Wille ist dabei notwendig Gedanke,
da es etwas sein muss, was er will,

und es scheint einfach und ein Erfolg,
wenn sich der Wille als Gedanke selbst will, weil er dann schon
erfüllt sei.

Aber kein Gedanke kann Erfüllung sein,
weil jeder Gedanke notwendig Wille ist,
weil er die Welt vermindert
und Erfüllung Anreicherung des Verminderten bedeutet!

Erfüllung heißt Auffüllung der leeren Form,
ihre Einlösung,
die Lebendigmachung des Noch-Toten,
mindestens die Variation,
die Bewegung des Starren
und das kann nicht Gedanke sein,
weil es nicht Erfüllung ist, wenn es nicht füllt,
wenn es nicht reich ist an Leben und sich also entzieht.

Es liegt keine Erfüllung in:
Ich denke diesen Satz jetzt noch ein zweites Mal.
Ich denke diesen Satz jetzt noch ein zweites Mal.

Hier ist nur Enge und formulierter Wille
wie in ‚Was ist die Frage?' als
‚Die Frage ist ‚Was ist die Frage?"',
wenn es sich als gedankliche Antwort vermeint,
während einzig Stille ihre wahre Antwort ist.

Die Elemente des Wollens sind zwei:
Wille und seine Erfüllung.
Der Wille ist Gedanke und jeder Gedanke ist Wille.
Und die Erfüllung ist nicht Gedanke.
Aber gibt es eine Interaktion oder Interferenz
zwischen Gedanken und Sein,
sodass es zwar keine Erfüllung in Gedanken geben mag,
sehr wohl aber die Erfüllung von Gedanken im Sein?

Das mag sein,
aber die Erfüllung ist dann im Sein
und das ist Nichtdenken!

Jeder gedankliche und nicht-gedankliche Wille
erfüllt sich im Nichtdenken.
Nichtdenken ist Erfüllung selbst.

Mancher gedankliche Wille erfüllt sich auch nicht im Nichtdenken,
sondern er erfüllt sich gar nicht,
der Gedanke klingt wieder ab,
erhält sich möglicherweise,
kommt später wieder auf
oder nie wieder,
wird später erfüllt,
oder nie.

Aber **was sich jemals erfüllt,
erfüllt sich im Nichtdenken.**

Und die Freude des Nichtdenkens betrifft jeden Fall:
Da Auflösung selbst reine Freude, reine Glückseligkeit ist,
und die Erfüllung des Willens Lebendigmachung ist,
Bewegung der bisher unbewegten Form,
reine Bewegtheit, welche identisch ist mit Auflösung,
worin einzig Einlösung liegt,
also reine Erfüllung ist,
da also Erfüllung identisch ist mit reiner Glücklichkeit,
die die einzige Glücklichkeit ist,
die die des Nichtdenkens ist, das ich selbst bin,
**deshalb ist Freude im Gewahren
des Aufkommens eines Gedankens, der immer auch Wille ist,
dann,
wenn er sich nicht erfüllt**
und sich einfach im Glück meiner Stille auflöst,
wenn er sich erfüllt,
weil seine Einlösung als Spezialfall der Auflösung
ebenfalls Glücklichkeit ist,
und wenn er gar nicht erst aufkommt,
wenn da überhaupt kein Gedanke ist,
**das ist die ewige Auflösung,
die nichts auflöst,**
die reine Bewegtheit,
die alles bewegt, selbst aber völlig unbewegt ist,
weil da nichts ist,

was bewegt sein könnte,
nicht mal klarer Raum,
der glücklich sein könnte,
weil er **so glücklich** ist,
dass es eine Verminderung seiner Glücklichkeit wäre,
sich als glücklich zu erkennen.
Aber auch dieser Gedanke löst sich auf in mir.

Ich brauche und habe keinen mir vorhergehenden Willen zu mir
selbst.
Ich bin nicht zwei.
Ich bin das Prinzip,
das zu wollen, was ist,
aber ich will es nicht,
weil es schon ist
und immer schon nicht mehr ist
und nie war.

Das Prinzip des Wollens hingegen ist es,
das zu wollen, was nicht ist,
was zukünftig sein könnte,
was gewesen sein könnte,
was anders sein könnte,
aber jeweils nur vermeintlich, nur gedanklich, nur im Schein,
denn als vermeinte Verlebendigung eines Gedankens
unterscheidet sich die Erfüllung notwendig vom Willen.

Das Andere kann also nicht gewollt werden,
da es als Identität, ohne Differenz zu seinem Gewolltsein gewollt
wird,
die aber notwendig besteht,
da die Erfüllung weder geringer noch gleich sein kann wie der
Wille.
Die reine Erfüllung besteht somit vermeintlich in unendlicher
Angst,
wo Angst mit dem Ziel an sich selbst denkt, sich selbst zu
verhindern,
und sich dadurch selbst erschafft und erhält.

Wo Wille sich nur selbst will,
ist Sucht,

die sich scheinbar selbst erhält,
indem sich stark behauptende Gedanken
gleich einer sich entfernenden Erinnerung
eine Verbindung zu einem einstigen oder baldigen Glück
behaupten,
das nie gedanklich war
und wesentlich gedanklich nicht ist,
nun aber als scheinbar gedanklich behauptet wird.

Hier aber ist die Richtung,
in der das Denken vermeint,
alles sei schlecht.

Denn die Welt wird im Verhängnis der Gedanken,
die sich systematisch stark behaupten,
die sich als Tor zum Sein behaupten,
während sie nur die Mauer bilden,
ohne die es keines Tors bedürfte,
als der schlimme Entzug vermeint,
der sich intensiviere,
wenn nicht die Einzelheit wiederholt würde,
in der alles läge.

Alles liegt aber im Gegenteil
nicht in der Einzelheit,
die einzig Gedanken behaupten.
Dort ist vermeintliche Vereinzelung.
Sondern alles liegt in Einheit
und liegt nicht.

Der Entzug ist nicht schlimm,
er mag voll sein von Plötzlichkeit
im Verschwinden eines Gedankens,
der betäubt und alles an sich staut.
Aber der Entzug, das Sich-Entziehen von allem
ist das Wesen von allem,
und das muss im Nichtdenken akzeptiert und realisiert werden.
Das Sich-Verwehren gegen diese einzige Wahrheit ist Sucht, ist
Siechen,
ist Verfehlung des eigenen Wesens und des Wesens von allem.

Aber das Wesen von allem und das eigene Wesen kann nicht verfehlt werden,
siehe!
Das Schlimme des Entzugs
ist seinem Wesen nach schon geballte Glückseligkeit!
Leid ist seinem Wesen nach reines Glück!
Leid ist nur gestautes Glück, lass es frei!

Die Stille ist nicht laut,
es ist, was abklingt,
was vermeintlich laut war,
aber nie wirklich war.

Entzug ist Auflösung,
ist reine Bewegtheit,
der Wegfall des Balkens im Auge, des Starren,
die Auflockerung des Erstarrten,
die Auferstehung aus dem Reich der Toten!

Nicht zu wollen,
ist also,
was Wille eigentlich will.

Wille will sich vermeintlich selbst,
aber die Einsicht darin,
dass diese Prämisse des Willens
sich selbst widerspricht,
indem sie zum Leid und Verfehlen dessen führt,
was gewollt wird,
löst das Wollen an sich auf.

Zu wollen ist jederzeit nur,
was ist.
Dein Wille geschehe!
Denn dein Wille ist nicht nur Wille, er ist umfassend und Erfüllung.
Nicht mein Wille geschehe,
denn was könnte mein Wille schon sein?
Die Verirrung in diese oder jene Abfolge von Gedanken?

Und was aber

(und so beginnt noch ein Gedankengang,
der behauptet, zu beginnen,
während er schon abklingt und einklingt),
was aber,
wenn ich nicht wollen will
und doch empfinde,
dieses oder jenes zu wollen?

Das ist nur das Aufkommen von Gedanken,
die selbst alle voll Wollen sind,
da sie selbst nicht sind, was sie behaupten,
worauf sie behaupten zu verweisen,
da sie ohne dich als Wirt nicht sind, dämonisch sind, Geister,
die mit dem nächsten Wind verfliegen.

Dass ich nicht wollen will,
ist selbst nur wieder ein Gedanke
und der Versuch des Systems der Gedanken,
einen weiteren einzuführen,
der alle anderen mit erhält,
indem aufgrund der Blindheit des Denkens durch Gedanken
der Glaube an einen einzigen Gedanken
alle beliebigen anderen Gedanken erlaubt,
da kein Gedanke weiß,
welche Gedanken in der Reihe,
die auf ihn folgt,
erscheinen werden,
da stets nur ein Gedanke zu einer Zeit ist.

Deshalb ist der Glaube an einen einzigen Gedanken
der Sündenfall,
denn du kannst nicht verantworten,
was nach diesem vermeintlich vertretbaren Gedanken
für unverantwortbare Gedanken folgen mögen
(Das heißt solche, auf die vermeintlich keine Antwort möglich wäre,
während aber Stille die Antwort auf alle Gedanken ist).

Du musst also nicht wollen, nichts zu wollen.
Wahr ist, dass es dir in der Wahrheit, die das Nichtdenken ist,
nichts ausmacht, wenn Falsches erscheint,
da du Auflösung bist

und das Falsche schon in Auflösung begriffen ist,
sodass es zum Guten hin zurechtgebogen wird,
indem du es nicht fokussierst,
sondern indem du die Auflösung selbst bist,
worin auch dieser oder jener Wille erscheinen
und scheinbar verfolgt werden kann,
und erfüllt werden kann oder vergeht.

Hier ist keine Entscheidung nötig
in eine vermeintliche Richtung,
in Richtung des Denkens durch Gedanken
oder in Richtung des Nichtdenkens.
Es gibt keine Richtung zwischen Gedanken und Nichtdenken.

Gedanken behaupten Richtung, sind aber chaotisch.
Das Nichtdenken ist nicht einmal im Hintergrund oder überall,
sondern noch umfassender als Umfassung selbst,
noch klarer als Klarheit,
offenbarer als das Offenbare selbst.

Du musst dich nicht entscheiden,
ob du wollen willst oder erfüllen,
siechen oder gedeihen,
sondern **durch Gnade und Dankbarkeit des Selbst sich selbst**
gegenüber
ist dieser Gedankengang in dein Denken und Leben getreten
und kann nicht mehr vergessen werden,
da das, worum es hier geht,
kein Gedanke ist, der also vergessen werden könnte,
sondern das Nichtdenken, das keine Einzelheit ist,
die aufgefunden oder vergessen werden könnte,
sondern eine Wahrheit, die enthüllt,
die Wahrheit, die ist
und nichtmal ist,
weil es kein Nichtsein gibt,
das im Gegensatz dazu vermeint werden könnte.

Jede **Entscheidung** zu mir selbst
wäre nur scheinbar.
Es gibt keine Entscheidung,
die nicht Gedanke an Entscheidung ist,

da Entscheidung dies oder jenes, eine Einzelheit, eine Vorstellung ist,
die einem Subjekt gegenüberstehen würde,
das diese Entscheidung trifft,
während da aber kein Treffen ist
und kein Subjekt,
das ich sein könnte,
da ich es sonst nicht wäre,
da es mir selbst gegenüberstünde
und sich nicht entzöge.

Das Weitergehen
der Gedanken dieses Buchs
ist die Auflösung dieser Gedanken
ins Nichtdenken,
was hier umkreist wird,
obwohl es keine Mitte hat.

Das Weitergehen
der Gedanken dieses Buchs
ist die Einlösung dessen,
was vermeintlich noch zu sagen sei,
während nie irgendetwas gesagt werden muss.

Dieses Buch fertig schreiben wollen,
dieses Buch zu Ende lesen wollen,
geschieht, oder geschieht nicht,
löst sich auf oder ein
in dieselbe Auflösung und Einlösung von allem,
was sich auf- oder einlöst,
die ich selbst bin.

Siehe,
reine Erfüllung hast du jetzt bemerkt
und sie ist
und ist, was du selbst bist,
und kann also nie vergessen werden.

Dass du in Selbstvergessenheit seist
oder gewesen wärst,
ist nur ein Gedanke.
Selbst dein Atem spendet mit jedem Zug

unbemerktes Glück,
während du dieses oder jenes bemerkst,
aber nicht bemerkst,
was nicht bemerkt werden kann,
weil es ist,
weil Sein nicht bemerkt werden kann,
weil zum Bemerken ein Bemerker nötig wäre,
den es nicht geben kann,
weil es sonst nicht du wärst,
da du ihm gegenüberstündest,
da du an ihn denkst.

Es bist aber du selbst,
der dir selbst nicht entgeht.
Die Angst,
dich selbst zu vergessen, ist falsch!
Schwinde!

Alle Gedanken: Schwindet!
Dies ist kein Spruch, der Gedanken fürchtet,
er besitzt Autorität.
Die Entscheidung ist immer schon getroffen.
Das Nichtdenken muss zunehmen,
er muss zunehmen, ich muss abnehmen (Johannes),
das ist ewige Freude und es ist die Freude Gottes,
das ist die Einlösung von allem,
die Auflösung alles Falschen.
Kein besonderer Wille geschehe,
einzig dein Wille geschehe!

Ich sehe erscheinende Willen sich erfüllen,
das ist Erfüllung.
Oder ich sehe erscheinende Willen sich nicht erfüllen,
sondern sich auflösen,
und das ist ebenfalls Erfüllung!
Diese Freude ist unendlich!

Wie gut ist also alles!
Ja, wie gut ist alles?

Das Denken durch Gedanken behauptet,

alles sei schlecht,
denkbar schlecht,
verbesserbar,
verbesserungsnötig, unwürdig,
alles sei sogar verschlimmerbar,
es sei möglich und also zu verhindern, aber möglich,
unermesslich schlecht zu werden.

Das Gegenteil ist der Fall.
Unabhängig davon,
wie gut oder schlecht
diese oder jene Situation
nach diesen oder jenen Maßstäben
in diesen oder jenen Abhängigkeiten
zu bewerten ist,
ist alles immer sehr gut,
da ich die Erfüllung jedes Willens selbst bin!

Wenn du als der Schöpfer des Universums
vor der Erschaffung von allem
bestimmen müsstest,
wie alles sein soll,

wie würdest du alles erschaffen,
welches Wesen würdest du allem geben,
welche Gesetzmäßigkeiten in alles hineinlegen,
welche Allgemeinheit allem geben,
die alles Spezielle verbindet,
welche Einheit in alles legen,
die alle Einzelheiten eint?

Wie würdest du alles bestmöglich gestalten?

Gibt es eine bessere Art und Weise des Seins von allem,
als diejenige, wie alles offenbar ist,
dass alles Leiden Illusion ist, Täuschung, Irrtum, nur gedanklich
und die Wahrheit, das, was wirklich ist, das Sein,
davon unberührt
und in Einheit mit Bewusstsein,
das sich nur gedanklich als getrennt vom Sein vermeinen kann,
das ich und jedes Ich selbst bin,

und das überdies selbst reine Glücklichkeit ist,
wonach gedanklich in diesem oder jenem auch gestrebt werden kann,
sodass Freiheit in jeglicher Hinsicht besteht:
Freiheit dazu, mich zu irren,
Freiheit darin, mich zu irren,
Freiheit darin, vom Irrtum auf immer frei zu sein,
Freiheit darin, einen Willen sich erfüllen zu sehen,
Freiheit darin, einen Willen sich auflösen zu sehen,
Freiheit darin, Auflösung selbst zu sein,
gar nichts zu sein,
sich als dies oder jenes zu vermeinen,
Freiheit darin, frei zu sein, oder nicht frei zu sein,
sich als gefangen zu vermeinen,
Freiheit darin, sich als so frei, dass nicht einmal mehr frei zu vermeinen,
denn dann müsste es etwas geben,
wovon oder wozu ich frei bin,
und das gibt es,
und das gibt es eigentlich auch nicht.

Der Widerspruch in sich ist,
wie das Denken durch Gedanken Freiheit im Gegensatz dazu
als **„freien Willen"** annimmt.
Diesen **gibt es nicht,**
Freiheit ist das Gegenteil von Wille
und Wille gibt es nicht, ist nur ein falscher Gedanke,
der hiermit korrigiert wird,
einzig Freiheit ist.

Dass alles, was in der Welt gedachter Einzelheiten
phänomenal, wahrnehmbar, denkbar erscheint,
vorübergehend und Illusion,
tendenziell Täuschung und Irrtum ist,
ist die bestmögliche Gestaltung,
das bestmögliche allgemeinste Universalgesetz,
da dies die Wahrheit,
die nie „die" Wahrheit ist, da sie sich sonst zu diesen oder jenen abgrenzen würde
und also nur eine weitere dieser oder jener wäre,
unberührbar macht

und ihr die Möglichkeit gibt,
die eigentliche Sicherheit zu sein,
in der alle Abenteuer dieser oder jener Welten eingebettet liegen.

Siehe,
dein Sein,
dein Bewusstsein
ist fleckenlos.

Es gibt nichts,
was jemals geblieben wäre
oder bleiben könnte,
sonst gäbe es einen Flecken im Sein
oder im Bewusstsein.

Aber der ist nicht da und kann nicht da sein,
sonst wäre alles im Verhältnis zu ihm zu verorten
gleich dem Nullpunkt im wesentlich kartesischen
Koordinatensystem.

Es gibt kein „Ich denke",
keinen Schluss, dass ich also sei,
denn selbst die Frage „Wer bin ich?" verfliegt im Verlauf
dieser Auflösung von Gedanken.

Und so wie es mich nicht gibt
als diese oder jene Denkbarkeit,
gibt es auch dich nicht und sie, uns, euch.
Es gibt nicht das Böse,
nicht das Schlechte.
Das Sein
dieses oder jenes vermeintlich Anderen
ist dein eigenes Sein.
Es hat keine Grenze und keine Denkbarkeit oder Erfassbarkeit,
es entzieht sich in Ewigkeit,
jetzt und nie jetzt, da sich Jetzt zu Vorher und Nachher abgrenzt,
hier und nie hier, da sich Hier zu Dort abgrenzt,
es ist nicht hier,
ich bin nicht hier,
es ist niemals jetzt,
es ist nie jetzt,

alles ist immer hier und jetzt,
es gibt kein Hier und Jetzt,
alles ist niemals hier und jetzt,
alles ist überhaupt nicht,
so sehr ist es,
aber nicht alles, keine Gesamtheit,
auch nicht nichts,
weil undenkbar.

Wer könnte hier böse sein?
Niemand will böse sein.
Es ist niemand da, der böse sein will.
Du bist Eins mit deinem Nächsten
und tust dir selbst, was du ihm tust.

Bosheit ist ein Gedanke,
Gedanken sind nicht böse,
aber nur Gedanken enthalten alle möglichen Annahmen,
die in ihrer Verschränkung Bosheit, Verzweiflung und Leid erschaffen,
wenngleich notwendig jederzeit in Einbettung
in mich,
in Trost,
in Vergebung und Güte
nicht gegenüber mir selbst
und nicht als ich selbst,
sondern als **Du.**

Nicht als mein Gegenüber,
aber als mein Herz.
Es gibt weder Raum noch Zeit,
die uns trennen könnten.
Diese Kategorien mögen in der Vorstellung ziemlich allgemein sein,
aber **jede letzte Kategorie ist noch die vorvorletzte gegenüber Dir.**

Noch die kleinste Bewegung
vergeht
darin, was niemals bewegt war,
so sehr völlige Bewegtheit, dass verschwunden,
der unbewegte Beweger,
der alles niemals in Gang gebracht und
niemanden jemals ins Dasein gestoßen hat.

All diese vermeinten Gegenteile zu mir sind gedanklich.
Das Gegenteil zur Wahrheit ist nicht Täuschung, nicht Illusion.
Wahrheit hat kein Gegenteil,
Wahrheit währt,
einzig Wahrheit ist,
einzig, was ist, ist,
und es gibt keine Wahrheit und nichts, was ist.
Es gibt keinen Schein, keine Täuschung,
sondern die Wurzel des Scheins und der Täuschung ist die
gedankliche Annahme,
dass es Schein und Täuschung gäbe.
Das Wesen des Irrtums ist die Annahme, es gäbe Irrtum.
Annehmen ist Irrtum, Denken ist Irrtum.
Eine der gegenteilig falschen unhinterfragten Grundannahmen
des Denkens ist es,
dass es Gedanken überhaupt gibt.
Diese deutlich voneinander getrennten Buchstaben, Worte, Klänge
suggerieren es.
Aber eine Verbindung kann nie gefunden werden,
Gedanken können niemals gefunden werden
und bestehen also nur in einem Glauben ans Falsche,
im Glauben an Schein,
in der Scheinhaftigkeit des Scheins,
in der Täuschung darüber, dass es Täuschung gäbe,
in der Illusion über die Illusion.

Es gibt nicht das Nichts,
wozu sich irgendein Sein abgrenzt,
keine Einzelheiten in einer großen Einheit.
Alles fließt und verfliegt nicht,
es weht kein Wind und fließt kein Bach
und nie habe ich den Wind mehr genossen
und nie ist ein Bach schöner und deutlicher geflossen
und nirgendwo existiert alles mehr, als es das tut,
alles ist
so sehr es kann,
alles ist völlig,
und ist,
aber im Denken ist darüber nur zu sagen,
dass es nicht ist,

**denn Gedanken verfehlen alles.
Alles bleibt übrig,
wenn Gedanken nicht sind.**

Jeder Gedanke, jede Wahrnehmung
schafft Ferne zum durch sie objektivierten Gegenüber.
Dabei ist das Sein jeder Sache
mein eigenes
und mir distanzlos nah.

**Ich bin selbst im Gefängnis noch frei.
Alles ist mir jederzeit nah,
die Mauern, die ich durchbreche, sind nicht aus Stein.**

Alles ist nicht schlecht.
alles ist auch nicht gut.
Alles ist nicht nur gut.
Alles ist nicht nur besser.

**Wer leidet,
leidet in Schönheit,
innerhalb von Güte und Gnade.**
Wer Schmerzen hat,
genießt noch jeden Atemzug, der die Ruhe des Glücks birgt.

**Wer erlebt das Glück,
das ich nicht bemerke?
Wer freut sich an der Schöpfung,
die ich übersehe?**
Wer freut sich über das Geräusch,
das der umfallende Baum im Wald macht,
in dem ich nicht spaziere?
Wer freut sich über das Gelingen meiner Atmung?
Wer spürt, was ich und auch sonst niemand spürt?
**Niemand,
aber das ist nur der gedankliche Verweis auf ihn
und es ist nicht niemand,
weil niemand als Abwesenheit eines Jemand vorgestellt wird,
es ist aber die Anwesenheit keines Jemand.**

Nichts ist schlecht.

Könnte das Universum aber so geschaffen sein,
dass es schlechter wäre, als wie es ist?
Hätte die Schöpfung misslingen können?
Gibt es überhaupt Sein,
das anders ist
als dieses mit Bewusstsein, Nichtdenken in Eins fallende Sein,
das ich hier bemerke und nicht bemerke, weil es sich verflüchtigt
und doch bleibt?
Könnte alles anders sein, als es ist?
Überprüfe das
und finde dich selbst
als immer wieder gleich ungleich,
sich selbst ungleichend,
die gewichtslos gleichgewichtige Ungleichung.

Alles ist also besser als nur gut,
es ist nicht nur irgendwie gut,
allumfassend gelungen,
es ist immer besser,
je öfter ich hinschaue
und nie gut oder besser,
weil diese Vorstellungen selbst begrenzt sind und abgrenzen
zu irgendetwas anderem, das schlechter wäre,
was es außerhalb dieser oder jener vergänglicher und falscher
gedanklicher Behauptung
nicht gibt.

Schmerz vergeht, Leid vergeht,
Angst löst sich auf, nichts davon erscheint wirklich,
wenn ich danach suche,
Glücklichkeit ist Vergehen selbst,
Vergehen ist Lebendigkeit.
Alles existiert, hat Anteil am Sein,
indem es nie aus ihm herausgeragt hat, nie vereinzelt war,
sondern immer nur im Eingang Ausgang und im Ausklang jederzeit
Einklang findet.
Zuerst ist alles, allerdings nicht als alles oder indem es ist,
dann kann es vergehen, wobei es zuvor schon nicht gewesen ist.
Es gibt jedenfalls nicht das Zweite
und es ist das Erste schon das Zweite zum nichtigen Nullten
und Null und Nichts schon das Zweite dazu,

es nicht zu denken.

Alles, was jemals war,
wird immer so gewesen sein,
auf dass es geliebt werden kann,
und alles, was jemals war,
war nie so, wie es vermeintlich war,
sodass es selbst frei ist und du ewig frei davon bist
und frei dazu bist, es zu lieben,
wie es ist, wie auch immer das sein mag,
aber genau so.

Alles ist in dieser und auf diese Weisen
denkbar gut.

Aber alles ist nicht nur denkbar gut,
denkbar ist alles vorübergehend auch als schlecht zu vermeinen,
es ist auch als gut oder besser oder bestmöglich zu vermeinen,
aber es ist nicht nur denkbar gut,
das Richtige führten zum Richtigen,
aber es gibt nur das Richtige, weil alles gerichtet ist,
alles ist seibar gut,
alles ist nicht nur denkbar bestmöglich,
sondern undenkbar und denkbar bestmöglich,
es ist nicht nur denkbar, sondern vorstellbar bestmöglich
und nicht nur vorstellbar, sondern **übervorstellbar bestmöglich,**
weil sowohl vorstellbar als auch unvorstellbar,
in sich einlösender und auflösender Vorstellung bestmöglich,
mit und ohne Vorstellung bestmöglich.

Glücklichkeit ist jederzeit maximal und kennt kein Maximum,
wird also immer mehr, aber nur scheinbar mehr,
ist einfach völlig und völlig einfach.
Auflösung gelingt immer, also weiß sich jeder Moment der
Auflösung als ewig,
in ewiger Folge voriger, dieses, kommender und aller vermeinter
Momente.
Ich bin distanzlos zu dieser Glücklichkeit
und auch nicht, weil diese oder jene Gegenstände in dieser
Glücklichkeit eingebettet liegen
und Distanzlosigkeit Distanz impliziert,

welche Vorstellung jederzeit in Auflösung begriffen ist.

Alles ist reich und gibt Anlass, es zu besingen.
Alles ist gemäß undenkbaren Universalgesetzes
zu aller Zeit und für alle Zeit so
und kann niemals und nirgendwo und für niemanden jemals anders
sein,
denn all das gilt allgemein
und so allgemein, dass seine Gültigkeit außergedanklich ist.

Jedes Leid ist eingebettet in dieses Glück.
Ich bin als vermeintlich vereinzeltes Bewusstsein in einem Körper
nicht Leidbemerker,
sondern Bewusstsein ist Eins und jedes bemerkte Leid klingt in
meinen Frieden ein.

So ist selbst das Negative noch gut,
selbst Leid noch positiv,
es setzt mich instand,
mich zu besinnen.

Der Entzug
befördert die Suche
nach dem Unfindbaren,
das nie verloren war.

Aber woher weiß ich,
dass ich an der Suche nicht scheitere?
Diese Frage ist nur ein Gedanke,
dessen Abwesenheit das ist, wonach gesucht wird.
An dieser Suche Scheitern
ist ihr Gelingen.

Woher weiß ich,
dass mir nicht ein vorübergehender Irrtum gefällt,
dass ich mich über mich selbst und andere nicht täusche,
dass durch mich, wenngleich vorübergehend, etwas misslingt
und was ist mit all dem, was mir bereits misslungen sein mag?

Du müsstest im Denken mit Gedanken ebenso darauf vertrauen,
dass dir vergeben wird,

wie in der offenbaren Vergebung, die im Vertrauen selbst liegt,
welches Nichtdenken ist.

Du kannst nicht böse sein.
Das Richtige führt zum Richtigen,
ist aber vor allem die Auflösung des Gedankens ans Richtige,
der selbst falsch ist,
weil das Richtige in keiner Richtung liegt,
die entgegen dem Falschen oder Bösen läge.

Entspanne bedingungslos!
Und sieh,
dies führt nicht zur Untätigkeit
und es geschieht dieses oder jenes,
aber das wiederum nur durch gedankliche Masken gesehen,
aber der gedankliche Einfluss nimmt ab und wieder zu und wieder ab,
aber die Verantwortung liegt in meiner Präsenz statt in einem
Verhältnis zwischen mir und der Blindheit der Gedanken.

Entspanne bedingungslos
und sieh,
die Glücklichkeit, die in dieser Entspannung liegt,
ist die der Abwesenheit von Gedanken, die Ruhe und Frieden
bedingen wollen,
so wie ein Krieg stets mit dem Ziel geführt wird, Frieden zu schaffen.
Und **diese Glücklichkeit befördert weitere Glücklichkeit,**
alles steckt sich daran an,
sie ist nicht abgesondert oder gar absonderlich wie die Freude an
Gedanken,
sie strahlt aus.

Und sieh,
es gibt keine Entspannung,
es war nirgends jemals eine Spannung,
es gab und gibt kein Zwischen, wozwischen eine Spannung hätte
bestehen können
und keine Anspannung in dir, die sich nicht jederzeit unter deinem
Blick, der stetig ist, in Richtung Entspannung bewegt.

Was erscheint,
erscheint als Hinweis auf dich selbst.

Alles erscheint auch als Hinweis auf **sich** selbst
und was alles ist, liegt außerhalb gedanklicher Fassbarkeit.

Was alles ist,
ist das Sein von allem,
welches identisch ist mit dem jeweiligen Sein
dieser oder jener vermeinten Einzelheit,
weil kein einzelnes Wesen
in derselben Frage nach demselben Sein
eine unterschiedliche Antwort bekommen kann.

Wenn alles aber Eins ist
und das nur außergedanklich gewahrbar ist,
was ist dann dieses Denken,
das zu erscheinen scheint?

Müsste statt „Wie beginnen?"
und auch statt „Was denken?"
und auch statt „Soll ich überhaupt denken?"
jeder Gedankengang und dieser eigentlich richtige Gedankengang
mit der Frage „Was ist überhaupt Denken?" beginnen?

Denken ist nicht das Erscheinen von Worten durch Stimmen oder
Schrift,
Denken ist nicht Sprache, zwar vertreten durch Sprache,
aber so viel subtiler, dass sich die Verbindung entzieht.

Denken ist entweder Nichtdenken,
dann heißt Denken Bewusstsein, mitwissend Sein, Erleben und
Sein,
und das ist einzig wirklich Denken.

Oder Denken ist Denken mit Gedanken
und das ist nicht Denken
und das ist erstaunlich,
das ist das Rätsel, die Verwunderung über die scheinbare
Möglichkeit von Illusion.

Die Frage „Was ist Denken überhaupt?"

bleibt also an der Verwunderung über die Frage „**Was sind Gedanken überhaupt?**"
oder „Was ist das Denken mit Gedanken überhaupt?" hängen.

Das Erscheinen von Gedanken
ist eingebettet in den Hintergrund des Nichtdenkens
und es ist ein scheinbares Erscheinen,
da es jederzeit im Abklingen befindlich ist,
sodass **kein Zeitpunkt** festgehalten werden könnte,
von dem gesagt werden könnte,
etwas sei jetzt erschienen.

Das gilt auch für jede Vorstellung, überhaupt jede Erscheinung,
jede Wahrnehmung, jedes Phänomen.
Es ist noch nie etwas erschienen, das geblieben ist,
und es wird nie etwas erscheinen, das bleibt,
und es kann nichts erscheinen, was jemals bleibt,
weil Bewusstsein und Sein sonst irgendwann voll würden
und weil Bewusstsein und Sein sonst fix verortbare Stellen hätten,
zu denen sich alles hin orientieren würde,
aber die gibt es nicht!
Alles entzieht sich,
sowohl der Verortung
als auch der Erscheinung, der Wahrnehmung selbst,
siehe:
Alles löst sich vor deinen eigenen Augen auf!

Wonach auch immer du suchst,
es verschwindet dir in der Suche danach.
Was du allerdings gedanklich vermeinst,
scheint zu bestehen,
und tut es nicht, wenn du es überprüfst.

Also ist das Denken mit Gedanken nur unterlassene Überprüfung des durch Gedanken Behaupteten.
Also ist es Unreife und Faulheit mit Gedanken zu denken
und es steht jeder Wahrheit und dem Leben selbst entgegen,
es widerspricht dem, worin es erscheint, einem Virus gleich.

Gedanken irren sich über die Welt und über sich selbst

und mit Gedanken denkend irre ich mich über mich selbst.

Was aber sind Vorstellungen, Wahrnehmungen, Phänomene?
Die Wahrheit ist, sie sind alle in Auflösung begriffen
und es gibt keine Vorstellung, keine Wahrnehmung, kein einziges
Phänomen,
das sich nicht entzieht.
Jede angenommene Wahrnehmung oder Vorstellung ist also,
da mit ihrer Annahme die Annahme einhergeht, sie würde nicht
im Vergehen begriffen sein, sich nicht entziehen,
notwendig selbst Gedanke!

Nicht nur offensichtlich falsche Gedanken sind falsch,
sondern alle noch so überzeugenden Sätze sind falsch:
Zum Beispiel ist
„Zwei plus zwei gibt vier"
nur unter Bedingungen richtig, die ihrerseits falsch sind.
Zum Beispiel dass dieser Satz irgendetwas in seinen
Zusammenhängen vollständig beschreibe oder dass er überhaupt
die Frage sei.

Und nicht nur als Gedanken erkennbare Gedanken sind falsch,
sondern der Teufel steckt im Detail,
er flüstert dir unmerklich ins Ohr,
aber siehe:
Auch die subtilsten Gedanken sind falsch
und **unmerklich stellt sich jede Vorstellung, jede Wahrnehmung,**
jedes Phänomen gedanklich vor!
Also ist alles Gedanke!
Die ganze Welt ist nichts als Gedanken!
Das Sein aber ist kein Gedanke.
Aber wenn ich daran denke, ist das nur Gedanke.
Und alles verschwindet, wenn ich es suche
und alles bleibt übrig, wenn Gedanken verschwinden.

Suche wirklich nach einem Gedanken,
und er verschwindet.
Und sogar:
Suche wirklich nach irgendeiner Wahrnehmung,
und sie verschwindet!

Was du siehst, hörst, schmeckst, riechst, fühlst,
siehst du gar nicht, hörst du gar nicht, schmeckst du gar nicht,
riechst du gar nicht, fühlst du gar nicht,
wenn du wirklich danach suchst,
wenn du wirklich nach dieser Wahrnehmung suchst
als etwas Bleibendes, mit sich selbst Identisches,
als was sie sich durch heimliche Gedanken begleitet behaupten!
Alles entzieht sich, löst sich auf,
wenn du nicht daran denkst.
So unmerklich sind Gedanken,
sie legen sich dir ganz nah
über die Sinne
und erschaffen deine ganze illusorische Welt.

Wenn du sagst,
„Aber ich sehe doch, was ich sehe!",
dann sieh:
Jedes Phänomen ist begrenzt,
also ist jedes Phänomen auch Gedanke.
Aber eigentlich ist kein Phänomen begrenzt,
weil alles stets vergeht und sich entzieht,
weil alles stets wackelt und unscharf ist,
weil alles vergeht, weil alles fleckenlos ist,
weil alles mit anderem zusammenhängt,
weil alles immer noch genauer angeschaut werden könnte,
also gibt es überhaupt keine Phänomene
und auch überhaupt keine Welt!
Einzig diese Einsicht
zeigt die Wahrheit der Welt als stetig vergehender potenziell
illusorischer Ausdruck des Seins.

Es gibt keine Wahrnehmung ohne gedankliche Interpretation.
Je deutlicher jemand sieht, desto blinder ist er insgesamt.

Selbst sich stark behauptende und unter Prämissen sicher
zutreffende Sätze treffen nicht zu!
Um wie viel weniger unausgesprochene, geflüsterte!

Alles außer Auflösung und Entzug ist Gedanke,
aber ist gibt nichts, was nicht in Auflösung begriffen ist oder sich
entzieht,

also gibt es auch keine Gedanken.

Dieses Denken durch Gedanken, das enden soll,
das durch ‚Was ist die Frage?‘ beendet werden soll, gibt es nicht!

Was in jedem Moment zu tun ist,
ist zu **sehen, dass alles ohne Gedanken funktioniert,**
obwohl Gedanken das Gegenteil behaupten.
Und alles erscheint gedanklich,
also ist alles zu verwerfen,
um alles zu gewinnen.

Das Nichtdenken macht alles nicht nur besser,
sondern überhaupt erst so,
wie es Gedanken gerne hätten, was sie behaupten zu tun,
nämlich denken oder wahrnehmen,
einen Bezug zum Sein erfassen, Bewusstsein haben,
fühlen, sich freuen, sich gut fühlen und so weiter,
lieben, frei sein, gut sein!
Gedanken wiederum behaupten und befördern deren Gegenteile.

Du willst Gedanken nicht loslassen,
aber es sind Gedanken, die dich nicht loslassen wollen.
Du bist jederzeit frei von Gedanken,
selbst kein Gedanke und ohne jegliche Beziehung zu Gedanken
und ohne jeglichen Bezug zu Gedanken.

Wenn du dich gut fühlst mit einem Gedanken,
ist es nicht der Gedanke, der das gute Gefühl befördert,
er ist es,
der es vermindert!

Die Freude an etwas ist nicht die Freude über den Gedanken
daran,
es ist die Freude an der Sache selbst
und die liegt im Sein der Sache
und das ist außergedanklich
und gedanklich wesentlich völlig verfehlt!

Deshalb ist auch negatives Gefühl,
jedes Leid nur ein Gedanke.

Die Welt ist erschaffen
und Gedanken beweinen,
dass nicht Teile in ihr erstarren.

Schmerz, negatives Gefühl, Leid
sind nur Gedanken,
und Glücklichkeit kann auch ein Gedanke sein,
aber der Gedanke an Glücklichkeit fühlt sich nicht gut an,
aber Glücklichkeit ist nicht nur Gedanke,
Glücklichkeit ist.
Denn alles entzieht sich
und im Sich-Entziehen liegt die völlige Bewegtheit, die Auflösung
jeglicher Anspannung, der Friede, der Glücklichkeit ist.

Die Dunkelheit der Gewohnheit,
Gedanken zu fokussieren,
wird nun durchs Licht der eigentlichen Wohnung,
des Zuhauses jedes Wesens
vertrieben,
welches im Nichtdenken liegt.

Die Gewohnheit,
durch Gedanken zu denken,
muss entwöhnt werden,
aber das ist ein fröhliches Spiel,
das darin besteht,
auf Gedanken nicht mit Gedanken zu reagieren,
sondern mit Stille,
also überhaupt nicht zu reagieren,
und da Vorstellungen, Wahrnehmungen, Phänomene, die ganze Welt
subtil gedanklich ist,
ist eine weitere mögliche Formulierung der Antwort auf die Frage
„Was tun?":
Du sollst nicht reagieren.
Sei ruhig,
sei still!

Nicht zu reagieren,
still zu sein,
bedingungslos zu entspannen,

dich in Einheit mit Bewusstsein, Sein, Nichtdenken, Glücklichkeit zu
wissen,
die Maxime des ‚Ich weiß es nicht' und die Frage ‚Was ist die Frage?'
zu verfolgen,
sind verschiedene Formulierungen letzter gedanklicher Maximen,
die aber als Gedanken selbst die Wurzel des Falschen in sich tragen.

Letztlich kann keine Methode zum Ziel führen,
das keines ist, weil es immer schon der Fall ist.
Niemand weiß, wann Gedanken aufhören, zu faszinieren,
aber Gedanken müssen nicht aufhören, zu faszinieren,
da du unabhängig von Gedanken deinem eigenen Wesen entsprichst.

Offenbar ist aber,
dass Gedanken weitere Gedanken befördern,
sodass es wichtig ist,
dass dieser Gedankengang
und dieses Buch
endet.

Aber auch die versteckten, flüsternden, subtilen Gedanken,
die diese oder jene Phänomene als solche begleiten und
interpretieren,
müssen noch entlarvt werden,
wozu die das Nichtdenken umkreisenden Gedanken dieses Buchs
noch dienen können,
denn diese allgemeinsten Gedanken
können ziemlich allgemeine Gedanken in sich aufheben
und zu sich hin zurechtbiegen,
indem sie ihre Verkürzungen und Falschheiten offenlegen.
Gedanken entfernen einander
wie ein Dorn einen anderen Dorn aus der Haut entfernen kann.
Danach werden beide Dornen weggeschmissen.

Solange aber der erste Dorn in der Haut steckt,
solange Wahrnehmungen gedanklich interpretiert werden,
sodass vermeint wird, dass sie Endliches, dieses oder jenes
Begrenzte zeigen,
so lange geht auch die falsche Überzeugung damit einher,
das eigene Bewusstsein bestehe isoliert, sei gering und nur zum
eigenen Körper zugehörig, gar durch diesen erzeugt.

Wenn die Wahrnehmungen Endliches zeigen,
wird auch das eigene Sein als endlich interpretiert.
Aber die Wahrnehmungen zeigen niemals etwas Endliches,
sie sind im Fluss,
es sind Gedanken, die in ihnen feste Formen und Linien behaupten.

Die aufrichtige Auffassung der Welt ist diejenige,
welche Bewusstsein, mich selbst nicht in einer gedachten Mitte,
gleich einem engen Punkt in meiner Brust oder in meinem Kopf
oder hinter meinen Augen vermeint,
welche mich selbst also auch nicht als irgendeine Mitte der Welt
oder des Universums vermeint,
sondern welche klar sieht,
dass die eigentliche Mitte nur überall sein kann,
denn zwischen allem
ist unendliche Tiefe.

Gedanken verfehlen durch Vergrobung und Verkürzung und
Erstarrung dessen,
was sie behaupten zu erfassen.
Sie **behaupten** dabei **Linien, die es so nicht gibt,**
starre Zustände, die sich eigentlich im Wandel befinden,
Vollständigkeit, wo keine Vollständigkeit möglich ist,
Gültigkeit, wo nur Verfehlung und Vergessen herrscht
und vor allem Wahrhaftigkeit, wo nur Gröbe ist.

Es gibt keine kleinste phänomenale Einheit,
kein Atom des Sehens, Fühlens oder Denkens,
überhaupt keine Atome, keine kleinsten unteilbaren Teilchen der
Wahrnehmung,
sonst wäre sie gerastert, stockend, geprägt und befleckt
sowie verortet relativ zu diesem Raster.

Während Naturwissenschaften mithilfe bestimmter Instrumente
und unter einer Vielzahl unhinterfragter Prämissen
materielle Atome finden, die allerdings nicht unteilbar sind
und sich ebenfalls entziehen,
findet die eigentliche Wissenschaft,
die Denken nicht in Gedanken sucht,
wo es nicht liegt,

die Wissen nicht in Gedanken sucht,
wo es nicht liegt,
sondern die nur nach dem Richtigen und Suchbaren selbst sucht
und es auch findet,
keine Atome in sich,
sondern das allgemeingültige Gesetz,
dass sich alles entzieht,
dass alles verschwindet,
dass alles vergeht und sich auflöst
und dass dieses Gesetz aber nur in Gedanken nicht vergeht
und selbst auch vergeht,
aber nicht, worauf es verweist,
was nicht vergeht,
was ich selbst bin,
und das ist,
was nicht ich bin,
sondern was überhaupt ist
und also überhaupt nicht ist,
indem es ist.

Die Mitte,
in der ich nicht bin,
ist überall.
Das Gegenteil zu einem gedanklichen Fokus
ist im Hinblick auf Gedanken
die unendlich schnelle, ortlose, völlige Bewegtheit dieses Fokus,
sodass er überall ist.
Im Hinblick auf Gedanken und Wahrnehmungen
ist das Gegenteil zum scheinbar festen Bestehen eines Gedankens
deren Auflösung und Entzug,
welcher auch als **Unendlichkeit zwischen allem** erlebt werden
kann,
wenn gesehen wird,
dass **kein Zwischenraum zwischen irgendwelchen
angenommenen Raum- oder Zeitpunkten oder
Wahrnehmungspunkten** besteht,
der nicht unendlich wäre
oder gar nicht da wäre,
sodass überall zwischen allem die unendliche Differenz
eines beliebig tiefen Nichts offenbar wird,
die da wirklich ist,

weil ohne gedanklichen Fokus
zwischen allem so viel Leere ist,
dass da nichts bleibt
außer völlige Fülle dieser Leere,
der Reichtum dieser Leere,
die die Abwesenheit gedanklicher Verkürzung ist.

Ich bin selbst einzig
dieses genaue Hinschauen.
Ich bin begleitet von Wortlosigkeit.

Ich bin nicht ich,
kein Selbst,
ich bin Das selbst,
das Selbst jedes Wesens,
das, was alles selbst ist,
was du bist,
bin auch ich,
aber selbst das nicht.

Meditiere,
aber das heißt nicht,
setze dich hin und suche die eine Mitte deines Körpers
oder deines vermeintlichen Inneren,
sondern sieh alles von unendlich vielen Mitten durchdrungen,
zwischen allem ist jeweils unendlich viel,
sodass dein gedanklicher Fokus sich auflöst
und dich auflöst
und noch die subtilsten unhinterfragten Annahmen auflöst.

Bestätige und gib zu,
du erlebst dich gar nicht als Körper oder Person,
das sind nur mögliche Gedanken,
die in manch anderen enthalten sind,
Gedanken nicht an dich selbst,
sondern an deinen Körper,
eine denkbare Person, eine Maske, durch die du sprichst.
Du erlebst dich als jederzeit grenzenloses reines Bewusstsein,
du bist niemals hier,
denn Hier hat keine räumliche Grenze,
und du erlebst kein Jetzt,

**denn du kannst keine Grenze zum nächsten oder vorherigen
Moment finden,**
jeder Atemzug fühlt sich gut an
und der Gedanke daran, husten zu müssen,
ist nur ein Gedanke.
Wenn du leidest, dann in Schönheit,
aber du leidest nicht,
du bist selbst glücklich, wenn du an unendliche Angst denkst,
ein ferner verklingender Reiz,
eine unwiederbringliche Illusion.
**Gerade das ist das Wesen der Illusion:
Ist sie ein Mal als Illusion gesehen,
kann sie nicht mehr zurückgeholt,
in die Täuschung nicht mehr eingetaucht,
die Wahrheit nicht mehr vergessen werden.**

**Du erlebst keine Gedanken,
sondern Fülle**,
lebendige, sich auflösende Fülle, **zur Leere hin**,
grenzenlos in allen Dimensionen,
in ein Außen, das es nicht gibt,
zu jedem Innen, das überall ist, die Mitte überall,
die also keine Mitte ist und auch kein Innen,
auch kein Zwischen, da es nicht Feststehendes gibt,
wozwischen dieses Zwischen wäre.

Schaue aufmerksam,
ob ein Gedanke
dein Wahrnehmen prägt,
der Gegenteiliges behauptet.

Nach irgendetwas suchend
verschwindet es.
Du bist Verschwinden.

Freie, unbeeinflusste Wahrnehmung
ist allgegenwärtig
und selten beim Menschen,
sie geht nur mit völliger Gedankenlosigkeit
und reinem Denken einher.
Siehe,

dass alles, was ist,
übrig bleibt,
wenn alle Beeinflussung der Wahrnehmungen durch versteckte
Gedanken verschwindet.

Das Nichtdenken erfasst alle Gegenstände,
wie sie sind,
es zeigt, ohne zu interpretieren,
und jede Interpretation ist gedanklich.
Da Gedanken aber behaupten,
Gegenstände zu erfassen,
erfüllt das Nichtdenken auch in diesem Sinn das Wesen der
Gedanken.
Es nimmt also selbst sein Gegenteil in sich auf,
so wie das Gute das vermeintlich Schlechte oder Böse,
das Wahre das Falsche,
das Allgemeine das Spezielle,
die Einheit die Einzelheit,
das alleinige All-Eine jede Einsamkeit,
der Überblick die Beschränktheit,
die Einsicht den Irrtum
in sich aufhebt.

Was passiert in Auflösung?
Gib zu:
Weder Sein noch Bewusstsein kann jemals wegfallen.
Sie können sich nicht auflösen,
weil sie selbst Auflösung sind.
Sie lösen auf und in ihnen löst sich alles auf und ein.

Gedankenspiel: Bewusstsein fällt weg.
Aber siehe: Dein Sein ist dir näher noch als dein Gefühl.
Es ist dir abstandslos nah, du bist aber Bewusstsein,
also ist dir Sein immer bewusst.
Und siehe: **Sein als die Welt ohne Bewusstsein**
ist eine Vorstellung, gedacht, visualisiert als getrennt von dir,
aber **gedacht von dir!**

Wohin geht die Welt, wohin gehen die Wahrnehmungen,
wenn sie mir verschwinden?
Ins Sein?

Diese Fragen sind sinnlos, falsch gestellt,
so wie alle Sätze eigentlich sinnlos sind,
da ihre allgemeinen Bestandteile falsch gedacht werden:
Was ist „die Welt" in dieser Frage?
Was ist „mir" in dieser Frage? Was ist ich?
Was ist „Sein" in dieser Frage?

Das gilt für alle Sätze.
Wenn ein Satz gilt,
gilt auch der nächste.
Logische Schlüsse sind gültig.
Aber es gibt keine Prämissen, keine Axiome, keine Naturgesetze,
die aus sich selbst heraus, bedingungslos gelten.
Alle Sätze und alle Gedanken sind falsch,
weil ihre allgemeinen Bestandteile falsch sind.

Die Wahrheit entzieht sich.
Du entziehst dich, Bewusstsein entzieht sich,
Sein entzieht sich, Präsenz entzieht sich,
Hier und Jetzt entziehen sich,
das Sich-Entziehen ist der Fall
und die Wahrheit.
Nichts ist im Wandel,
denn dafür müsste es etwas Festes geben,
das sich wandelt.
Alles ist in Auflösung,
aber es gibt nichts, was sich auflöst.
Sieh hin:
Es gibt nirgends, wo das „hin" landet,
das du in diesem Satz hörst,
es gibt keinen Fokus, den du steuerst,
wenn du hörst „Sieh"!
Fokus ist nur ein Gedanke,
es gibt keine Gedanken außer dem Gedanken an Gedanken.
Es gibt keine Gedanken außerhalb ihrer Gedachtheit.
Und es gibt selbst diesen irrtümlichen Glauben an die Behauptung
von Gedanken nicht.
Es ist Illusion, dass es Illusion gäbe.

Abermals:
Wenn du Gott wärst

313

und das Universum erschaffen würdest,
wie würdest du es machen?
Welche Grundgesetze würdest du ihm geben?

Ist es nicht bestmöglich,
das Gute und die Wahrheit in Eins zu setzen
und alles Böse und Schlechte
vergänglich und letztlich Interpretation und Illusion sein zu lassen?

Wie würdest du das Universum erschaffen?
Den Tod, die Hölle, Schmerz und Leid gar nicht erst erschaffen?
Jede Einzelheit also unendlich sein lassen?
Dann ist sie schon tot,
unendlich gelangweilt, es gibt sie gar nicht, sie ist ein Fleck, ein Fehler.
Schmerz nicht erschaffen?
Wozu grenzen sich dann Wohlgefühl und Freude ab?
Schmerz nur in geringem Maß zulassen?
Wohlgefühl und Freude dann auch, oder woher kommt deren Maß?
Woher weiß ein Wesen dann, dass es sich nicht selbst gerade verletzt?
Oder körperliche Schmerzen zulassen, aber Leid verunmöglichen, indem kein Wesen vergisst, dass es selbst nicht identisch ist mit seinem eigenen Körper, seiner Person, sondern selbst Friede, Stille, Bewusstsein ist?
Worin liegt dann aber die Lebendigkeit der Welt,
wenn dieses Wissen ausschließlich ist?
Dann gibt es die Welt gar nicht,
dann gibt es keine Abenteuer und keine Freiheit.
Die Hölle abschaffen?
Es gibt sowieso keine Hölle,
alles ist nur Himmel.
Das Abenteuer und die Freiheit endet auch nicht mit der Einsicht in die eigene Unabhängigkeit von der Welt.
Es besteht kein Unterschied
zwischen Denken und Nichtdenken:
Jedes Wesen ist glücklich.
Kein Wesen weiß nicht,
dass es nicht glücklich ist,
aber Gedanken können dieses oder jenes behaupten.
Gedanken sind auch im Nichtdenken.

Es gibt niemanden,
der Gedanken glaubt.
Es gibt kein Subjekt.
‚Subjekt' ist nur ein Gedanke.
Wer sollte Gedanken unterworfen sein?
Sieh hin, da ist niemand.
Das Leben ist ewig,
die Schöpfung feiert sich selbst.

Schmerz ist kein Problem,
wenn du nicht daran denkst,
es ist eine Richtung,
aber auch nur, wenn du so daran denkst.
Und es ist das Wesen von Schmerz,
dass er inakzeptabel ist,
sodass er dich zurückwirft auf deinen Hintergrund,
der makellos ist.

Der Baum sorgt sich nicht um seine Früchte,
die Blume nicht um ihren Duft,
der Ozean nicht um die Summe seiner Wellen oder Tropfen,
der Wind nicht um die Gräser, die er umweht.
Alles entfaltet sich, wie es soll.
Es ist alternativloses Vertrauen mit oder ohne Gedanken,
nur Gedanken können Misstrauen behaupten,
weil auch sie frei sind.
Aber das Richtige führt zum Richtigen.

Lass den Schöpfer sich um seine Schöpfung kümmern.
Hast du die Welt erschaffen?
Hast du dich selbst erschaffen?
Hättest du es besser machen können
und bist du nicht dankbar für diese Einsicht,
dass es kein denkbares oder seibares Universum gibt,
das besser sein könnte,
und dass es kein anderes Universum gibt,
in dem Selbst, Sein, Bewusstsein anders sind als so?

Der Schöpfer hat seiner Schöpfung befohlen,
auf ihn selbst zurückzuweisen.
Jedes Wesen darf sogar noch Leid verfolgen,

darf böse sein, sich von Schöpfer und Schöpfung,
von seinem eigenen Wesen gar entfernen.
Aber es kann nicht verlorengehen,
weil es die Gesamtheit des Seins, der Schöpfung
nicht verlassen kann,
weil sie so gemacht ist,
dass das Allgemeine
alles jederzeit enthält.

**Gedanken sind dazu da,
auch noch dem Gegenteil der Wahrheit
Raum zu geben.**
Es gibt keine denkbare oder seibare größere Freiheit als diejenige,
die der Fall ist
für alle Wesen
schon immer, jetzt und für immer.
Das Universalgesetz ist so:
„Alles ist schlecht" ist als Illusion integriert in „Alles ist gut",
sogar in: Alles ist übervorstellbar bestmöglich.
Es ist vorstellbar,
dann aber verfehlt,
trotzdem vorstellbar,
es lässt auch das Falsche zu,
und unvorstellbar,
dann ebenso verfehlt,
und immer getroffen,
eine Identität, die so nicht genannt werden kann,
weil sie mit sich selbst nicht mithält,
weil sie sich selbst kein Zweites ist.

**Das ist die beste Art und Weise,
wie Sein sein kann**
und Sein kann nicht anders sein.
Das Sein ist so,
dass es selbst unermessliche Freude an sich selbst
und Glücklichkeit mit sich selbst ist.
Die ist friedlich und leer
und voll Freiheit zu allem Reichtum,
der sie erfüllt.
**Das Sein ist selbst eine wunschlos glückliche
Wunscherfüllungsmaschine.**

Selbst die Freude am Falschen
lässt es zu.
Aber die Freude löst das Falsche auf.
Wer nicht glücklich ist, will etwas anderes.
Ich kann aber auch Vorfreude empfinden,
obwohl ich weiß, dass es anders wird,
weil ich mir nicht einmal vorstellen kann,
wie dieser Moment gerade ist,
der weder Moment noch gerade ist
und auch nicht Weder-noch ist.

Das Versteckspiel mit sich selbst,
die Anderen als andere,
angenommene Grenzen,
tief vergraben in Fragen,
ein selbst gebautes Labyrinth,
die Freude an der Klärung des Irrtums,
die wunderbare Illusion,
das Glück im Leid,
die Sammlung des Speziellen,
die Versuchung der Dunkelheit,
Angst, die als Angst vor dem Guten erkannt wird,
verwandeln sich in
ehrliches gemeinsames gedankenloses Lachen
über uns selbst,
Lachen übers Lachen selbst,
das Sein lächelt,
es lächelt tieftraurig, ängstlich, dunkel
und nichts davon.
Und die Stille hat nichts gegen das Laute.

Auch mathematisch wird offenbar:
Jedes Wesen lebt untrennbar und ungetrennt
von seinem eigenen Wesen,
durch das es erschaffen ist,
wie es geschaffen ist.

Wo keine Grenze erkennbar wird,
ist Unendlichkeit.
Und **kein Wesen kann je**

außerhalb einer gegenteiligen gedanklichen Annahme,
einer interpretierten Wahrnehmung
eine Grenze irgendwo finden.
Also erlebt jedes Wesen
in jedem Moment die Unendlichkeit!

Und wenn es etwas gibt,
was Gott genannt werden kann,
dann das unendliche Wesen völligen Umfassens, unendlicher
Tiefe und unendlichen Reichtums des Seins.
Das ist aber das Wesen des Seins selbst.
Und Gott kann nicht die Gesamtheit aller Wahrnehmung oder
Gedanken sein,
denn Wahrnehmungen und Gedanken behaupten Abgrenzungen, die
falsch sind.
Gott kann das Falsche und Böse nicht kennen, die Illusion der
Illusion,
er lässt nur zu, sieht, vergibt und nimmt in sein eigen zurück,
freut sich an dir, erlebt die Freude an dir, selbst wenn du sie selbst
nicht erlebst
und liebt dich zuerst.

Einzig Gedanken unterstellen Einzelheiten und Vereinzelung.
Jedes Wesen erlebt in jedem Moment die völlige Einheit mit Gott.
Jetzt die Mathematik:
Die Unendlichkeit Gottes mag von größerer Mächtigkeit sein als
deine,
aber das Sein Gottes kann kein anderes sein als dein eigenes.
Gott hat dich zuerst geliebt
und du musst zuerst geliebt werden,
um selbst lieben zu können.

Dein Sein ist aber Sein selbst
und Sein ist von einer Unendlichkeit beliebiger Mächtigkeit.
Deine Aufgabe besteht also nur darin,
ewig dankbar anzunehmen, was der Fall ist,
dich zu freuen über die Einsicht in die Wahrheit,
die nie endet,
weil sie falsch wird, wenn sie endet,
weil sie starr wird, statt lebendig zu sein.

Da alle Wesen wesentlich Glücklichkeit selbst sind,
ist das Grundgesetz des Seins selbst **Liebe.**

Jede beliebige Menge an Irrtum,
vermeintlichen und tatsächlichen Verfehlungen
ist in jedem Moment vergeben,
da jede Endlichkeit gegenüber der Unendlichkeit gleich Null ist.

Das Sein in seiner Gesamtheit
ist in jedem Moment jedem Wesen präsent.
Das Sein hat keine Gesamtheit,
es entzieht sich den unendlich beschränkten Wahrnehmungen
und dem noch beschränkteren Denken und Verstand.

Gott ist nicht weniger gütig,
als dass er jedes Wesen in jedem Moment sich selbst erleben
lässt.

Dies ist die frohe Botschaft
und das, worauf ‚Was ist die Frage?' hinweist.

Jeder Gedanke,
der nicht in diesem Geist ruht,
der nicht das Nichtdenken umkreist,
lästert und ist undankbar.

Reue liegt nur in einer gedanklichen Vorstellung von dir selbst,
die als Gedanke wesentlich nicht hinreicht,
weshalb du dir selbst nicht vergibst.
Umkehr und Vergebung sind unmittelbar und bedingungslos
dein Wesen als Nichtdenken.

Gib dich dir selbst hin!
Aber es gibt dich nicht als jemanden,
der hingegeben werden könnte.

Der Gedanke,
dass du das nicht könntest,
ist ein Gedanke.
Du bist das,
es ist so!

Sieh, sieh!
Freu' dich mit mir
an Dir!

Was muss hier noch mehr gesagt werden?
Es musste nichts gesagt werden,
und egal, wie viel auch gesagt wird,
es wurde nie genug gesagt.
Dieses Buch muss nicht geschrieben werden!
Die Frage ist nicht ‚Was ist die Frage?'.
Nichts ist die Frage
und es ist auch nicht nichts die Frage.

Und wenn du sagst,
die Gedanken sind so laut,
ich werde sie nicht los,
obwohl ich sehe, dass sie falsch sind, -
das ist nur ein Gedanke!
Und es ist kein Problem,
wenn Gedanken laut sind!
Du bist selbst Stille,
du bist selbst kein Gedanke
und unabhängig und unberührt von Gedanken!
Du bist jederzeit das, was nicht Gedanke ist.
Was auch immer stört, oder laut ist,
kann höchstens dazu dienen,
dir zu zeigen, was du bist,
nämlich nicht das,
aber auch nicht nicht das,
denn auch das ist ein Gedanke.

Sieh den unermesslichen Umfang dieser Einsicht,
sieh die unendliche Aufgabe,
die nicht deine ist,
denn es ist ein Gedanke,
dass sie deine wäre
und überhaupt eine Aufgabe wäre,
sie ist jederzeit gelöst.

Wie viele Gedanken erscheinen jeden Tag?

Es ist kein Problem, dass sie erscheinen.
Und das Problem sind nicht diejenigen, die dich stören.
Es sind diejenigen, die du nicht bemerkst und die so subtil,
so unscheinbar, so unsichtbar,
dir selbst so nah sind,
dass du sie niemals bemerken wirst,
weil du sogar noch als Bemerker ein Gedanke bist,
der einem Bemerkten
und sogar noch dem Bemerken gegenüberstehen würde.
Du hältst dich selbst für einen Gedanken!
Lass dich selbst gehen!
Und gib diesen Kampf gegen Gedanken auf!
Du kannst nicht gewinnen,
weil der Kampf selbst ein Gedanke ist.

Du bist angewiesen auf Gnade,
gib dich hinein
ins Vertrauen ans Ich-weiß-es-nicht.

Du musst nichts ertragen,
das ist ein Gedanke.
Alles wird für dich ertragen.

Du musst nicht wach bleiben,
um du selbst zu sein.

Wenn dich große Trauer übermannt,
Verzweiflung und Schmerz,
siehe die Anmaßung des begleitenden Gedankens,
dass das nur Trauer, Verzweiflung, Schmerz sei
und nicht auch Glücklichkeit,
dass du traurig oder verzweifelt wärst,
und nicht glücklich,
dass es du seist,
der traurig oder verzweifelt sei,
dass du nicht glücklich seist.

Wer bist du,
dass du beurteilen könntest,
wie du dich fühlst,
dass du beurteilen könntest,

ob du glücklich bist, oder nicht.

Hast du Übersicht,
weißt du?

**Aber es können doch objektiv, unbezweifelbar schlimme Dinge
passieren,
ist das nicht so?**
Diese betreffen aber Körper, Person usw.,
die du nicht bist.
Und allen Gedanken daran mangelt die Aufrichtigkeit der Abbildung.
Hier ist die Rede von dir selbst!

**Das ist die Frage, ob nur im Allgemeinen alles gut ist,
oder auch im Speziellen und bis ins letzte Detail.**
Diese Frage löst sich bei genauerer Betrachtung aber
aufs Wundersamste auf,
denn auch diese Frage selbst ist relativ speziell,
sie erschafft, wie jeder Gedanke, mit sich
ein spezielles, ebenso gedachtes Subjekt,
dem diese Frage gegenübersteht.

Dies ist die Langeweile des Menschen in der Natur.
Der Mensch ist wie jedes Wesen umgeben von Natur und selbst
Natur,
und es gibt nur Natur und es gibt keine Langeweile,
aber er stellt sie sich vor, führt sich selbst in Versuchung
und fällt, verfällt in den falschen Glauben an einen Gedanken.
Die Langeweile des Menschen in der Natur
ist keine Langeweile angesichts der Natur,
sie liegt in der Abwendung des Gesichts von der Natur.
Es gibt weder eine lange Weile noch eine Weile noch einen Moment,
in dem irgendetwas zu erleiden wäre.

Aber ein Gedanke stellt es sich vor.
Aber siehe, jeder Gedanke löst sich auch auf.

**Was schlimm ist, ist nur unter Auslassung aller Kontexte
und nur in einem bestimmten Kontext so.**
Es ist nicht nur im Allgemeinen alles gut
und im Speziellen deines persönlichen und körperlichen Lebens

müsste dennoch dieses oder jenes ertragen werden,
sondern **die Einsicht ins Allgemeine löst einen abgrenzenden Blick aufs Spezielle ganz und gar auf.**
Die Einsicht ins Allgemeine löscht den Blick aufs Spezielle ganz und gar aus,
denn es gibt keine Grenze und keinen Übergang zwischen dem Allgemeinen und dem Speziellen.
Das Allgemeine ist nicht nur das Allgemeinste,
es ist nicht nur ziemlich allgemein, sondern völlig allgemein,
also gibt es nichts Spezielles, was sich von ihm abgrenzt,
sondern **das Spezielle entzieht sich ebenso wie das Allgemeine,**
es gibt nichts Spezielles, das schlimm oder falsch sein könnte,
aber das Spezielle ist eingebettet ins Allgemeine
und klingt ein, löst sich auf und ein und klingt ab.
Die jederzeit gedankliche Bewertung dieser oder jener Situation ist jederzeit notwendig falsch.
Es ist einzig die Frage,
wie lange du ans Falsche glaubst.

Kannst du ermessen, wie glücklich Gott ist?
Und kannst du ermessen, wie glücklich du selbst bist?
Weißt du überhaupt, was Glücklichkeit ist,
weißt du, was alles ist,
und **wie glücklich möchtest du sein?**
Wie viel Liebe lässt du zu?
Zu wie viel Dankbarkeit bist du nicht fähig?
Danke für diese Einsichten,
die ich nicht selbst gefunden habe,
weil alle möglichen Gedanken nicht zur Auswahl vor mir ausgebreitet liegen,
sondern ich weiß nicht,
welcher der nächste Gedanke sein wird.
Danke, dass alles so ist, wie es ist,
und dass ich einsehen darf,
dass es nicht und nie anders sein könnte.

Worin aber endet nun dieser Gedankengang?
Ich weiß es nicht.
Er endet in mir,
ich weiß es nicht.

Wie soll dieser Gedankengang enden?
Wie kann dieser Gedankengang enden?
Muss dieser Gedankengang enden?
Hat dieser Gedankengang je begonnen?
Wie soll dieses Buch enden?
Wie enden?

Das wäre das perfekte Ende dieses Buchs gewesen.
Es gibt keine Antwort auf die Frage „Wie enden?".
Das heißt aber nicht, dass danach kein Gedanke mehr erscheinen
darf.
Du bist selbst kein Gedanke
und kein Gedanke ist,
kein Gedanke stört,
worauf hier hingewiesen wird.

Gedanken sind zwar notwendig alle falsch,
aber es gibt sie auch nicht,
Gedanken haben keinen Anteil am Sein.
Illusion hat keinen Platz irgendwo,
sie ist nur Illusion
und nicht auffindbar,
wenn nach ihr gesucht wird.
Es gibt keine Linien in der Welt,
es gibt nicht das Grobe oder das Verfehlen,
alles ist feiner als fein,
wie es ist.

Es gibt Gedanken, die formulieren das Gegenteil von der Wahrheit
und Gedanken bilden insgesamt ein Gegenteil zur Wahrheit,
aber es gibt keine Gedanken.
Der Gedanke an Reue,
der mit der Einsicht aufkommt,
dass man einem Gespenst nachgejagt ist,
wie viel man investiert hat für etwas,
das nicht existiert und dem Sein und allem Guten sogar
entgegensteht,
ist selbst nur ein Gedanke
und somit Teil dessen,
was zu bereuen wäre,
wenn Reue geboten wäre,

**aber es ist nur geboten, nicht zu denken,
und auch das ist nicht geboten.**

Es gibt keine Macht
außer der alles umfassenden Macht.
Der Gedanke an **Geld** oder **Macht** ist Illusion,
du hast diesen Wert nicht gesetzt
und vielleicht vergisst du im nächsten Moment,
was du vermeinst, zu haben,
vielleicht brauchst du es gar nicht,
vielleicht wird es wertlos,
vielleicht offenbart sich seine Wertlosigkeit,
vielleicht verlierst du alles,
aber was kannst du
wirklich verlieren,
was besitzt du wirklich?
Besitzt du diese Einsichten in dich selbst überhaupt?
Besitzt du überhaupt dich selbst?
Und **wenn du dich selbst nicht besitzt,
wie könntest du irgendetwas anderes besitzen?**

Bereue nicht das Offenbare.
Dass kein Gedanke gut ist,
hat nichts mit dir zu tun.
Bereue das Versteckte,
der Irrtum, der dir zu nah ist,
als dass du ihn sehen könntest.
Bereue, dass du nicht völlig und ausschließlich bereust,
ohne zu wissen, was es ist, was du bereust,
worin das Ende aller Reue läge.

Diese Reue ist **Umkehr.**
Und **diese Umkehr ist unmerklich fürs Auge.**
Worin läge wirklich Entscheidung,
worin läge wirklich Tun,
worin läge wirklich Entscheiden hin zu dem,
wo es wirklich etwas zu entdecken gibt,
wo es wirklich etwas zu tun gibt,
was wirklich zu tun ist,
und wo überhaupt wirklich
etwas ist?

**Es kann nur eine einzige wirkliche Tat
und eine einzige wirkliche Entscheidung geben
und das ist die völlig unsichtbare,
die scheinbar gar nichts ändert,
da sie am Schein gar nichts ändert,
und doch ändert sie alles,
da alles reine Veränderlichkeit ist.**

Du musst nicht dein Leben ändern!
Du darfst nicht dein Leben ändern,
weil das einem Gedanken folgen würde!
**Am Leben ist nichts zu ändern,
es ändert sich von selbst!**
Leben ist nie gleich
und wird nie gleichbleiben,
aber es ist immer das eine Leben, Leben selbst,
das sich selbst ist,
ohne identisch mit sich selbst zu sein,
da es sonst zwei Leben gäbe.

Zeige keine Reaktion auf irgendeine Erkenntnis.
Wenn du dich selbst völlig zurücknimmst,
sodass sich der Tatendrang mit keinem Gedanken anfreunden kann
und kein Gedanke ausgelebt wird,
dann löst sich der Tatendrang im Nichtdenken
in reine Tätigkeit auf,
die identisch ist mit deiner eigenen Gegenwärtigkeit.

Du tust jederzeit,
was zu tun ist.
Das ist kein Gedanke.
Was geschieht, ist zweifelsfrei so geschehen,
aber es ist noch niemals irgendetwas geschehen,
weil sich die Feststellung irgendeines Ereignisses
dem Erfassen entzieht,
weil sich alles entzieht.
Dass du tust,
was zu tun ist,
ist ein Gedanke.
Alles ist,

du wehst den Wind.

Wenn sich etwas ändert
und du denkst,
ich habe das geändert,
das ist ein Gedanke.
Reine Veränderlichkeit ist der Fall.
Das ist kein Gedanke,
er ist schon wieder weg.

Wenn du irgendetwas tun willst,
tust du es,
wenn es sein soll,
auch ohne Gedanke daran.
Was offenbar ist,
ist kein Gedanke!

Wo ist dieser oder jener Gedanke?
Ich sehe keinen.
Sie sind schon wieder weg.

Du starrst auf Buchstaben,
auf Hieroglyphen,
irgendwelche Formen auf Papier
und denkst,
du würdest Worte und Sätze denken,
aber es sind nur Klänge.
Du denkst gar nicht in Gedanken,
es gibt keine Gedanken!
Also gibt es auch kein Denken,
du bist selbst reines Denken
als Nichtdenken!

In jedem Moment
(und es gibt keinen Moment,
weil es keine scharfe Grenze zwischen Jetzt und Nachher,
zwischen Jetzt und Gleich,
zwischen Jetzt und Noch-gerade-eben,
zwischen Jetzt und Vorher gibt,
es ist niemals jetzt,
obwohl alles immer jetzt ist,

es gibt kein Hier, obwohl du da bist,
aber nicht da, sondern nur überhaupt,
es gibt kein Jetzt, obwohl du bist,
aber du bist nicht, wie du das denkst)..

In jedem Moment
ist solch unendliche Freude
über die Makellosigkeit des Seins
und das Gesetz, dass es so ist.
Nichts bleibt
und doch ist jede Form in ihrer Festigkeit denkbar.
Das Gegenteil von allem ist auf wunderbarste Weise
im Sein integriert.
Das Sich-Anbieten der Formen
und ihre Ablehnung
ist ewige Auflösung
und das ist Anbetung
und die Art und Weise, wie alles ist
und weiterhin so ist, wie es ist,
auch wenn sich das Universum vor deinen Augen auflöst.
Das Universum bleibt nach seinem Ende
unverändert so, wie es ist.

Das ist das Wunder.
Diese erleuchtende Freude
ist notwendig ewig.
Jedes Wesen wird von ihr getragen,
ist von ihr gehalten.
Vereinzelung, Kampf und Leid sind von Gedanken umwobene
Illusionen.
**Die Wahrheit ist, dass du nie selbst gekämpft hast,
es wurde für dich gekämpft,**
es gibt keine Illusion,
das Leid der Welt wird von einem anderen getragen,
dem alles getan wird,
was einem Nächsten getan wird.

Dieser leidet nicht,
er freut sich über seine Kinder.
Leid ist ein Gedanke.
Siehe! Leid ist ein Gedanke.

Auch Glück ist ein Gedanke.
Aber Glück ist auch da,
wenn kein Gedanke da ist,
aber Leid ist nicht da,
wenn kein Gedanke da ist!
Das ist das Wunder.
Du musst dich selbst auflösen,
um das zu gewahren,
und du bleibst selbst nach und in deiner Auflösung,
wie du bist,
denn es gibt kein Ende deiner Auflösung,
weil du Auflösung bist
und weil es nichts anderes gibt als einzig Auflösung,
weil Auflösung Einlösung und Erfüllung,
Wandel und Leben ist.

Selbst das Aufkommen von Leid ist jetzt Freude.
Leid ist gestaute Freude,
die entfesselt werden will.
Die Freude war nie gefesselt,
der Wille war nie da,
alles will sich selbst,
wie es ist,
es ist nicht mehr zu wollen,
du müsstest eher abwehren,
es ist zu viel des Guten,
niemand könnte verdient haben,
zu sein,
aber alles ist.

Prüfe,
ob sich,
was über und für dich selbst gilt,
jemals ändern kann.

Prüfe, ob es vorhin anders war.
„Vorhin" ist nur ein Gedanke, du kannst es nicht überprüfen.
Prüfe, ob jetzt gerade alles so ist, wie es ist.
Es ist so.
Prüfe, ob es im Tiefschlaf und im Traum auch so ist.
Prüfe, ob es im Tod auch so ist.

Prüfe, ob es im Tod des Körpers und dem Vergehen der Person auch
so ist.
Prüfe, ob es einen Tod von dir selbst als Bewusstsein gibt.
Hast du jemals deine eigene Abwesenheit bemerkt?
Ist nicht das Bemerken deiner eigenen Anwesenheit
die einzig mögliche Abwesenheit,
weil du deine Anwesenheit als etwas Bemerktes
von dir trennen würdest?

Brauchst du Phänomene,
um dich zu ihnen abzugrenzen?
Gib zu und überprüfe:
Du fühlst dich nicht als Körper,
du fühlst nur manche wenige Bereiche deines Körpers manchmal
und meistens ist er dir ganz und gar vergessen,
während er dieses oder jenes durchlebt.
Suche nach deiner eigenen Selbstvergessenheit!
Wo ist die Lücke in deinem Bewusstsein?
Wäre die Lücke, dein vermeintlicher Schlaf,
nicht etwas, das als Bemerkbares dir selbst gegenüberstünde,
aber dir selbst steht gar nichts gegenüber,
weil du du selbst bist?

Zeige mir einen lauten Gedanken
und versuche ihm zu glauben!
Kein Gedanke traut sich mehr,
zu erscheinen.
Das Licht ist zu hell.
Sie können nur erscheinen,
und auch dann nicht,
wenn jemand an sie glaubt.

Wer ans Falsche glaubt, ist nicht glücklich.
Es heißt, niemand ist glücklich in der Welt,
alle leiden.
Aber es gibt niemanden, der ans Falsche glaubt.
Das Falsche ist ein Gedanke,
es ist nicht auffindbar,
wenn man danach sucht.

Wer glücklich sein will,

muss bedingungslos glücklich sein.
Lass die Bedingung gehen,
dass du es selbst sein müsstest,
worin die Glücklichkeit erlebt wird.
Du kannst dich selbst nur verfehlen,
wenn du dich so, oder irgendwie, vermeinst!
Dieses Ja zu allem
ist ohne jegliches Ja oder Nein
und es macht dich zu einem Liebenden,
still,
und nichts ändert sich an dir,
einzig in der tiefsten Tiefe deiner Augen
kann, und schon ist es wieder verschwunden,
erahnt werden,
was du bist
und jederzeit gerade so nicht weißt
und auf diese Weise völlig weißt.

Siehe,
der Wind ist frisch,
der Wind ist schön,
er scheint nicht zu leiden.
Diese oder jene Menschen scheinen nicht zu leiden.
Leide ich?
Was wäre Leid, wenn es nicht verschwände,
wenn ich aufrichtig danach suchte?
Was ist überhaupt?
Sieh, sieh.

Der Gesang geht weiter.
Das kann niemals langweilig werden.
Es geht nicht darum, ob jemandem langweilig ist.
Wem sollte langweilig sein?
Welche Weile sollte lang erscheinen?
Es gibt keine Weile,
es gibt nichtmal dich selbst, das Jetzt, das Hier.
Alles ist
außerhalb deines Zugriffs
und in keinem Außerhalb
und auch nicht außerhalb deines Zugriffs,
weil das nur ein Gedanke ist.

331

Der Gesang muss nicht aufhören,
die Gedanken lösen sich ein im Nichtdenken,
dennoch darf Stille einkehren,
selbst dieses Buch ist noch zu laut.
Wie soll es enden?

Wie soll dieses Buch beginnen?
Wenn ich es wüsste,
wäre es dieses oder jenes Buch,
das diese oder jene Gedanken führte.
Da ich es nicht wusste
und nicht weiß,
führt dieses Buch keine Gedanken,
auch keinen Gedankengang,
es ist nur Auflösung.

Diese Auflösung ist Feinheit,
die nicht mal fein ist,
weil jede Feinheit noch zu grob ist für das,
was sich entzieht,
was jedem Sieb entrinnt.

Es ist nur falsch herum,
irgendetwas zu wissen,
zu vermeinen, irgendetwas zu wissen.
Das Grobe ist im Feinen integriert,
aber das Grobe, wenn es fokussiert wird,
vergisst alle Feinheit und widerspricht allem.
Du bist als Nichtdenken in Einheit mit Sein
und das Sein, was ist, sieht,
wie, was wahrgenommen wird,
mit allem, was ist, kongruiert,
und nichts widerspricht dem.
Das ist die richtige Reihenfolge.
Das Sein kann nicht durchs Denken oder Wahrnehmen erfasst
werden,
aber das Sein fasst Denken und Wahrnehmen in sich,
aber das Sein fasst nicht,
es hat Denken und Wahrnehmen in sich,
aber da ist kein Haben,

es ist auch nicht Denken und Wahrnehmen,
diese sind nicht,
das Sein ist auch nicht sich selbst,
das Sein ist nicht,
denn was heißt es, zu sein?
Ich weiß es nicht,
es ist,
aber nicht so, wie ich denke,
sondern so, wie es ist,
und auch nicht so, wie es ist,
weil ich ja denke, dass es so sei, wie es ist.

Sei du selbst,
Herz statt Verstand.
Aber was ist Herz, was Verstand?
Kannst du du selbst sein?
Kannst du dich wehren gegen die Einsicht,
dass du unweigerlich du selbst bist?
Dieses tiefste Gefühl ist Sein,
es ist dein Sein,
es ist nicht dein Sein,
es ist kein Gefühl, kein Sein,
es entzieht sich nicht,
denn es müsste irgendetwas sein, um sich zu entziehen.

Wie fühlst du dich?
Bist du es, was dich fühlt?
Wer bist du, dass du dich fühlst?
Verfolge dein Gefühl,
verfolge dein Fühlen.
Gefühl ist gedanklich gefärbtes Sein.
Wirklich Hinsehen, wirklich Fühlen
löst dieses Gefühl auf.
Reines Gefühl ist kein Gefühl,
sondern Sein.
Reines Sehen ist nicht Sehen, sondern Sein.
Reines Hören ist nicht Hören, sondern Sein.
Reines Schmecken ist nicht Schmecken, sondern Sein.
Reines Riechen ist nicht Riechen, sondern Sein.
Reines Denken ist nicht Denken, sondern Sein.
Was auch immer irgendetwas ist,

es löst sich auf in meiner Annäherung,
aber es gibt keine Annäherung, keine Distanz zu überbrücken
zwischen Bewusstsein und Sein,
aber es gibt keine andere Annäherung als meine,
und ich bin Auflösung.

Jeder fühlt sich immer gleich,
niemand fühlt sich jemals gleich,
jeder ist immer gleich,
alle sind unterschiedlich,
das Selbst von allen ist ewig gleich,
das Sein von allen ist ewig ein und dasselbe,
aber es ist nichtmal ein und dasselbe,
weil es nichtmal ist,
du bist nicht du selbst,
als wärst du als du selbst,
als dich selbst gefangen.
Was ist,
ist nicht,
wenn dieser Satz formuliert und zu denken versucht wird,
wenn dieser Satz versucht, es zu fassen.

Gefühl ist ein bestimmtes nur durch Gedanken,
also ist ein bestimmtes Gefühl ein Gedanke.
Ein Gefühl wirklich fühlen, heißt, es vergehen lassen,
eingehen ins Nichtdenken
und das ist immer Glücklichkeit,
weil Nichtdenken, du selbst Abklingen bist.
Also ist jedes Gefühl eigentlich Glücklichkeit,
Wellen auf dem Ozean des Seins,
weil es unweigerlich darin einklingt,
woraus es besteht.
Das ist Ruhe.

Gefühle gibt es nur mit Gedanken,
ohne Gedanken ist nur Auflösung
und die ist wahrhaftig.
Ist ein Gedanke da,
gehen beliebig viele weitere mit ihm einher,
eine Reihe von Gefühlen,
eine Reihe von Interpretationen.

Gefühl wirklich fühlen ist nicht Fühlen, sondern Sein.

Du bist Sein, Bewusstsein, Seligkeit,
Sein, Bewusstsein, Friede,
Sein, Bewusstsein, Glücklichkeit,
Sein, Bewusstsein, Freude.

Du bist nicht dein Körper,
nicht dein Name,
nicht deine Person,
nicht irgendeine Mitte,
kein Innen zu einem Außen.

Völlige Innerlichkeit
grenzt sich nicht ab zu einem Außen,
sondern völliger Innerlichkeit
ist einzig Grobheit, Falschheit, Unzutreffen, Oberflächlichkeit
äußerlich.
Aber das Grobe ist im Feinen integriert,
das Falsche existiert nicht.

**Es gibt überhaupt keine Mitte von irgendetwas außerhalb von
gedachten Mitten**,
es gibt nur die geometrische Mitte,
aber es gibt keine Mitte deines Körpers
und wenn du dich dort selbst vermeinst,
siehst du bei genauem Hinschauen,
dass sie nicht auffindbar ist,
dass aber die Mitten zwischen allem,
also überall sind.

**Deshalb ist geboten,
dich vom Glauben an diese falsche Mitte,
die du Ich, Ego nennst,
abzuwenden.**
Dieser falschen Mitte
kommt Besitz zu,
sie sieht sich als Mittelpunkt des Universums,
dem gegenüber der äußerliche Rest dienliche Objekte seien.
Dieser Egozentrismus ist falsch und die Wurzel des Falschen selbst.
Hier ist Begehren unter Missachtung aller Fülle.

Wende dich ab vom falschen Gedanken an dich selbst,
wende den Blick ab,
begehre nicht.
Dieses Abwenden ist kein Wegdrehen des Körpers, des Halses, des Kopfes,
es ist kein Wegschauen des Auges und keine Verschiebung des Fokus,
sondern diese Abwendung ist vollständig,
sie lässt nicht zurück, wovon sie sich abwendet,
sie löst es auf.
Diese Abwendung schaut weg von jeglichem Außen nach innen,
findet dort aber kein Innen,
aber mit dem Wegfall des Glaubens an ein Innen
fällt auch jeder mögliche Blick auf vermeintlich Äußerliches weg.

Das Innen ist überall,
die Mitte ist überall,
du selbst bist überall,
zwischen jeder beliebigen vermeintlichen Stelle im Sein ist eine
weitere Unendlichkeit,
dort ist Entzug,
Auflösung, Nichtdenken, du.

Du bist die Unendlichkeit zwischen allem.
Du bist die Leere zwischen allem,
du bist von allem die Fülle.
Du bist Erfüllung.

Die Unendlichkeit zwischen allem
ist nicht hier oder dort, also auch nicht zwischen.
Sie ist an allem, mit allem.
Du bist die Unendlichkeit an allem.
Was auch immer ist,
du bist dessen Unendlichkeit, Grenzenlosigkeit und Herz.

Da zwischen allem kein kleinstes Teil ist, keine kleinste Unterscheidung, kein letzter Zoom,
ist zwischen allem Unendlichkeit.
Dann aber gibt es dort kein Zwischen,
also ist überall Unendlichkeit.

Indem du siehst,
dass es keinen Unterschied gibt
zwischen Dir,
wo ist dann Vergessen und der Anfang irgendeiner Reise zu dir selbst,
die einzigartig ist für jedes Wesen?
Die höchste sich auftürmende Welle ist Ozean.
Das Universum erschafft sich mit einem einzigen Schlag,
es gibt keinen Anfang, kein Ende,
aber es gibt alles,
wie es ist,
und die Freude daran
und alles ist Freude selbst.
Freue Dich!

Wie beginnen?
Wie weiter?
Wie enden?
Welchen Inhalt soll dieses Buch haben?
Ich weiß es nicht.
Was denken?
Was ist die Frage?
Wer bin ich?
Was ist überhaupt?
Wie enden?